KB152013

누구를 기억할 것인가

누구를 기억할 것인가

화폐 인물로 만나는 시대의 도전자들

알파고 시나씨 지음

헤이북스

프롤로그

독서 습관을 가지는 데 있어 제일 큰 장애물 중 하나는 '서문'이 아닌가 싶다. 영화의 예고편처럼 도서의 서문도 책에 대해서 관심을 더욱 끌어당기려 하지만, 많은 서문이 역효과를 일으키고 있다. 이번 서문을 길게 쓸 생각이 없다는 것을 미리 말하고자 한다.

　　20세기가 지나간 지 얼마 안 된 오늘의 현대 국가들은 주로 혁명이나 독립전쟁을 통해 탄생했고, 그 훌륭한 과거를 잊고 싶어 하지 않는다. 왜냐하면 국민이 종교나 언어나 민족성이나 이념으로 아무리 분단이 되더라도 바로 그 탄생의 이야기를 통해 다시 통합되기 때문이다. 그래서 웬만한 국가들은 사회 안전을 위해, 국민 통합을 위해 상징적인 인물이나 이야기들을 여기저기 사용한다. 제일 많이 사용된 곳이 어디냐면 바로 화폐다.

'화폐, 건국 그리고 역사'는 이 책의 핵심 키워드다. 어느 나라의 화폐든 그 화폐에 그려진 인물이나 건물의 역사를 살짝이라도 알아보면 도전의 문이 열리고, 그 문틈에서 빠져나온 작은 빛조차도 우리의 삶을 눈부시게 만든다. 자유든, 독립이든 투쟁에의 도전은 쉬운 일이 아니다. 투쟁을 직접 주도하거나 그 정신을 국민의 머릿속에 심어주는 것은 아무나 할 수 있는 일이 아니다. 어느 나라든 간에 자유와 독립과 건국에 큰 공을 세운 영웅들은 오직 그 나라의 후세대에게만 아니라 전 인류에 많은 정신적 유산을 남긴 것이다. 아직 몇 개의 나라에는 독재자가 남아있어 자유와 민주주의에의 투쟁이 있겠지만, 21세기인 지금 새롭게 나라를 세울 일은 거의 없을 것이다. 없기를 바란다고 하는 것이 더 맞는 말이겠지만.

사람들은 모두 자신의 꿈을 실현하기 위해서 열심히 살아가고 있다. 필자도 나름대로 꿈이 있고, 도달하고 싶은 목적지가 있다. 그러나 그 방향으로 달려가다가 가끔 길이 미끄러워서 넘어질 때도 있다. 그럴 때마다 힘이 되어준 것이 바로 건국 영웅들이었다. 그들의 인내심을 화폐를 통해 항상 내 손 안에서 가깝게 느꼈다. 그들의 사연이 담겨있는 화폐를 손으로 만지는 것은 머릿속에 있는 추상적인 도전 의식이 구체적인 실행으로 진화하는 데에 많은 도움이 되었다. 그래서 필자는 화폐 속 영웅들로부터 받았던 이 기운을 이 책을 통해 꿈을 향해 달려가는 독자들과 공유하고 싶다.

필자는 화폐를 모으고, 화폐 속 영웅들에 대해 공부를 하면서 한 가지 더 얻은 것이 있었다. 한국에서 살면서 수많은 외국인 친구와 사귀게 되었고, 그들과 더욱 친하게 지낼 수 있게 된 것이다. 그들을 만나고 국적을 알게 되자마자 그들 나라의 영웅들에 대해서 이야기를 나누었다. 백이면 백, 모두가 무척 반가워했다. 처음 본 사람을 기쁘게 만들어준 이 경험이 너무나 신선하다. 불과 몇 십 년 전만 해도 외국인이라는 단어가 낯설던 한국에 지금은 수백만 명의 외국인이 살고 있다. 이 책을 읽는 독자들도 그들과 친해질 수 있는 비법을 하나 얻는 것이 될 것이다.

서문을 마무리하기 전에 마지막으로 밝힐 것이 하나 있다. 이 책에는 한국 화폐에 대한 내용이 없다. 필자는 세계 각국의 자유, 독립, 건국, 민주주의 등에의 투쟁 영웅들 위주로 이 책을 쓰려고 했다. 그런데 한국 화폐에는 공교롭게도 해당 인물이 없었다. 한국 독자의 이해와 양해를 부탁 드린다.

부록으로 유럽 연합의 법정화폐인 유로를 다루었다. 유로는 EU 회원국의 3분의 2가 넘는 국가들이 공통으로 사용하고 있는데, 달러 다음으로 가장 많은 수의 국가들이 사용하는 화폐이기 때문이다. 또한 전쟁사의 부침이 컸던 유럽을 하나로 통합하는 상징으로 건축 문화를 내세운 점이 매우 신선했다.

한국어를 구사한 지 십 년이 넘었지만, 아직도 많이 어설프다. 원고를 다듬어준 송지유 편집자에게 감사 드린다. 이 책을 읽다가 어색한 문장을 발견한다면 그것은 모두 필자의 한국어 능력 탓이다. 이점 역시 독자의 이해와 양해를 간곡히 부탁 드린다.

그럼 이제 시대의 도전자들을 만나러 가자.

2016년 여름
알파고 시나씨

차 례

제3장 남부아시아, 분단과 통합을 기억하다

제4장 중앙-서남아시아, 용기의 신화를 기억하다

제5장 동아시아, 시대의 전환을 기억하다

부록

제1장

북아메리카, 건국의 정신을 기억하다

세계의 화폐 ① - 미국 달러

Dollar

세계 어디에서나 미국 달러는 통용이 가능하다. 달러는 미국의 돈이면서 세계에서 가장 큰 영향력을 가진 국제통화다. 지구촌 어디에서나 쓸 수 있는 화폐로는 달러를 대체할 것이 없다. 따라서 전 세계 어디에서도 낯설지 않은 화폐인 미국 달러부터 이야기를 시작하는 것에 이견이 없을 것이다.

역사의 흐름은 강한 행위자들의 주도에 따라 흘러간다. 현재 이 시대에 가장 큰 영향력을 발휘하는 최강대국이 미국이라는 것은 누구도 부인하지 못할 것이다. 그렇다면 어떠한 사안에 대응하는 미국의 결정이 어떤 절차를 밟아서 이루어지는지 정도는 필수적으로 파악해야 한다. 이를 위

해서는 먼저 미국이라는 국가가 어떻게 탄생했는지, 그 역사와 배경부터 알아야 한다. 그래야만 근대사를 더 정확하게 이해할 수 있는 시각이 생기고, 지난 100년 동안 미국이 어떻게 국제정치 무대에서 최강의 위치를 유지해왔는지 알 수 있기 때문이다. 미국의 건국사에 관해 알고 싶다면 미국 화폐를 들여다보면 된다. 바로 미국 화폐에 그 이야기들이 모두 담겨 있기 때문이다.

세계의 달러

미국 달러에 대한 이야기를 하기 전에 일단 '달

통화로 달러를 쓰는 국가들과 달러의 종류

가이아나 달러	미국 달러	솔로몬 달러	캐나다 달러
나미비아 달러	바베이도스 달러	수리남 달러	피지 달러
뉴질랜드 달러	바하마 달러	싱가포르 달러	타이완 달러
동카리브 달러	벨리즈 달러	오스트레일리아 달러	트리니다드 달러
라이베리아 달러	브루나이 달러	자메이카 달러	홍콩 달러

러'라는 통화 이름에 대해 짚고 넘어가겠다. 사실 달러는 미국에서만 사용하는 통화의 이름이 아니다. UN에 가입된 국가 중 34개국이, 즉 지구상에 있는 나라 6개국 중 하나는 달러를 자국의 통화 이름으로 사용하고 있다. 따라서 현재 세계에서 통화 이름으로는 달러를 제일 많이 사용하고 있는 것이다.

이들 국가들이 모두 자국의 달러를 따로 발행하는 것은 아니다. 이들 중 8개국(에콰도르, 엘살바도르, 마셜제도, 미크로네시아, 팔라우, 동티모르, 미국, 짐바브웨)은 미국 달러를 공식 통화로 사용한다. 이외에 호주 근처에 있는 작은 섬나라들은 호주에서 발행하는 호주 달러를 공용으로 사용한다. 이렇다 보니 현재 세계적으로 20가지의 다른 달러가 사용되고 있다. 그런데 한 가지 재미있는 것은, 바하마에서 사용하는 바하마 달러의 가치가 미국 달러와 동일하다는 점이다. 즉, 바하마 달러와 미국 달러는 외양적 디자인만 다를 뿐 가지고 있는 가치는 동일하다는 것이다.

달러의 어원

이처럼 세계적으로 많이 사용되는 달러라는 단어는 과연 어떻게 생겨난 것일까? 아마도 달러가 당연히 미국에서 시작되었다고 생각하는 이들이 많을 것 같다. 그러나 사실 '달러dollar'의 명칭은 네덜란드어인 '탈러thaler'에서 유래되었다. 여기서 잠깐, '무언가 이상하다'고 생각할지 모르겠다. 다들 알다시피 네덜란드는 달러를 사용하지도 않는 나라이기 때문이다. 대체 달러와 네덜란드 사이에는 무슨 연관이 있는 것일까?

그 해답을 찾기 위해, 이제 전혀 생뚱맞게

만 보이는 달러의 어원을 거슬러 올라가보자. 달러의 선조라 할 수 있는 탈러의 고향은 오늘날 체코의 일부가 된 보헤미아Bohemia 지역의 한 마을이다. 11세기 무렵, 기독교 성향이 강한 중부 유럽 국가들이 고대 로마제국의 계승자를 자처하며 독일을 중심으로 연방 체제인 신성로마제국을 설립했다. 16세기 초기에 보헤미아 왕국도 신성로마제국에 편입되면서 독일 관리하에 놓이게 되었다.

이 시기에 카를로비바리 주Karlovarský kraj의 야키모브Jáchymov라는 시골에서 보헤미아 왕국 최초의 은화가 만들어졌는데, 그 은화의 이름이 '요하임스탈러Joachimsthaler'였다. 바로 은화를 만드는 은광이 있던 계곡 이름이 성 요하임 계곡, 즉 세인트 요하임스탈St. Joachimsthal이라고 불리던 계곡의 이름을 따서 불렸던 것이다. 당시 보헤미아 왕국 관료들 사이에서는 독일어와 네덜란드어에 가까운 지역방언을 사용했는데 세인트 요하임스탈 계곡도 그 현지어 발음이다. 점차 시간이 흐르면서 요하임스탈러를 줄여서 '탈러'라고 불렀다. 보헤미아에서 생산되는 탈러가 신성로마제국과 유럽 전역으로 확산되면서, 16세기 이후부터는 독일이나 스페인 등 유럽에서 통용되는 다른 동전들도 탈러와 비슷한 이름으로

1525년에 발행된 동전인 탈러.

부르게 되었다. 보통 통화 이름들의 어원을 살펴보면 '금전'이나 '동전'이라는 뜻을 지니는 경우가 많다. 그런데 탈러는 그 어원이 시작된 장소와 관련한 '계곡에서 온 것', '계곡에서 온 사람'이라는 의미를 지니고 있다.

여기서 한 가지 짚고 넘어갈 것이 있는데, 일각에서는 달러의 어원이 독일어로도 알려져 있다. 그러나 사실상 달러라는 술어術語가 네덜란드를 통해 영국으로 전해졌기 때문에 웬만한 영-영 사전에는 달러의 어원이 네덜란드로 소개되고 있다.

미국과 달러의 만남

대항해시대가 열리면서 부강해진 유럽 국가들이 서로 식민지 확장을 시도하다 보니까 충돌을 피할 수 없게 되었다. 포르투갈과 스페인이 선두에 섰던 식민지 경쟁은 프랑스와 영국까지 합류하면서 더 치열해졌고, 아메리카는 식민지 쟁탈전의 전쟁터가 되어버렸다. 그중 아메리카 대륙에 주둔하던 프랑스와 영국의 군대 사이에 발생한 첫 충돌이 '윌리엄 왕 전쟁(King William's War, 1689~1697)'이다. 사실 이 전쟁은 유럽의 아일랜드에서 발발한 9년 전쟁(War of the Grand Alliance, 1688~1697)의 아메리카 버전인 셈이다.

이 시기인 1690년, 아메리카 대륙 식민지들에 주둔하고 있는 군대의 군비 조달을 위해 매사추세츠 주Massachusetts州 영국 총독이 지폐를 발행했다. 바로 미국에서 서양 최초의 지폐가 발행되었던 것이다. 이를 계기로 아메리카 대륙의 식민지들에서 화폐 사용이 시작되었다. 그러나 그 화폐의 통화 이름은 '달러'가 아니고 '실링 scilling'이었다. 실링은 일종의 영국계 언어인 고대 노르드어로 '분할'의 의미에서 생긴 그 당시 영국의 화폐 단위였다. 그래서 영국의 식민지들에서 일차적으로 쓰이는 돈 단위는 실링이었다. 그러나 18세기에 들어서면서 미국에서 영국 총독이 발행한 화폐만 통용된 것은 아니었다. 남미에는 스페인의 식민지들이 많았고, 그 식민지들에서는 스페인이 만든 달러라고 불리는 화폐들을 사용했다. 지리적으로 스페인 식민지들과 인접한 미국에서도 자연스럽게 스페인 달러가 유통되기 시작했다. 그리고 18세기 말에 이르면, 미국에서 영국의 실링보다 스페인의 달러가 더 많이 유통되면서 미국인들에게 실링보다 달러가 더 익숙한 화폐 단위가 되었다.

에릭 뉴만Eric Newman 교수의 《The Early Paper Money of America》에서 소개한 2실링짜리 지폐

미국의 통화 이름이 영국식 실링 또는 파운드와 스페인식 달러 사이에서 선택의 교차로에 놓인 시기는 독립전쟁(Independent War, 1775~1783) 때였다. 당시 미국의 정부 역할을 한 대륙회의(13개 식민지 대표들이 창설한 최고 기관)는 영국과 전쟁하는 중에 민병대의 군비 조달을 위해 화폐를 발행해야만 했는데, 영국과 대립하다 보니 어쩔 수 없이 스페인 달러를 발행했다. 그러나 위조가 쉬웠던 탓에 이 화폐의 가치는 얼마 지나지 않아 급격하게 떨어졌다.

종전을 눈앞에 두면서 미국 독립의 가능성이 더 명확해졌다. 따라서 군사비용 때문에 발생한 경제문제 해결과 눈앞으로 다가온 자유 독립국으로서의 준비를 위해서도 독립적인 화폐를 만들 필요성이 대두되었다. 또한 각 주마다 다른 통화 체제와 이름을 사용하면서 경제적인 충돌이 종종 발생했던 것도 이유 중 하나였다. 이렇게 미국은 독립과 더불어 통화 체제를 확립해야 하는 과제를 앞두고 있었다.

드디어 1781년 영국과의 전쟁이 끝나고, 그해 의회로부터 인가를 받은 북미은행The Bank of North America이 조직되었는데 이 신생국 최초의 은행은 국가기관이 아니라 공기업이었다. 1785년에 달러를 기준 통화로 공식화하면서 통화 이름의 통일화가 이루어졌으며, 이는 독립 이후 의회가 모든 주들을 통합하기 위해 실시한 많은 정책 중 하나였다. 1791년에 인가된 미합중국 제1은행The First Bank of the United States은 민간은행이면서도 미국 최초의 중앙은행 역할을 했다. 1년 후 '경화硬貨 주조鑄造 법안'이 통과되면서 미국 조폐

독립전쟁 중에 대륙회의가 발행한 스페인 달러
(좌: 1779년에 발행한 55달러, 우: 1776년에 발행한 1/3달러)

1794년 최초의 미국 달러가 동전 형태로 발행됐다

1862년 '그린백'이라 불리는 미국 최초의 법정화폐

국United States Mint이 세워졌고, 1794년에 최초의 미국 달러가 동전 형태로 발행되었다.

독립전쟁으로 태어난 미국이 남북전쟁(American Civil War, 1861~1865)이라는 진통을 겪으면서 오늘날의 아메리카 합중국이 되었다. 독립전쟁을 통해 자신들만의 통화를 만든 미국은 남북전쟁이라는 내전을 겪으면서 첫 지폐도 발행했다. 1862년 내전 중, 북부 연합 세력이 군사비 조달을 위해 발행한 화폐가 바로 미국의 첫 지폐였던 것이다. 뒷면이 모두 초록색이어서 '그린백greenback'이라 불리는 이 지폐가 민간은행이나 중앙은행을 거치지 않고 미국 재무부가 발행한 미국 최초의 법정화폐다. 디자인이 몇 차례 변하기는 했지만 오늘날까지 이어져오는 미국 지폐의 역사는 150여 년인 셈이다.

달러 기호의 배경

필자는 맨 처음에 한국 사람들이 100불이라고 말했을 때 100달러를 의미하는지 몰랐다. 여기서 '불'은 달러 기호와의 연관성에서 비롯된 명칭이다. 미국 달러의 기호는 '$'인데 그 모양이 한자 '弗(불)'과 비슷해서 뜻과는 상관없이 소리만 빌려 달러를 '불'이라고 부르게 된 것이다.

그러면 달러 기호는 어디서 유래된 것일까? 사실 현재 남미에 있는 대다수 국가들의 통화 이름은 달러가 아님에도 불구하고, 화폐 기호는 '$'이다. 대항해시대에 스페인의 식민지였던 남미에서 사용하던 스페인 아메리카 페소의 기호였고, 그러한 전통이 미국을 비롯해 미주에 아직 남아 있는 것이다.

아직도 미국 역사학계에서는 '$'를 둘러싼 많은 논쟁이 지속되고 있다. 그중 필자에게 제일 신뢰감을 주는 설은 플로린 카쇼리Florin Cajori 교수의 주장이다. 그의 주장에 따르면 스페인의 'S'와 페소의 'P'가 서로 연결되어서 '$'가 생긴 것이고, 미국도 이를 모방한 것이라고 한다. 가끔 달러 기호로 보이는 '$'도 같은 논리로 생긴 것이다. 미국의 약칭인 US를 이용해서 'U'와 'S'를 똑같은 원리로 연결시키면 '$'이 나온다.

필자가 '$'의 과거를 더 정확하게 알아내기 위해 세세히 역사를 파고들다 보니까 올리버 폴

Pˢ → ⑤ → $

스페인과 페소의 머릿글자를 형상화한 기호

US → $ → $

미국의 영문 약칭을 형상화한 기호

미국 달러의 기호를 만든 올리버 폴록의 동상
Oliver Pollock sculpture by Frank Hayden, Public
Library, Baton Rouge, Louisiana, USA

록Oliver Pollock과 만나게 되었다. '$'의 기원에 관한 설 중 하나는 제임스 엘턴 제임스James Alton James 박사의 이론이다. 제임스 박사의 주장에 의하면, 미국 독립전쟁 시절에 올리버 폴록이라는 사업가가 미국 민병대에 경제적 지원을 위해 많은 군자금을 지원했다. 그런데 폴록이 민병대와 문서를 주고받다가 돈을 의미하는 기호를 사용할 필요를 느꼈고, 그래서 '$'를 개발했다고 한다. 제임스 박사는 폴록이 고국인 아일랜드의 'I'와 영어로 국가를 의미하는 '스테이트state'의 'S'를 붙여 기호를 만들었다고 주장한다.

여기서 중요한 것은, 기호의 기원보다는 미국 역사에 폴록이 기여한 바를 통해 되새겨 봐야 할 두 가지의 교훈이다. 하나는 '헌신 정신'이다. 폴록은 독립전쟁 시기에 자신의 사업적 이익보다 민병대를 경제적으로 지원하기 위해 돈을 벌었다. 무역을 통해 알게 된 사람들에게도 독립전쟁을 지원하도록 설득했던 폴록은 미국 건국의 아버지들로 알려진 조지 워싱턴이나 벤자민 프랭클린 같은 인물들에 비해서 덜 알려졌고, 역사에 남겨진 흔적도 미미하다. 많은 미국인들은 지

금도 폴록이 누구인지 모를 것이다. 그러나 그는 분명히 미국의 탄생에 핵심적인 역할을 했던 중요한 인물 중 한 명이다.

두 번째는 폴록의 삶을 보면서 '이민자 의식'에 대해 다시 생각해보게 되었다. 아일랜드에서 살았던 폴록은 23세에 아버지를 따라 미국으로 온 이후 미국을 조국으로 여겼다. 필자는 폴록이 미국을 진정한 조국으로 생각하지 않았다면, 이재理財에 밝을 장사꾼이 어렵게 일군 자신의 모든 자산을 내놓으며 독립전쟁에 헌신적으로 기여하기는 어렵다고 본다. 더욱이 미국이 독립전쟁을 하고 있음에도 불구하고 당시 뉴욕 시민들의 20퍼센트는 영국 왕을 추종하는 상황이었다.

벤자민 프랭클린,
외교로 독립을 이끈 첫 번째 미국인

할리우드 영화에 익숙한 현대인들은 숱한 영화 속에서 미국 달러로 가득
찬 가방이 열리는 장면을 한 번이라도 본 적이 있을 것이다. 그 장면 속
가방에는 거의 대부분 100달러 지폐가 가득 들어 있다. 그런 영향인지 많
은 사람들이 제일 먼저 떠올리는 미국 달러는 100달러 지폐이며, 100달러
에 그려진 인물을 익숙하게 느낀다. 그리고 그 인물에 대해 웬만한 사람
들은 미국의 역대 대통령들 중 한 명으로 착각한다.

 100달러에 그려진 초상화의 주인공은 벤자민 프랭클린(Benjamin
Franklin, 1706~1790)이다. 미국 지폐 속 인물은 대부분 역대 대통령이지만
프랭클린은 대통령을 역임하지 않았다. 그가 맡았던 최고위 공직은 펜실
베이니아 주Pennsylvania州 대표다. 그러나 프랭클린은 미국이란 국가의 탄생

과정에서 매우 큰 역할을 한 인물이었다. 특히 미국 독립선언서, 파리조약, 미국 연방헌법의 초안 작성에 모두 참여한 유일한 인물이기도 하다. 이처럼 벤자민 프랭클린의 일대기에서 중요한 사건들이 곧 미국의 건국사에서도 핵심적인 사건들이다 보니 그의 일대기와 미국 건국사에서 같은 궤적들을 쉽게 찾을 수 있다.

신생 미국의 산파, 벤자민 프랭클린

벤자민 프랭클린은 정치인 혹은 독립운동가로서의 이미지가 강하다. 그러나 그는 과학 분야에서도 많은 연구를 했고, 실제로도 당시에 손꼽히던 유명한 과학자들 중 한 명이었다. 그렇다면 프랭클린은 명문 대학을 다녔던 뛰어난 석학이었을까?

실제로는 전혀 아니다. 보스턴Boston 출신의 프랭클린은 17명의 형제 중 15번째이자 막내아들로 태어났다. 11세에 학교를 그만두고 아버지의 가게에서 비누와 양초 제조를 돕다가 형이 운영하던 인쇄소에서 일했다. 당시 미국에서는 인쇄소가 책을 출판하는 등 출판사 역할도 겸하고 있었기에 프랭클린은 이 시기에 많은 책을 읽으면서 지식을 쌓았고 글도 썼다. 정규교육을 제대로 받지 못했던 프랭클린에게는 인쇄소가 학문적 성장의 아카데미가 된 셈이다.

1723년, 불과 18살 나이의 프랭클린은 고향에서는 희망이 없다는 판단을 하고 펜실베이니아의 필라델피아Philadelphia로 갔다. 당시 필라델피아는 대륙회의 등 각 주의 대표들이 모여서 논의하던 곳으로 독립 전 미국의 수도 역할을 하는 중심 도시였다. 새롭게 정착한 필라델피아는 프랭

클린에게 제2의 고향이 되었다. 무일푼이었던 프랭클린은 돈을 벌기 위해
경험이 있었던 인쇄 분야에 도전했고, 24세의 젊은 나이에 자신의 인쇄소
를 열고 신문도 발행하는 등 크게 성공을 거두었다. 그의 진정한 역사는
이 시기부터 시작한다. 특히 1732년부터 1758년까지 처세술을 담은 금언
집 《Poor Richards Almanac(가난한 리처드의 연감)》이라는 책을 발간해 선
풍적인 인기를 얻었다. 이 성공을 발판으로 프랭클린이 정치가로 발돋움
하게 된다.

　　벤자민 프랭클린에 대해 이야기를 계속하기 전에, 당시 미국의 상황을
잠시 살펴보고 넘어가기로 하자. 17세기 초부터 미국으로 이민 온 영국인
들은 신대륙에서 생산한 비싼 농산물들을 유럽에 판매했다. 시간이 흘러
가면서 이들은 스스로를 영국인보다 미국 시민으로 인식하기 시작했다.

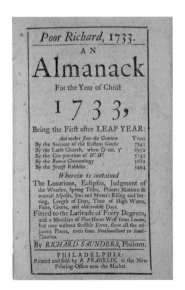

《Poor Richards Almanac》의 표지
Richard Saunders Rosenbach Museum & Library,
Philadelphia

이러한 변화의 배경에는 세 가지 원인이 있었다. 하나는, 영국이 유럽에서 전쟁을 일으키면서 발생한 경제적 손해를 미국에서의 증세로 충당하려고 했던 것이다. 매년 올라가기만 하는 세금은 미국인들로 하여금 영국 제국을 즉, 할아버지의 고향을 싫어하게 만들었다.

두 번째는, 민주주의였다. 비록 영국 총독부의 통치를 받는 식민지였지만 미국인들은 민주적인 과정을 통해 자치행정을 구성했고, 증세 이외에는 영국이 미국 자치행정에 많이 개입하지 않았다. 따라서 미국 자치행정의 힘이 영국의 영향력보다 강했고, 자연스럽게 미국인들의 민주주의 의식이 강해졌다. 이처럼 미국에서 민주주의가 발전함에 따라 영국 왕에 대한 미국인들의 소속감과 충성심은 상대적으로 약해졌다.

마지막으로, 인구 구조였다. 18세기 중순의 미국은 엄청난 인구 증가율을 보여 250만 명에 이르고 있었다. 이런 추세가 계속되면 식민지 미국과 본국인 영국의 관계가 역전될 우려까지 있었다. 또한 이들 중 원주민과 노예들을 제외해도 인구의 15퍼센트 이상은 영국 출신이 아니었다. 이렇다 보니 자연스럽게 영국에 속해 있다는 의식보다는 자신들이 독자적인 '미국인'이라는 자각이 더 커지는 분위기였다. 이러한 정치적, 사회적인 상황이 미국인들에게 '영국으로부터 독립하면 어떨까?'라는 생각을 하게 만들었다.

그리고 이러한 미국 내 분위기를 많이 자극하며 독립을 강력히 주장하는 사람들 중 한 명이 바로 벤자민 프랭클린이었다. 또한 독립을 위해 모든 식민지들의 연합을 제안하기도 했다. 미국 역사학자 헨리 브랜즈 Henry William Brands 교수의 주장에 의하면, 프랭클린이 바로 영국으로부터 벗어난 독자적인 주체로서의 '미국인'이라는 개념을 최초로 만든 사람이라고 한다. 실제로 이런 공적들 때문에 프랭클린에게는 '첫 번째 미국인' 이라는 영예로운 별칭도 따라다닌다.

또한 공리적 실용주의자로 일컫는 프랭클린의 활동과 사상에 밑거름이 되어준 것 중 하나가 바로 1727년에 만든 준토Junto라는 토론 모임이다. 준토는 펜실베이니아 신문사 대표인 휴 메레디스Hugh Meredith나 유명한 물리학 발명가인 토마스 고드프리Thomas Godfrey 등 다양한 분야의 사람들과 30년 동안 매주 금요일마다 모여 무역, 정치, 철학, 정치, 경제, 과학 등 많은 분야를 서로 논의했다. 이렇게 논의 제안된 아이디어로 사회복지 향상에 기여하는 등 준토는 새로운 미국 건설을 위한 제도와 정책의 산실이 되었다.

특히 프랭클린은 이곳에서 나눈 논의를 확장시켜 필라델피아 시민들을 위한 도서관과 소방대와 대학교 등을 설립했다. 또한 펜실베이니아 병원 설립 추진과 소방회사, 보험회사를 창안하는 등 수많은 공공사업에도 기여했다. 이외에도 전국 우편 총책임자로서 우편 시스템을 획기적으로 개선하기도 했는데, 이러한 그의 공공적 활동들은 앞으로 탄생될 신생 미국에서 기본 시스템의 초석을 놓은 것이었다.

독립 혁명으로 가는 길

프랭클린은 1736년 필라델피아 의회 사무총장으로 임명되면서 정치에 첫걸음을 들여놨다. 1751년 펜실베이니아 의회 의원으로 선출되면서 정치적 행보를 한 걸음 더 내딛은 그는 1764년까지 의회에서 활동했다.

벤자민 프랭클린을 미국 건국의 아버지로 만든 계기는 1757년에 일어났다. 1756년에 시작한 '7년 전쟁'으로 인해 경제적으로 궁지에 몰린 영국이 재정적 손실을 충당하기 위해 식민지에 관세를 강화했는데, 이는 불매운동 등 미국인들의 거센 반발을 불러일으켰다. 때문에 이듬해에 프랭클린은 식민지 시민들의 불만과 요구를 영국 정부에 전달하기 위한 대표로 파견됐고, 교섭에 성공해 식민지의 자주과세권自主課稅權을 획득했다. 프랭클린은 이후 1764년에도 영국에 파견되어 인지조례(印紙條例, 인쇄물에 인지를 붙여 과세하는 법)의 철폐를 성공시킨다. 이런 활동들을 보면 프랭클린은 미국 최초의 외교관이라는 타이틀까지 덧붙여야 될듯싶다.

1770년에 이르러 영국의 계속된 강제 증세로 미국 시민들의 분노가 폭발 직전의 분위기로 치닫고 있었다. 이처럼 팽팽히 긴장된 분위기 속에, 1772년 매사추세츠 총독 토마스 허친슨Thomas Hutchinson이 본토인 영국에 편지를 보낸다. 그 편지를 입수한 프랭클린이 미국 식민지 시민들을 모욕한 그 편지 내용을 신문에 공개한다. 이 사건이 바로 미국 시민들이 독립을 결심하게 만드는 하나의 도화선이 되면서, 프랭클린은 독립에 결정적계기를 제공한 영웅이 되었다. 그러나 그가 실질적으로 독립의 영웅으로 부상한 것은 미국 혁명 시기이다.

자꾸 언급이 반복되어서 지루하기는 하지만, 미국 혁명의 배경을 보면 영국의 식민지 증세 정책이 핵심적인 역할을 했다. 특히 1765년에 영국이 인지세법(Stamp Act 1765)을 실시하면서 식민지 시민들의 격렬한 반대에 부딪혔고, 이어서 미국으로 수입한 물품에도 세금을 내도록 하자 영국에 대한 미국 시민들의 반발은 더욱 거세어졌다. 그러나 영국은 미국 시민들의 거센 반발에도 불구하고 증세 정책을 더 강화하고 있었다. 시간이 갈수록 미국 시민들의 불만이 높아지자 1774년 영국의 증세 정책으로 발생한 문제들을 토의하기 위해 각 식민지 대표 54명이 모여 제1차 대륙회의를 가졌다. 다시 1775년에 열린 제2차 대륙회의에서는 영국군과 식민지 시민 사이에 벌어진 충돌에 대한 대책이 논의되었다. 미국 국회의 씨앗이 된 이 제2차 대륙회의에 프랭클린이 펜실베이니아 대표로 참석했다.

1776년이 되면서 미국 식민지 시민들과 영국군 사이에 충돌이 심해지자, 드디어 의회 대표들은 독립을 결심하게 되었다. 물론 결코 쉽지 않은 결정이었다. 영국은 미국 시민들 대부분의 할아버지의 고국이었고, 아직도 영국 왕에게 충성을 보내는 시민들이 꽤 있었다. 또한 군사력도 중요한 문제였다. 당시의 영국은 해가 지지 않는 나라로 불릴 만큼 전 세계에 영향력을 발휘하고 있는 최강대국이었다. 그런 영국에 전쟁을 선포하기 위해서는 큰 용기도 물론이지만, 이를 감당할 수 있는 군대가 당연히 필요했다. 그러나 미국에는 군대라고 부를만 한 조직이 아무것도 없었다. 4만 명이 넘는 영국인 군대와 독일 용병으로 구성된 2만 명의 군대를 끌고 온 영국에 대항해 미국은 조지 워싱턴이 이끄는 1만 명의 군대와 2만 명의 농민군으로 도전했다. 전력상 영국군의 반밖에 안 되는 전력이었지만 당당히 세운 의기를 꺾지 않았던 미국 건국의 아버지들은 이들 독립군에 대한 믿음이 군건했던 모양이다.

이 부분에서 덧붙이자면, 필자는 역사를 공부하면서 성공한 혁명의 주체들에게는 자신들의 신념에 대한 강한 믿음이 밑바탕에 깔려 있다는 것을 자주 발견하곤 한다. 미국 건국의 아버지들 역시 결코 유리하지 않은 싸움이지만, 숫자의 불리함을 독립에 대한 확고한 의지로 밀고 나가 결국 승리를 쟁취하지 않았을까 생각한다.

1776년 7월 4일은 미국인들에게 너무도 큰 의미가 있는 날이다. 그날 대륙회의는 역사적인 독립선언을 발표했다. 이 시점부터 공식적으로 시작한 미국 독립전쟁이 1783년 9월 3일에 맺어진 파리조약으로 성공적으로 마무리된다. 이 과정의 시작과 끝에도 역시 벤자민 프랭클린이 있었다. 존 애덤스(John Adams, 제2대 대통령), 로저 셔먼Roger Sherman, 로버트 리빙스턴 Robert Livingston, 토마스 제퍼슨(Thomas Jefferson, 제3대 대통령)과 함께 독립선언문을 작성한 프랭클린이, 그해 여름에 프랑스에 가서 존 제이John Jay, 헨리 로렌스Henry Laurens, 존 애덤스와 같이 파리조약에 사인했다.

사실 벤자민 프랭클린은 정작 미국 독립전쟁 시기에는 미국에 없었다. 전쟁이 터지고 3년 후인 1778년에 프랭클린은 미국의 프랑스 대사로 파리에 파견되었다. 프랑스와 아메리카 식민지의 동맹 조약을 성사시키

1783년에 작성된 파리조약서

기 위해 파리로 간 프랭클린은 프랑스 외에도 많은 유럽 국가와 접촉하면서 미국 독립전쟁을 위한 지원 활동을 했다. 이런 활동으로 인해 점차적으로 유럽 국가들이 미국의 편을 들었고 전쟁에 개입하기도 하면서, 미국 독립전쟁은 영국과 미국만의 싸움이 아니게 되었다. 따라서 독립전쟁의 승리는 조지 워싱턴이 이끌었던 독립군의 힘만이 아니라 프랭클린의 외교적 성과 역시 핵심적인 역할을 했다고 봐도 과언이 아니다.

개척 정신의 미국인

필자가 벤자민 프랭클린에 대해서 조사하던 중 그 뛰어난 업적들에 놀라는 한편, 기존에 알려진 이미지와 다소 차이가 있는 것들도 새롭게 알게 되었다. 사실은 '벤자민의 보이지 않는 얼굴'이라는 제목으로 긴 글을 쓸 수도 있을 것 같지만, 이 책에서는 간단히 몇 가지만 언급하고자 한다.

프랭클린에게는 아들이 한 명 있는데, 이름이 윌리엄이다. 그런데 윌리엄의 엄마가 누군지는 알려지지 않았다. 프랭클린에게는 공식적인 부인인 데보라 리드Deborah Read 외에 또 한 명의 여인이 있었는데, 바로 윌리엄의 엄마다. 그러나 그의 존재와 숨기는 이유 또한 아직까지 비밀로 남아 있다.

프랭클린과 관련해 알려진 것 중 또 하나는 '지옥 불 클럽Hellfire Club'이다. 18세기 영국에서 사회적 논란이 되었던 이 클럽의 실상은 당시 엘리트 영국인들이 술과 마약이나 변태적인 성관계를 즐겼던 비밀 단체였다. 의외인 것은 프랭클린이 대사로 영국에 파견되어 있을 때, 이 클럽에 자주 다녔다는 것이다. 다만 프랭클린은 미국을 위한 정보를 얻기 위해 이

벤자민 프랭클린은 낙뢰 실험을 통해 최초로
피뢰침을 발명했다.

벤자민 프랭클린이 발행한 화폐

클럽을 찾았다는 주장이 대두되고 있다. 미국의 역사 채널에서 방영된 한 다큐 프로그램에서는 미국에서도 벤자민 프랭클린과 조지 워싱턴이 이러한 비밀 모임을 가졌다고 주장했지만, 이는 보다 면밀하게 역사학적으로 검증해야 하지 않을까 생각한다.

사실 프랭클린은 과학자로서도 대단한 족적을 남긴 인물이다. 그는 늦은 나이에도 독학으로 의학, 전기 분야에서 많은 실험을 했다. 가장 많이 알려진 실험은 피뢰침에 대한 것이다. 연줄 실험을 통해 번개가 전기를 방전한다는 것을 증명한 그는 낙뢰로 인한 전류를 안전하게 땅으로 흘려보내기 위해 금속으로 만든 뾰족한 막대기를 세우자고 제안했다. 바로 최초로 피뢰침을 발명한 것이다. 또한 현대 난로의 조상인 '프랭클린 스토브' 역시 그의 발명품 중 하나다.

의학 분야에서도 프랭클린은 많은 연구를 했다. 1781년에 방귀에 대해 에세이를 쓴 그는, 방귀를 뀔 때 배출되는 냄새를 없애거나 좋게 만들수 있는 방법을 찾으려고 했다. 프랭클린은 프랑스 대사로 임명되었을 때, 벨기에 왕실과학학회에 보낸 에세이에서 먹는 음식을 통해 방귀의 냄새를 조절할 수 있다고 주장했다. 물론 그의 이 에세이는 학회에서 거절당했지만, 그 당시에 유럽 과학자들이 많은 관심을 보여줬다.

또한 프랭클린은 화폐를 발행한 적도 있다. 1740~1760년 사이에 아름다운 경치가 그려져 있는 화폐를 발행하고, 위조 화폐를 막기 위해 특별한 기술을 개발하기도 했다. 프랭클린은 그가 발명했던 모든 기술을 다른 학자들과 공유했는데, 유일하게 이 화폐 관련 기술만은 공유하지 않았다.

이처럼 숱한 일화에도 불구하고 벤자민 프랭클린의 삶에서 가장 주목해야 할 점은 수많은 도전의 연속이었다는 것이다. 국가와 공익을 위해 노력했던 다양한 시도는 물론이고 환경과 교육, 나이에도 얽매이지 않고 도전을 멈추지 않았던 이 놀라운 인물은 분명 많은 이들에게 삶의 표본이 되고 있다. 결과보다는 과정에 더 방점을 찍고 싶은 프랭클린의 삶에 대한 환기는 우리의 삶에도 긍정적인 의미로 작동할 수 있을 것이다.

독립기념관

100달러의 뒷면에 보이는 건물은 벤자민 프랭클린의 인생에서 중요한 역할을 한 곳이다. 바로 미국의 독립기념관이다. 그리고 프랭클린이 활동하던 당시에는 펜실베이니아 식민지의 의회 건물이자 제2차 대륙회의의 주요 회의 장소였다. 미국이 독립해서 현재의 의회의사당이 생길 때까지 이 건물이 국회로 쓰였다. 즉, 펜실베이니아와 미국의 첫 국회의사당인 셈이다. 미국의 독립선언도, 첫 헌법도 모두 이곳에서 선포되었다. 이 건물이 바로 현재 세계적인 강국인 미국이 싹을 틔운 장소인 셈이다.

조지 워싱턴,
쿠데타 대신 선거로 민심을 얻다

100달러를 매개로 미국 독립 역사의 외교적인 면에 대해서 이야기해보았
다. 이제는 제일 작은 단위부터 시작하기로 하자. 1달러 앞에 그려진 초
상화의 주인공은 미국의 국부로 일컫는 조지 워싱턴(George Washington,
1732~1799)이다. 100달러의 주인공인 벤자민 프랭클린이 미국 독립전쟁
의 외교적인 부분을 맡았다면, 미국의 첫 대통령인 조지 워싱턴은 군사적
인 면을 담당했다. 따라서 이번에는 1달러를 통해 미국 독립 역사의 군사
적인 과정을 요약하려고 한다.

독립군의 총사령관, 조지 워싱턴

조지 워싱턴은 1732년 버지니아 주Virginia州에서 부유한 지주의 아들로 태어났다. 11세에 부친을 잃고 1752년에 가장이었던 형마저 세상을 떠나면서 불과 20세의 젊은 나이에 대규모의 토지를 상속받은 농장주가 되었고, 민병대의 부대장직도 이어받게 된다. 그러나 그의 실제 군사적인 경력은 버지니아 주 민병대에 입대한 1년 후, 1753년부터 시작했다.

1754년 북미 대륙에서 영국과 프랑스 사이에 전쟁이 일어났다. 북미 대륙에서의 패권을 차지하기 위해 시작된 이 '프렌치-인디언French-Indian전쟁'은 이후 9년간 지속되었다. 워싱턴은 이 전쟁에서 버지니아 주 민병대 단장으로 활동했고 몇몇 소규모의 전투에서 승리를 얻으면서 미국 출신 군인으로서 이름이 알려지기 시작했다.

프렌치-인디언전쟁 중 워싱턴은 군사학교 출신이 아님에도 불구하고 많은 공을 세웠지만, 영국 본토 출신이 아니라는 이유로 군대 내에서 차별을 당했다. 이 같은 식민지인에 대한 차별과 멸시에 분개한 그는 전쟁 도중에 군대를 떠나고, 1759년에 버지니아 주 의회에서 의원으로 정치에 입문했다.

1770년대에는 영국의 식민지 증세 정책에 반발한 미국인들이 반란을 일으켰다. 1773년에 영국 배에 실려 있던 차를 바다에 버린 '보스턴차사건Boston茶事件'이 일어나면서 이를 제압하기 위해 영국이 군대를 파견해 가혹하게 응징했고, 이제 사태는 새로운 국면으로 변하기 시작했다. 그러나 1774년에 이러한 사태를 해결하기 위해 모인 대륙회의의 대표들 중 일부는 이때까지도 영국과 합의를 통해 조속히 마무리할 생각이었다. 당시 막

강한 군사력을 보유한 영국과의 분쟁을 오래 끌고 갈 수 없다는 생각이
었으리라. 반면, '미국인'으로서의 자주적 인식을 가진 대표들은 이를 계
기로 독립을 하자고 제의했다. 이렇듯 뜻을 달리하는 각 주의 대표들이
팽팽히 대립하면서 독립이냐, 합의냐의 논쟁이 계속되던 중 군복을 입고
의회에 참석한 워싱턴의 모습이 대표들로 하여금 결단을 내리게 만들었
다. 비로소 미국 식민지 각 주에서 온 대표들이 독립을 결심한 것이다. 어
쩌면 군인으로서 명성이 높았던 워싱턴의 당당한 모습이 마치 영국에 대
항해 일어서야 할 때라고 결단을 촉구하는 것처럼 느껴졌을지도 모른다.
　　영국과의 독립전쟁을 의결했지만 미국의 군사력이 가장 큰 문제였

보스턴 차 사건을 표현한 석판화
나다니엘 커리어Nathaniel Currier, <The Destruction Of Tea At Boston Harbor>(1835)

다. 일단 각 주마다 민병이 있지만, 그들을 다 통합해 전쟁에 투입할 수 있는 군대로 만들기란 쉽지 않은 일이다. 그리고 그 군대를 통솔할 적합한 인물을 찾는 것도 난제였다. 일단 독립군의 장군이 대륙회의에 절대적으로 복종할 사람이어야 하는 것이 필수였다. 왜냐하면, 전쟁에서 승리하더라도 그 장군이 군대와 권력을 장악해 독재국가를 세울 수도 있기 때문이었다. 따라서 대륙회의는 가능하면 회의에 참석한 주 대표들 중에서 군사적 경험이 있는 사람을 임명하고자 했다.

두 번째 문제는 독립군의 장군은 전국적인 대표성을 가질 필요가 있었다. 당시에는 아직 남부 쪽 식민지들은 대륙회의에 많이 의존하지 않는 상태였고, 독립 의식도 비교적 강하지 않았다. 때문에 아직 '미국의 통합'이 제대로 안 된 상황이기에 각 주에서 온 민병들을 모두 총괄 지휘할 사람은 남부 출신이 그나마 나을 것이라는 결론이 났다. 이러한 배경을 보면, 당시에 조지 워싱턴보다 더 적합한 사람을 찾기는 힘들었을 것이다. 결국 만장일치로 워싱턴이 총사령관으로 선출되었다.

혁명 정신과 용기로 독립을 쟁취하다

미국 독립전쟁에서 영국군에 맞서 싸운 전력은 각 주마다 결성된 민병들과 워싱턴이 이끌고 있는 1만 4000명 규모의 군대뿐이었다. 그야말로 다윗과 골리앗의 싸움, 계란으로 바위치기의 형국이었다. 그중에서도 영국군의 주 공격 대상이 된 것은 워싱턴이 통솔하는 군대였는데, 사실 워싱턴의 전력 역시 정규군이라고 하기에는 거리가 있었다. 군대의 60퍼센트가 이민자나 재소자, 노예로 구성되어 있었고, 군인들의 20퍼센트가 신발이 없어서 맨발로 걷고 있었다. 더욱이 워싱턴은 전문적인 군사교육을 받은 바 없기에 군사적인 지식이 많은 것도 아니었다.

워싱턴과 독립군 입장에서 보자면, 당시 세계에서 제일 강한 영국 군대를 이기려면 운이 따라야만 가능했다. 그러나 워싱턴도, 독립군도 운이 좋지는 않았다. 군사력이나 장비의 불리함뿐만 아니라 미국에서 천연두가 한참 확산되던 시기였기에 이 때문에 쓰러지는 병사들도 속출했던 것이다.

그렇다면 워싱턴은 어떻게 이처럼 열악한 상황을 극복하고 전쟁을 승리로 이끌었을까? 필자는 승리의 원인을 세 가지로 파악하고 있다. 바로 혁명 정신과 첩보 그리고 전략이다. 민병이든, 워싱턴의 군대에 소속된 군인들이든 다들 독립에 대한 의지를 굳게 다지고 있었다. 그리고 워싱턴이 보스턴이나 뉴욕에 있는 친영국파들을 이용해 영국 군대의 움직임을 미리 파악하고 있었던 정보력도 크게 도움이 되었다.

무엇보다도 제일 큰 역할을 한 것은 워싱턴의 뛰어난 용기와 전략이다. 실제로 워싱턴이 직접 군대를 이끌고 전투에 나서서 영국군을 크게 이긴 적은 없다. 정작 싸워서 이기는 것보다는 영국군을 지치게 만들었다는 것이 더 적당한 표현이 아닐까 싶다. 당연히 최강 영국군과 부딪쳤던 뉴욕에서의 첫 전투에서는 크게 패배할 수밖에 없었다. 패배 후 바로 군대를 뉴욕에서 철수한 워싱턴은 전투를 피하고 계속 시간을 끄는 소모전으로 전략을 세웠다. 그리고는 물자 보급의 어려움 등 영국군이 약해진 틈을 공략해서 공격했다.

또한 워싱턴은 프렌치-인디언전쟁 때 영국군 진영에 합류하여 전쟁을 했던 경험으로 영국군의 병사와 장교를 구분할 수 있었다. 그래서 영국군과의 교전 시에 장교들을 중점적으로 공격하거나 잠복했다가 엽총으로 사살하는 전략을 구사했다. 이전까지 전면전에 익숙했던 영국군은 이러한 게릴라 전투에 매우 약했기에 번번이 워싱턴의 군대에 당하곤 했다.

전쟁을 치루는 동안 워싱턴의 군대에서 영국군보다 더 강력한 위험 요소는 바로 천연두였다. 충분한 의료진과 약품이 없었던 까닭이다. 워싱턴은 큰 도박을 선택했다. 어린 시절에 천연두에 걸린 적이 있었던 사람은 천연두에 걸리지 않는다는 점에 착안해, 천연두에 걸린 사람의 피를 건강한 군인들의 상처에 바르도록 한 것이다. 보통 미국인이 천연두에 걸리면 10명 중 4명이 사망하는데, 워싱턴의 군대에서는 예방 치료를 받은 군인들 중 2퍼센트만 사망했다.

미국 독립전쟁의 전환점은 1777년이다. 영국이 캐나다 식민지 주둔군을 남쪽으로 보내 두 군대를 합병하려고 했다. 그러나 캐나다에서 이동하던 군대는 미국에 있던 영국군과 합류하지 못했다. 그들이 남쪽으로 움직이던 중 게릴라 전쟁 방식에 지친 영국군이 1777년 10월 17일 미국 독립군에 항복하고 만 것이다. 영국군의 이 첫 항복은 유럽에서 핫이슈가 되었다. 이미 유럽 국가들과 접촉하고 있던 미국이 이를 계기로 스페인과 프랑스를 설득해 동맹으로 참전하게 했고, 이 시점부터 미국 독립전쟁이 국제 전쟁으로 진화하면서 미국은 자유를 쟁취하게 되었다.

국부의 탄생

미국은 1783년에 영국과 맺은 파리조약의 결과, 법적으로 독립했다. 그러나 독립은 했지만 신생국으로 아직 미숙한 아이의 수준이었다. 그동안 영국 통제하의 지방행정이 있었을 뿐, 당시의 13개 주를 하나의 국가로 연결시킨 것은 대륙회의 외에 아무것도 없었다. 따라서 국회의장 외에 미국을 하나로 묶고 대표할 다른 사람이 필요했다. 당시 미국의 상황을 좀 더 설명하자면, 대륙회의가 미국 식민지 시절에 입법부 역할을 맡고 있었기에 영국의 통치권을 대신할 행정부 역할과 왕 같은 수장이 필요했다. 이런 필요성에 의해 대륙회의가 1789년에 대통령 선거를 실시했다. 새로 탄생한 국가를 민주주의로 운영하고자 했던 대표들에게는 첫 대통령이 매우 중요했다. 그런데 각 주를 대표하는 69명이 투표한 미국의 첫 대통령 선거에서 조지 워싱턴이 역사상 유일하게 만장일치로 당선되었다.

　　1783년 독립전쟁이 끝나가고 군대도 해체를 앞둔 상황에서 봉급과 연금을 제대로 지급받지 못한 군인들의 불만과 불안감이 커졌다. 그러나 수차례의 요구에도 대륙회의에서는 군인들의 불만을 해소해주지 못한 탓에 위기감이 더욱 높아진 일부 장교단을 중심으로 쿠데타를 모의했다. 군인들은 워싱턴에게 군주로 등극하라는 요청을 하기도 했다. 그러나 이때 워싱턴이 직접 나서서 장교단을 설득했고 결국 쿠데타는 이루어지지 않았다. 워싱턴이 원했다면 군인들의 추대에 의해서 바로 정권을 장악할 수도 있었지만, 같은 해 11월 전쟁이 끝난 후 그는 대륙회의에 스스로 자신의 칼을 반납하고 민간인으로 물러나면서 미국의 민주주의가 평화롭게 안착할 수 있도록 공헌했던 것이다. 필자가 보기에는 이처럼 민주주의적인 이미지와 전쟁 중 보여준 큰 성과들까지 더해져 워싱턴이 국민들의 마음을 얻으며 진정한 영웅이 되지 않았을까 싶다.

　　워싱턴은 왕정주의 국가에서 왕을 위해 열리는 행사 같은 화려한 의식들을 싫어했던 탓에, 대통령이 된 이후에 개최된 국가 행사들이 대부분 소박한 분위기 속에서 치러졌다. 또한 대통령에게 지급되는 봉급 2만 5000달러도 거절했다. 신생 미국의 기반을 굳게 다진 공적으로 3선 대통령도 유력시 되었으나 민주주의의 전통을 세우기 위해 스스로 출마하지 않았다.

워싱턴은 이처럼 영웅적인 면모와 수많은 공적으로도 충분히 높이 평가받을 만하지만, 그가 가장 대단해 보이는 모습은 매일 새벽 4시 전에 기상했다는 점이었다. 그만큼 국가를 위해 성실하게 노력하고 최고의 자리에 올라서도 겸손함을 지키며 나태해지지 않았던 그의 일면을 볼 수 있는 셈이다. 그런 의미에서 워싱턴의 성공의 비결은 태양보다 일찍 눈을 뜨는 것이 아니었을까 짐작해본다.

이처럼 칭송받는 삶을 살았지만, 다른 한편에서는 비판을 피할 수 없는 행적들도 있다. 예를 들면, 독립전쟁 중 영국 편에 선 원주민들을 잔혹하게 공격한 '설리번 학살Sullivan Massacre'은 이해하기 어렵다. 설리번 군사작전, 일명 설리번 학살로 회자되는 이 사건은 미국 역사에서 피로 얼룩진 과오의 상흔으로 남았다. 적절한 선에서의 군사작전이 아니라 그 원주민들을 완전히 말살하려고 한 것은 인간의 기본적인 휴머니즘과도 완전히 어긋난다. 리처드 드리논Richard Drinnon의 《Facing West: The Metaphysics of Indian-hating and Empire-building(서부를 향해: 인디언 증오와 제국 건설의 형이상학)》이라는 책을 보면 워싱턴의 반원주민 감정이 얼마나 강한지 알 수 있다. 이 책에서 리처드 드리논은 1783년에 조지 워싱턴이 '원주민들은 늑대 같은 존재들이라 오직 사냥만 할 수 있다'고 말했다고 주장한다.

미국과 메이슨들

1달러의 뒷면에 나온 상징들에 대해서는 엄청난 음모론과 진실과 거짓이 섞인다. 왜냐하면 뒷면에 보이는 피라미드와 독수리는 모두 다 미국의 국가적 상징이면서 동시에 프리메이슨Freemason의 상징이기도 한다. 특히 피라미드는 제일 대표적인 프리메이슨의 상징이다.

프리메이슨은 16세기 말에서 17세기 초에 생긴 친목 단체다. 처음에는 종교적 보수의 억압이 심한 유럽에서 더 자유롭게 움직이고 싶었던 지식인들의 모임이었다. 이들을 '무교인'이라고 할 수 없지만 그 당시에 종교인들한테 피해를 많이 봐서 교황청을 비롯해 교황에게 성실한 유럽의 왕들에게까지 적대감을 가졌다. 친목 단체이다 보니 정확히 처음에 어느 나라에서 조직화 된지 잘 몰라도 제일 많이 거론된 곳은 영국이다. 그들이 힘을 쭉 키우다 보니 현재 중동, 유럽, 미국에서 많은 사람들에게 프리메이슨이라는 단체는 너무나 강력하고, 웬만한 사건 뒤에는 이 단체가 있다고 믿는다.

17세기부터 유럽의 지식인들이 조직적으로 모이는 것은 프리메이슨 밖에 없었다. 그러다 보니 그들의 세력이 확대되는 것은 자연스러운 일이었다. 그러나 프리메이슨은 그들만의 종교의식과 비밀스러운 행위로 인해 탄압의 대상이 되었고 점점 지하 세계로 숨어들었다. 이 모임이 유럽에서 식민지인 미국으로도 넘어갔으리라는 것을 추측하기는 어렵지 않다. 기술자들과 지식인들의 모임이다 보니 당시 독립을 앞둔 미국에 중요한 역할을 하는 인물들 역시 참여하고 있었는데, 대표적인 예가 바로 벤자민 프랭클린과 조지 워싱턴이다.

　프리메이슨의 그 비밀스러움 때문인지 프랑스혁명, 제1, 2차 세계대전, 9.11 테러 등 크고 작은 사건들과 관련되어 항상 음모론의 중심에 있어 왔다. 특히 프리메이슨의 존재를 위협적으로 인식하는 사람들은 그들의 상징인 피라미드 밑에 라틴어로 쓴 'NOVUS ORDO SECLORUM(새로운 시대의 질서)'를 가지고 '프리메이슨들이 세계 어디에나 다 있다', '그들이 그 피라미드의 눈처럼 우리를 마치 하늘에서 지켜보고 있다'고 떠벌린다. 이는 프리메이슨이 세계 금융시장은 물론이고 과학, 문학 등 모든 분야에서 커다란 영향력을 행사하고 있다는 것을 전제로 하기 때문에 그 파급력도 작지 않다.

　이렇게 처음부터 적대시하는 시선으로 모든 것을 그들과 연계시키고 음모론에 빠지는 행위들이 오히려 프리메이슨들을 더욱 신격화 하는 것은 아닐까 싶다.

알렉산더 해밀턴,
연방 경제 체제의 토대를 세우다

미국 달러 이야기를 하면서 10달러의 주인공인 알렉산더 해밀턴 이야기를 빠뜨릴 수는 없다. 미국 건국의 아버지들 중 한 명이며 초대 재무장관을 지낸 알렉산더 해밀턴은 벤자민 프랭클린과 조지 워싱턴 못지않게 대단한 활약을 했던 인물이다. 미국 지폐에 등장하는 초상화의 인물 중 대통령이 아니었던 사람은 벤자민 프랭클린과 알렉산더 해밀턴뿐이며, 해밀턴은 유일하게 미국 출신도 아니다. 특히 조지 워싱턴, 토머스 제퍼슨 등 대다수 미국 건국의 영웅들이 유복하거나 명망가의 후손이었지만, 해밀턴은 결코 평탄치 않은 가정환경과 매우 극적인 삶을 살았다. 그럼에도 불구하고 세계에서 가장 강한 화폐에 초상화가 실릴 정도로 공적을 세웠다면, 해밀턴이 미국 역사에서 차지하는 비중이 크다는 것을 알 수 있으며 그의 성공 신화에서 얻을 수 있는 교훈도 충분할 것이다.

달러의 아버지, 알렉산더 해밀턴

알렉산더 해밀턴(Alexander Hamilton, 1755/1757~1804)은 오늘날의 작은 섬 나라인 세인트키츠네비스연방Federation of Kitts & Nevis의 찰스턴Charlestown이라 는 도시에서 태어났다. 스코틀랜드인 아버지와 위그노(Huguenot, 프랑스 신교도)의 핏줄을 이어받은 어머니의 부적절한 관계로 태어났다. 10살 때 아버지는 가족을 떠났고, 어머니도 해밀턴이 13살 때 세상을 떠났다. 이 런 배경 때문인지 그의 출생 연도도 정확하지 않다. 1772년 미국으로 이 민 갈 때 해밀턴이 작성한 서류에는 1757년 출생으로 적었지만, 1930년 대 발간된 그의 어린 시절과 관련된 기록에서는 1755년으로 보고 있다.

17세에 유학의 기회를 얻게 된 해밀턴은 혈혈단신으로 미국이라는 신세계에 발을 내딛었다. 이후 뉴저지를 거쳐 뉴욕으로 간 해밀턴은 현재 의 콜롬비아 대학인 킹스 칼리지에 입학해서 혁명, 역사, 정치, 사상, 법 등 을 공부했다. 미국 독립전쟁이 발발하면서 학업을 중단하고 입대하는데, 이때부터 해밀턴은 제2의 삶을 시작하게 되었다. 보스턴에 주둔하던 독 립군에 입대한 그는 전쟁 중에 성실한 태도와 뛰어난 공적으로 빠르게 진 급했을 뿐 아니라 조지 워싱턴의 눈에 띄어 부관으로 활약했다. 독립전쟁 이 끝나고 변호사가 된 그는 1787년 뉴욕 하원 의원에 선출되면서 정계 에 진출한다. 이후 미국 정치사에서 첫 이념 대립을 이끄는 수장으로 등 장했다.

지금의 미국 정치라면 공화당-민주당의 양극 대립이 먼저 떠오르는

데, 미국이 탄생했을 때는 의회에서 연방당과 민주공화당의 대립이 있었
다. 여기서 잠깐 짚고 넘어가자면, 미국과 유럽의 연방주의는 다르게 인
식된다. 유럽에서 연방주의라면 자치행정을 강화시키자는 의미인데, 18
세기 말 미국의 연방주의는 각 주보다 국가 전체의 이익을 내세우는 통합
우선의 국가 통치 이념이었다.

　　미국이 독립한 후 강력한 중앙정부를 선호하는 연방주의자들과 강
력한 주 정부를 선호하는 반연방주의자들 간의 이견이 대립되기 시작했
다. 특히 존 애덤스와 알렉산더 해밀턴이 주도하는 연방주의자들과 토마
스 제퍼슨이 속한 공화·민주주의자들의 대립으로 여러 가지 문제에서
논쟁이 계속되었다. 결국 1792년에 해밀턴을 중심으로 한 연방주의자들
이 연방당Federalist Party을 창당했는데, 이것이 미국 최초의 정당이다. 이어서

중앙은행인 미국 제1은행

역시 1792년에 토마스 제퍼슨과 제임스 매디슨James Madison이 연방당의 독주를 막기 위해 민주공화당Democratic Republican Party을 만들었다. 이처럼 해밀턴과 제퍼슨의 대립과 이념적 갈등이 미국 정당정치를 싹틔우는 데 큰 역할을 했다.

이념 대립 중에서도 가장 첨예하게 부딪쳤던 사안이 중앙은행의 성립 건이었다. 해밀턴은 전국적으로 유통될 화폐를 만드는 유일한 기관이 필요하다고 생각하고, 중앙은행을 설립하기 위해 치열한 사상 투쟁을 벌였다. 그러나 민주공화주의자들은 중앙은행 같은 기관이 미국 시민의 힘을 약화시키고, 중앙은행을 통해 일부 자본가들에게 자본이 집중되어 미국의 미래에 악영향을 미칠 것이라며 반대했다.

미국의 첫 대통령인 조지 워싱턴은 정치적 중립을 지키려고 했지만, 경제정책에 있어서는 연방파의 논리에 더 저울추를 기울였다. 이에 1789년 해밀턴을 미국 초대 재무장관으로 임명했다. 재무장관이 된 해밀턴은 반대를 무릅쓰고 중앙은행 설립을 추진했고, 드디어 1791년 미합중국 제1은행The First Bank of the United States이 출범하게 되었다. 이러한 전력을 보면 해밀턴을 '달러의 아버지'라고 지칭해도 되지 않을까 한다.

막강한 정치적 영향력을 행사하며 고공 행진하던 해밀턴의 삶도 말로에 이르러서는 순탄치 않게 흘러갔다. 조지 워싱턴의 재임 기간 동안은 미국 정치의 유력 인물로 권력의 중심에 서 있었던 해밀턴이 1796년 선거부터 하락하기 시작했다. 대통령이 되고 싶은 욕심도 있었던 그였지만, 연방당 내에서 충분한 지지를 얻지 못하면서 그와 정치 이념이 달랐던 존 애덤스가 미국 제2대 대통령으로 당선되었다.

이후 같은 연방당이었던 해밀턴과 존 애덤스의 갈등이 깊어지면서 해밀턴은 모든 직위를 내놓게 되었다. 이에 대한 보복으로 해밀턴은 1800년 제3대 대통령 선거에서 존 애덤스의 재선을 막으려고 반대파인 민주공화당 후보인 토머스 제퍼슨의 당선을 지지했다.

해밀턴의 사망도 비극적이다. 오래전부터 반연방주의자로 알려진 에런 버Aaron Burr와 해밀턴은 정치적으로 적대 관계에 있었다. 특히 1800년 대통령 선거의 1차 선거인단 투표에서 토머스 제퍼슨과 에런 버가 표를 똑같이 얻었다. 이에 미국 하원으로 넘어간 대선 결과에서 해밀턴을 비롯한 강경 연방주의자들이 토머스 제퍼슨을 대통령으로 선포하면서 결국 에런 버가 부통령이 되었다. 결국 쌓였던 감정에 해밀턴 때문에 대통령에 낙선했다는 원한과 증오심이 더해진 에런 버가 급기야 1804년에 결투를 신청하고야 말았다. 해밀턴은 아들이 결투로 목숨을 잃었기 때문에 결투를 반대하는 입장이었지만, 가족의 명예를 위해 회피할 수 없었다. 1804년 7월 11일, 에런 버와의 결투에서 총을 맞은 해밀턴은 다음 날 사망했다. 이 사건은 전 세계사에서 제일 유명한 결투들 중 하나로 회자되고 있다.

재무부

10달러의 뒷면에 보이는 건물은 역시 해밀턴과 인연이 깊은 곳이다. 현재 미국 주요 국가기관 중 하나인 재무부의 건물이다. 동시에 역사 기념물이기도 하다. 재무부 앞에는 해밀턴의 동상도 있다. 신생 미국 경제체제의 토대를 닦은 그의 동상이 이 건물 앞에 있는 것은 너무도 당연한 일일 터이다.

이 건물은 건축가 한 명의 작품이 아니다. 건물의 사방과 중앙 부분은 각각 다른 건축가의 작품이고, 시기도 달리하여 건설되었다. 건설 기간은 총 33년(1836~1869)이 소요되었다. 작업에 참여한 5명의 건축가들 중에서도 건물의 남쪽을 담당한 알렉산더 해밀턴 보우만Alexander Hamilton Bowman은 10달러 앞면의 주인공인 알렉산더 해밀턴과 동명이란 점이 눈길을 끈다. 특히 알렉산더 해밀턴 보우만은 미국의 역사적 건축물에 족적을 남긴 건축가이면서 동시에 군사사관학교의 총장직을 역임할 정도로 뛰어난 군인이었다는 점에서도 더욱 흥미로운 인물이다.

토머스 제퍼슨,
독립선언서와 종교 자유법의 작성자

2달러에 대해서 이야기하기 전에, 2달러에 대한 환상부터 바로잡아야 한다. 이 화폐에 관한 헛된 소문이 많기 때문이다. 그중 2달러가 1976년 이후로 발행되지 않았다는 것은 잘못 알려진 사실이며, 2013년에도 한 차례 발행되었다. 2달러는 소량만 유통되기 때문에 다른 화폐에 비해 발견하기가 어렵다. 아마도 이 때문에 이 화폐가 이제 쓰이지 않거나 발행되지 않는다는 등 여러 가지 설이 회자되는 듯하다. 이러한 상황을 이용해 일부 사기꾼들이 2달러를 화폐 애호가들에게 비싸게 팔곤 하는데, 희소성에 다른 사연까지 더해져 행운의 2달러로도 알려지면서 수집용으로 가치가 전환된 듯도 하다. 행운을 바라는 마음까지야 깰 수 없겠지만 혹여 이러한 배경을 모른 채 행운이라는 말에만 미혹되지는 않기를 바란다.

민주주의의 기초자, 토머스 제퍼슨

필자가 제일 좋아하는 역대 미국 대통령들 중 한 명은 바로 토머스 제퍼슨(Thomas Jefferson, 1743~1826)이다. 그의 '국민이 정부를 두려워하면 독재주의이고, 정부가 국민을 두려워하면 민주주의다(When government fears the people, there is liberty. When the people fear the government, there is tyranny.).' 라는 명언은 오늘날에도 민주주의를 한마디로 명료하게 정의하는 문장이다.

토머스 제퍼슨은 비록 노예를 소유하고 있었지만, 노예제도를 철폐하려고 노력한 정치인들 중 한 명이었다. 사실 그 당시 많은 미국의 지식인들은 노예제도와 독립선언의 정신이 서로 맞지 않다고 생각했었다. 그러나 노예제도가 그 시기 미국 경제의 핵심인 농업에 필수 조건이었기에 누구도 노예제도를 없애야 한다는 말을 대중 앞에서 꺼낼 수 없었다. 제퍼슨을 비롯한 당시의 미국 대통령들도 이 문제에 있어서 어쩔 수 없이 공식적으로는 침묵할 수밖에 없었다. 제퍼슨에게 오점으로 지적되는 사연 하나가 있는데, 그가 집 안의 흑인 노예와 오랫동안 불륜 관계였으며 자녀까지 여러 명 있었다고 한다. 이런 사연과 관련해서 보면 노예제도 철폐에 대한 제퍼슨의 입장에는 인권적 문제 이상의 개인적 동기도 있지 않았을까 짐작하게 된다.

그는 버지니아 식민지 의회에서 하원 의원으로 활동하다가 독립전쟁이 터지면서, 버지니아 주의 대표로 대륙회의에 참석했다. 대륙회의는 변호사 출신으로 방대한 지식의 소유자이며 언어와 문장력이 뛰어난 제퍼슨에게 독립선언문 기초 위원을 맡겼고, 그가 자필로 쓴 독립선언문 초안

이 지금도 전해진다. 미국이 독립한 후에도 버지니아 주의 대표로 활동하던 그는 미국 제3대 대통령으로 선출된 후 재임까지 했다.

　임기를 마치고 고향으로 돌아간 그는 버지니아 대학을 세워 민주적인 교육에 힘을 쏟았다. 제퍼슨은 어렸을 때 목사에게 교육을 받았음에도 불구하고, 교회의 영향을 받지 않는 세속적 교육을 해야 한다는 생각으로 이 대학을 설립했다. 이로 인해 버지니아 대학은 미국 역사상 종교교육과 일반교육 과정을 분리한 첫 대학교가 되었다. 대표적인 이신론(理神論, Deism)자로 알려지는 제퍼슨은 정치를 종교보다 우위에 둔 정교분리를 제안했고, 그가 직접 작성한 묘비명의 한 구절처럼 '버지니아 종교 자유법의 작성자'로 기록되었다. 그리고 이러한 행적을 볼 때 제퍼슨을 미국의 기독교적 이신론의 창시자로 보아도 무방하지 않을까 싶다.

　필자는 제퍼슨에 대해 연구하다가, 왜 4달러가 아니고 2달러에 그의 초상화가 실렸을까 의아했다. 제퍼슨은 5월 4일에 주프랑스 대사로 임명돼 국회를 떠났고, 3월 4일에 대통령이 되었으며, 또 3월 4일에 대통령직을 마쳤다. 그리고 제일 중요한, 그가 쓴 독립선언 개정안이 7월 4일에 선포되었다. 제퍼슨은 병석에 누워서도 1826년 7월 4일 아침에 잠깐 깨어나서 주변 사람들에게 "오늘 4일이지?"라고 물었다고 전해진다. 그날이 바로 미국 독립선언 50주년이 되는 날이었으며, 그가 눈을 감은 날이었다. 여기서 또 한 가지 우연이 겹치는데, 제퍼슨의 정적이었던 제2대 대통령 존 애덤스 역시 제퍼슨이 죽기 2시간 전에 사망했다는 것이다. 미국의 정치 이념 전쟁의 중심에 선 수장들이었던 두 사람이 같은 날 죽었다는 것은 이들의 인연이 얼마나 깊었는지를 한번쯤 생각해보게 한다. 어쨌든, 그의 삶에서 결정적인 중요한 일들이 다 '4일'에 일어났기 때문이다.

독립선언

2달러의 뒷면에는 토머스 제퍼슨에게 상당히 의미 있는 그림이 있다. 바로 미국 독립선언서를 작성하는 그림이다. 이 그림은 물론 미국 역사에서 중요한 순간의 기록이지만, 필자는 그림보다도 그 그림을 그린 존 트럼불John Trumbull에게 더 주목하게 되었다.

　미국의 역대 화가들 중 트럼불의 이력은 좀 특이하다. 하버드 대학을 졸업하고 독립전쟁에 참전한 그는 특별한 임무를 맡게 되었다. 전투를 관찰하고 그림으로 그리라는 지시를 받은 것이다. 트럼불은 이를 계기로 전역 후 그림 공부를 하게 됐고, 독립전쟁을 비롯해 미국의 역사적인 사건들

대륙회의에서 독립선언서를 작성하는 모습
존 트럼불John Trumbull, <독립선언>(1871)

을 그림으로 그리게 되었다. 널리 알려진 미국의 역대 정치인들의 초상화들이 대부분 트럼불의 작품이다. 그리고 그의 작품들 중 제일 유명한 것이 바로 2달러 뒷면에 있는, 1817년에 그린 〈독립선언〉이라는 그림이다.

이 유명한 화가에게는 그림보다도 더 뛰어난 점이 있었는데, 바로 자신의 단점을 장점으로 승화시킨 것이다. 사실 트럼불은 어렸을 때 사고로 한쪽 눈의 시력을 잃었다. 화가로서는 단점이 될 수 있을 텐데, 부족한 시력을 더 세밀한 관찰력으로 보완해서 그만의 정밀한 화풍으로 발전하게 된 것이 아닐까 싶다. 트럼불은 그 자신의 삶을 통해 '단점을 보고 희망을 버리지 말고, 장점을 보고 그 점을 개발시켜라!'라는 메시지를 전해주는 듯하다.

앤드류 잭슨,
정당의 기원이 된 잭슨 민주주의

필자는 20달러를 볼 때마다 왜 하필 앤드류 잭슨의 얼굴이 이 화폐에 실려 있는지 의문이 들곤 했다. 얼마 전에는 미국의 여성 시민 단체들이 달러 앞면에 여성의 초상화를 넣자는 운동을 벌였는데, 이를 위해 7장의 지폐 속 인물 중 제외시킬 수 있는 인물로 잭슨이 가장 물망에 오른다고 한다. 필자는 이 책을 쓰면서 잭슨 대통령이 위대하다고 칭송받지는 않아도 카리스마와 굴곡 넘치는 인생을 살면서 '잭슨 민주주의'로 불리는 새로운 개념이 미국의 지배적인 이데올로기가 될 만큼 영향력을 미친 것은 분명하다는 생각을 하게 되었다. 또한 그의 정권 기간이 미국 정치사에서는 새로운 전환기였던 만큼 그의 역할은 매우 중요했다고 본다.

민주당의 아버지, 앤드류 잭슨

존 애덤스와 알렉산더 해밀턴이 정치계에서 사라지면서 연방파는 약해지고, 결국 1820년대 해체되고 말았다. 유일하게 남은 민주공화당이 미국을 이끌어가는 정당이 되었지만, 잭슨이 대통령으로 출마하는 과정에서 민주공화당도 역시 해체되었다.

대부분 유복하고 전통 있는 집안과 배경을 가졌던 기존의 역대 대통령들과 달리 앤드류 잭슨(Andrew Jackson, 1767~1845)은 사회적, 교육적 환경이 좋지 못했다. 가난한 이민자 가정에서 자란 그는 어려서 정규교육을 제대로 받지 못했지만 후에 법률을 공부해 촉망받는 법조인이 되었다. 1796년 테네시 주Tennessee州 대표 하원 의원을 시작으로 민주공화당에서 입지를 굳힌 그는 영국과의 전쟁을 통해 명성이 더욱 높아졌다.

1824년 대선에 출마했던 잭슨을 두고 대중의 인기에 영합하는 포퓰리즘적이라며 비판하는 이들로 인해 정당이 친잭슨파-반잭슨파로 분리되었다. 선거에서는 경쟁자인 존 퀸시 애덤스John Quincy Adams에게 패배하지만 이후 민주공화당의 패권은 잭슨이 주도하게 되었다. 이로 인해 반잭슨파는 민주공화당에서 탈당하고 1825년에 국민공화당을 창당했고, 여러 과정을 거치면서 현대의 공화당으로 이어져오고 있다. 1828년 대선에 잭슨이 다시 출마하는 과정에서 친잭슨파 역시 민주당(현 민주당)을 창당했다. 결과적으로 보면 현재 미국 양당 구조의 기원은 잭슨의 대선 출마에서부터라고 볼 수 있다.

미국 화폐에서 잭슨 대통령의 초상화를 보면 미합중국 제2은행의 사연이 자연스럽게 연관된다. 잭슨 대통령의 1834년 대선 출마 당시 공약

중 하나가 미합중국 제2은행을 철폐하는 것이었다. 여러 번의 도전 실패 후 대통령이 된 잭슨은 1836년 당시 중앙은행 역할을 하는 미합중국 제2은행의 재인가를 거부했다. 이렇게 은행이 해체되면서 미국에서 지폐가 없어지고, 다시 동전만 쓰이기 시작했다. 그래서 필자는 지폐를 없앴던 대통령의 초상을 화폐 위에 싣는 것이 아이러니하게 느껴졌던 것이다.

'잭슨 민주주의'로 새로 쓴 미국 민주주의

사실 이런 이야기를 하면 '대통령이 왜 중앙은행을 싫어할까?', '미합중국 제2은행이라니? 그럼 미합중국 제1은행은 어떻게 된 거야?' 등등의 의문점이 생긴다. 앞서 달러의 기원과 알렉산더 해밀턴의 이야기에서도 언급했는데, 그 당시 미국 정치인들이 중앙은행 같은 기관들을 반대하고 있었다. 지금도, 그 당시도 중앙은행은 국가기관이 아니고 민영 기구이며, 일부 자본가들의 자본으로 설립된 것이다. 미국 탄생 초기에는 이러한 시스템으로 인해 국민의 힘이 약화되고 특권을 누리는 자본가들이 간접적으로 권력을 장악하게 될 것이라고 주장하는 이들과, 중앙은행의 필요성을 강조하는 이들 사이에서 찬반 논쟁이 끊임없이 지속되었다. 이러한 과정에서 실제로 중앙은행의 설립과 해체가 몇 차례 반복되기도 했다.

잭슨 대통령이 진심으로 국민을 생각해서 미합중국 제2은행을 없앤 것인지, 아니면 포퓰리스트적인 면에서 없앤 것인지는 잘 모르겠다. 왜냐하면 그의 일부 정책을 보면 진정성을 가지고 국민을 위한 것인지, 아니면 자신의 권력 강화를 위해서 한 것인지 헷갈리는 부분이 있기 때문이다. 예를 들자면, 그는 당선되자마자 새로운 공무원 자리들을 만들고 그 자리에 자신의 지지자들을 임명했다. 잭슨은 이에 대해 일부 엘리트들이 공직을 독식하면서 다른 이들에게 기회가 주어지지 않는 악순환의 고리를 깨뜨리기 위한 공직 개방정책이라고 주장했다. 어쨌든 이 같은 정책들 덕분에 대중의 정치 참여 기회가 많아졌고, 그가 확립한 이 새로운 개념은 '잭슨 민주주의Jacksonian democracy'라는 이름으로 불리게 되었다.

　　잭슨 민주주의의 몇 가지 원칙을 설명하자면, 제일 먼저 눈에 띈 것은 강한 반연방주의反聯邦主義였다. 잭슨 민주주의적 해석으로 중앙은행 같은 기관들은 각 주의 주권을 흔들 기관이었다. 그래서 중앙은행을 비롯해 각 주의 주권을 침해할 여지가 있는 기관이나 법안들을 없애려고 했다. 그리고 잭슨 민주주의에 따르자면, 오직 지주들만 투표하는 것은 민주주의와 어긋난 것이었다. 평등주의를 모토로 세운 잭슨 민주주의자들은, 참정권 확대로 투표 제도를 개선시켰다. 1828년 이후부터 모든 백인 남성에게 투표권이 주어져서 이 해를 미국에서 보통선거제도가 수립된 해로 본다.

　　말은 민주주의인데, 민주주의와 크게 연관이 없는 잭슨 민주주의의 특성이 하나 더 있었다. 잭슨 민주주의자들은 미국 서부를 개척하고 대서양부터 태평양에 이르는 북아메리카 대륙 전역으로 세력을 뻗는 것이 운명이라고 믿었다. 반면에 그 당시 야권은 영토 확장보다 도시 개발에 신경 써야 된다고 이들을 비난했었다. 그리고 같은 민주당 내에서도 잭슨 민주주의에 속하지 않는 세력은 영토 확장이 곧 노예들의 증가를 불러올 것이라 반대했다.

　　잭슨의 개인적인 이야기를 하자면, 그가 무척이나 고집이 센 사람이었다는 것은 잘 알려진 사실이다. 일례로, 1812년 미영전쟁(미국의 제2독립전쟁) 시기에 영국군에 포로가 된 그는 자신의 신발을 닦으라는 영국군 장교의 명령을 받았다. 그러나 고집불통인 잭슨이 그 지시를 거절하자 장교가 칼로 얼굴을 베었다. 잭슨 초상화에서 보이는 얼굴에 있는 흉터는 바로 그때 남은 것이다.

잭슨 대통령에 대해 빠뜨릴 수 없는 에피소드 중 하나는 결투다. 그는 결투를 3차례나 신청했었는데, 그중에서도 제일 유명한 결투는 찰스 디킨슨Charles Dickinson과 했다. 찰스는 그 당시 뛰어난 결투자로 소문난 사람이었다. 둘이 1806년에 결투를 벌였는데, 찰스가 쏜 첫 총알이 가슴에 맞았지만 잭슨은 죽지 않았다. 사실 2센티미터 정도만 옆으로 맞았다면 심장에 맞았을 정도로 위험한 순간이었다. 자신의 차례가 된 잭슨이 총을 쐈는데 작동이 되지 않았고, 마지막으로 한 번 더 시도한 후에야 상대가 쓰러졌다. 결국 이 유명한 결투의 승리자는 앤드류 잭슨이었지만, 잭슨 역시 총알을 적출하지 못해 평생 가슴에 품고 살아야 했다.

잭슨에 대한 마지막 이야기는, 미국 역대 대통령 중 최초로 암살 시도의 대상이 되었던 대통령이었다. 페인트공인 리처드 로렌스Richard Lawrence가 잭슨의 경제정책 때문에 장사를 못하게 되었다는 이유로 암살을 시도했다. 로렌스는 총알을 2발이나 발사했지만, 하나도 적중시키지 못해서 잭슨은 또다시 살아남았다. 로렌스가 해명한 암살에 대한 동기가 설득력이 부족했던 탓에 이 암살 시도에 대해서는 아직도 많은 의심과 논란이 있다. 일부 학자들은 잭슨 대통령의 정책들을 극도로 싫어했던 반잭슨파의 상원 의원이 시킨 일이라고 주장하기도 하지만 밝혀진 바는 없다.

백악관

이제까지 설명해온 화폐들을 보면, 앞면에 있는 인물과 뒷면에 있는 건물이 서로 연관이 있었다. 그러나 20달러에는 이러한 관계가 없다. 이 화폐 뒷면에 있는 건물은 바로 세계 정치의 심장 역할을 하는 백악관이다. 필자는 국제정치 이야기보다 이 건물의 역사에 대해 설명하려고 한다.

미국이 독립한 후 벌어진 많은 논쟁 중 하나는 '신생 국가의 수도는 어디가 될 것인가?'였다. 그때까지는 건국의 아버지들이 펜실베이니아 주의 수도인 필라델피아에서 모였지만, 국가의 수도를 필라델피아로 할 수는 없었다. 그렇게 한다면 나머지 12주가 펜실베이니아 주의 영향하에 들어가는 형국이 되기 때문이다. 계속되는 논쟁 중에 결국 중립적인 땅을 수도로 만들자는 의견이 받아들여졌다.

1790년에 메릴랜드 주Maryland州와 버지니아 주에서 일부 영토를 양보하면서 어느 주에도 속하지 않는 독립된 행정구역인 '콜롬비아 특별구District of Colombia'가 구성되었다. 워싱턴 DCWashington DC라고 할 때 DC는 콜롬비아 특별구의 약칭이다. 그 당시 미국 문학에서 '콜롬비아'라는 단어로 미국을 지칭하기도 했기에 전국적인 이미지로 이 이름이 선택되었다. 그리고 콜롬비아 특별구에서 수도 역할을 할 이 신생 도시는 독립전쟁의 승리와 첫 대통령을 역임한 워싱턴의 이름으로 정해졌다.

백악관 이야기로 다시 돌아가서, 워싱턴 도시 개발이 시작되면서 백악관 공사도 1792년에 시작했다. 그러나 공사 기간이 8년이나 걸리다 보니 조지 워싱턴은 생전에 백악관을 보지 못하고 말았다.

백악관의 건축가는 제임스 호번James Hoban이다. 1786년 아일랜드에서 미국으로 이민 온 그는, 6년 후 백악관의 설계를 맡게 되었다. 그는 원래 아일랜드에서 목수 교육을 받았지만 뛰어난 학업 성적으로 두각을 나타내면서 토마스 아이보리^{Thomas Ivory}라는 유명한 건축가에게서 건축 교육을 받았다. 새로운 기회를 찾아 미국에 온 호번은 건축가로 일하던 중 큰 화재로 불에 탄 사우스캐롤라이나 주^{South Carolina州}의 청사를 비롯해 많은 건물들의 건축을 맡았다. 1792년에 사우스캐롤라이나 주를 방문한 워싱턴 대통령이 호번의 뛰어난 능력을 보고 수도로 초대했다. 이후 워싱턴 DC에서 열리는 대통령 관저 디자인 공모전에 당선되면서 이 아일랜드 사람이 미국의 가장 대표적인 건물을 설계하게 된 것이다.

에이브러햄 링컨,
목숨으로 미국의 분단을 막다

일상생활에서 제일 사용이 빈번한 미국 화폐 중 하나는 5달러다. 5달러의 앞면을 보면, 미국 제2의 아버지로 불리는 에이브러햄 링컨(Abraham Lincoln, 1809~1865)의 초상화가 있다. 링컨은 세계적으로도 잘 알려졌으며 역대 미국 대통령들 중에서 가장 존경받는 인물로 꼽히기도 한다. 필자는 링컨의 정신적인 면 한 가지와 정치적인 면 두 가지를 언급하면서 미국의 정치사를 이어서 서술하고자 한다.

링컨은 경제적으로 매우 어려운 극빈 가정에서 태어났다. 어려운 집안 형편 때문에 어린 시절에 단 18개월 이외에는 정규교육도 받지 못했다. 그러나 그는 주경야독으로 책을 손에서 놓지 않을 만큼 독서와 지식에 대한 열의가 높았다. 그는 25살 때 법조인이 되기로 마음먹는데, 당시에는 대학 졸업이 필수 조건은 아니었기에 링컨도 독학으로 변호사가 될 수 있었다. 물론 방대한 독서로 쌓아온 지식이 기반이 되었을 터이다. 변호사가 된 그는 23년 동안 5000건 이상의 소송을 맡았고 많은 재판에서 승리하면서 전국적으로 유명해졌다. 어려운 형편과 교육도 받지 못한 불리한 조건에도 불구하고 꿈을 포기하지 않았던 그의 성공 스토리는 여기서 멈추지 않는다.

포기를 모르는 링컨의 강인한 기상은 정치판에서도 드러났다. 그는 주 의회, 하원 의원 선거 등에서 여러 차례 실패를 경험했고 상원 의원 선거에서도 2번이나 패배했다. 1852년 이후의 대선 후보 출마도 실패했고, 1856년 대선에서는 부통령 후보 지명전에 출마했지만 그마저도 패배했다. 이런 실패 앞에서도 링컨은 결코 포기하지 않았다. 드디어 1860년 제16대 미국 대통령에 선출되었다. 그 많은 실패에도 불구하고 그는 역대 대통령들에 비해 비교적 젊은 나이인 52세에 꿈을 이루었다.

노예제도를 폐지한 에이브러햄 링컨

미국에서 링컨은 두 가지의 정치적 상징성을 지닌다. 첫 번째, 잘 알려져 있듯이 바로 노예제도를 없앤 대통령이다. 그리고 그가 1863년 노예해방선언을 공표한 지 140여 년 후 미국 최초의 흑인 대통령이 탄생했다. 2008년, 버락 오바마 대통령은 취임식에서 과거 링컨이 사용했던 성경책을 가지고 대통령 선서를 했다. 두 번째, 그는 조지 워싱턴 다음으로 미국 제2의 아버지라고 불린다. 남북전쟁이라는 내전을 승리로 이끌면서 그는 미국의 분단을 막았기 때문이다.

1854년에는 민주당에 반대하는 야당들이 합당하여 공화당을 만들었다. 야권 단일 후보로 1856년 대선에 나선 이 신당은 패배했지만, 1860년에는 노예제도를 없애겠다는 선거공약을 들고 대선에 도전한 링컨이 공화당 출신 첫 대통령으로 당선한다. 당선되자마자 링컨은 선거공약대로 노예제도를 없애기 위해 법적인 준비를 했다. 그러나 노예제도의 수혜를 크게 입고 있는 농업 위주의 남부 주들이 연방 정부의 노예폐지 정책에 반발해 잇따라 연방에서 분리를 선언했다. 11개 주가 일으킨 이 내전은 에이브러햄 링컨 덕분에 다시 연방국가를 지킬 수 있었고, 미국의 모든 주에서 노예제도가 점진적으로 폐지되었다. 내전 초기에는 양쪽이 승리와 패배 사이를 왔다 갔다 했지만 링컨은 전면전보다 전쟁터가 통제된 제한적인 전쟁을 선택했다. 특히 성공적인 장군 임명은 내전이 11주 만에 끝나는 데 있어 결정적인 역할을 했다. 전쟁 막판에 총사령관으로 임명된 율리시스 그랜트(Ulysses S. Grant, 훗날 대통령으로 당선된다)는 전쟁을 빠른 시간 안에 마무리했다.

에이브러햄 링컨은 미국 역대 대통령들 중에서 처음으로 암살을 당해 사망했다. 연방 정부의 북부 군이 1863년에 벌어진 게티즈버그Gettysburg 전투에서 승리한 것이 전환점이 되면서 남부 군은 점차 후퇴하기 시작했다. 1864년 말에 재당선된 링컨은 내전을 마무리하려고 했고, 1865년 봄 남북전쟁은 종전으로 향하고 있었다. 그러나 그해 4월 14일에 링컨은 남부 지지자였던 존 부스John Wilkes Booth에게 저격당한다. 결국 내전은 링컨의 목숨을 마지막 희생 제물로 삼고 끝이 났다.

링컨 기념관

5달러의 뒷면에 있는 건물은 링컨과 긴밀한 관계가 있는 곳이고, 많은 미국 영화에도 등장했던 링컨 기념관이다. 건축가 헨리 베이컨Henry Bacon이 그리스의 파르테논 신전을 모방해서 설계한 이 기념관은 공사 기간 6년이 걸려 1922년에 완공되었다. 이 기념관에서는 미국의 역대 중요한 연설들이 많이 행해졌는데, 그중에서도 1963년에 흑인 운동가 마틴 루터 킹Martin Luther King, Jr. 목사가 했던 '나에게는 꿈이 있습니다(I have a dream)'라는 연설이 가장 유명하다.

기념관 내부에는 링컨의 커다란 동상이 있고 벽에는 그의 유명한 연설들이 쓰여 있다. 그러나 쓰인 연설문 중에 오타 하나가 있다. 원래 'future(미래)'로 쓰여야 되는 단어가 'euture'로 쓰여 있다. 이는 당시 이민 온 지 얼마 안 되어 영어를 잘못하던 이탈리아 노동자들이 종이에 쓰인 글씨를 따라서 쓰는 과정에서 'f'를 'e'로 착각해서 생긴 일이다. 필자는 이런 실수가 오히려 다행한 일이 되지 않았나 싶다. 덕분에 가이드가 관광객들에게 소개할 재미난 사연이 하나 생긴 것이니 말이다.

율리시스 S. 그랜트, 내전을 종식시킨 전쟁 영웅

1달러, 2달러, 5달러, 10달러, 50달러 앞면에는 역대 대통령들의 초상화가 그려져 있는데, 5명 중에 가장 덜 알려진 인물이 50달러 앞면의 주인공인 제18대 대통령 율리시스 그랜트(Ulysses Simpson Grant, 1822~1885)이다. 그 랜트 대통령의 원래 이름은 '율리시스 S. 그랜트'가 아니고, '히람 율리시 스 그랜트 Hiram Ulysses Grant'이다. 이 이름을 싫어한 그랜트는 자신의 이름 을 율리시스 H. 그랜트로 적곤 했다. 그런데 육군사관학교에 입학할 무 렵에 서류 제출상 문제가 생겨서 그의 이름이 율리시스 S. 그랜트로 등록 되었다. 이 사건을 계기로 그의 이름은 완전히 바뀌었다.

내전을 마무리한 장군, 율리시스 S. 그랜트

오하이오에서 태어난 그랜트는 자신의 의지에 반하여 미국 육군사관학교인 웨스트포인트West Point에 진학하였다. 내성적인 성격의 그랜트는 군사학교를 다니면서도 자신이 군인이란 직업에 맞지 않는다고 생각했다. 때문에 학교를 졸업한 후 다른 직업을 찾으려고 했지만, 미국-멕시코전쟁(1846~1848)이 발발해 장교로 참전하였고 공을 세워서 승진도 했다. 1856년에 퇴역한 그랜트는 여러 가지 직업을 전전했지만 계속 실패하고 아버지의 가죽제품 공장에서 일하고 있었다.

그랜트는 1860년에 남북전쟁이 발발하면서 다시 군대로 복귀했다. 1863년까지는 남부 군도 북부 군도 큰 전적을 내지 못하고 있었지만, 그랜트의 용맹함과 뛰어난 군사작전 덕분에 북부 군이 승기를 잡을 수 있었다. 그 당시 미국 장군들은 전투에서 사망자 수가 많아질 것 같으면 주로 후퇴를 하곤 했다. 그러나 그랜트는 후퇴를 모르고 끝까지 싸우는 스타일이었다. 특히 그는 1863년에 벌어진 빅스버그Vicksburg 전투에서 바로 이 물러서지 않는 특유의 리더십으로 승리를 얻어 남부 연합의 동맹이 분열되게 만들었고, 결정적으로 내전의 승패가 갈리는 전환점을 이끌어냈다. 그의 이러한 성공에 링컨 대통령도 그랜트를 주목했고 전쟁 영웅으로 떠오른 그랜트는 공화당 의원들의 지지를 얻었다. 그리고 링컨이 암살당한 후 공화당의 대선 후보로 대통령이 되었다.

그랜트의 삶은 아이러니하다. 군인이길 거부했지만 시대는 그를 군인으로서 영예로운 자리로 이끌었다. 물론 그냥 주어진 것은 아닐 것이다. 어느 자리에서도 최선의 선택과 노력을 했기에 가능한 일이었으리라.

국회의사당

50달러의 뒷면에 있는 국회의사당은 수도의 위치를 정하고 나서 바로 건설이 시작됐다. 그런데 이 건물보다 건축가의 이야기가 더 재미있다.

영국령 버진아일랜드에서 태어난 윌리엄 손턴William Thornton은 어린 나이에 영국으로 유학을 떠났다. 그는 의사가 되기 위한 의학, 약학, 물리학 교육을 받으면서도 항상 건축이나 디자인에 대한 열망이 있었다. 결국 미국으로 이민을 떠나면서 삶의 전환점을 찾았다. 28세에 필라델피아에 온 손턴이 의료진으로 일을 할 때였다. 필라델피아 도서관의 인테리어 디자인 공모전에 참가해서 당선되었다. 이를 계기로 그가 관심 있던 분야에서 일할 수 있는 기회의 문을 열게 되었다. 이후 국회의사당 건축을 위한 공모전이 개최되었는데, 당선된 건축가의 설계안으로는 소요 비용에 대한 부담이 크다는 판단에 2차 공모전이 다시 개최되었다. 바로 이때 손턴이 참가해서 미국에 온 지 7년, 미국 시민이 된 지 5년 만에 그리고 그의 나이 35세에 미국 국회의사당의 설계를 맡았다.

손턴의 삶처럼, 결국 포기하지 않으면 꿈은 이루어진다. 꿈을 향한 노력은 환경이라는 굴레도 벗어나게 한다.

제2장

라틴아메리카, 자유와 투쟁을 기억하다

세계의 화폐 ② – 멕시코 페소

미국 역사를 이야기하다 보니까, '그럼 그때 남쪽에서는 무슨 일이 있었을까?'라는 생각을 하게 된다. 그래서 제2장에서는 라틴아메리카 즉, 중남미 이야기를 하는 것이 자연스러운 흐름이 될 것 같다. 중남미 국가들에 대해서는 잘 알려져 있지 않은 편이기에 이들의 독립 역사와 지역을 중심으로 역사 속 도전자들의 이야기를 소개하려고 한다.

중남미의 이야기를 하기 위해 국가 선정을 해야 하는데, 그리 쉽지가 않았다. 중남미의 독립 역사를 보면, 자유를 쟁취하기까지 총 네 가지로 분류할 수 있다. 순서 대로 언급하자면 멕시코의 독립, 콜롬비아 지역의 독립, 아르헨티나 지역의 독립, 브라질의 분단 등이다. 여기서 콜롬비아 지역과 아르헨티나 지역은 독립 성향이 비슷하기 때문에 사실상 세 가지 형태로 구분한다. 이 장에서는 중남미의 독립 역사를 대표할 수 있는 나라로 멕시코, 베네수엘라와 브라질을 선정했다. 아르헨티나보다 베네수엘라의 이야기가 더욱 흥미롭기 때문이다.

대항해시대

먼저 멕시코의 화폐 단위는 페소(Peso, $)다. 원래 스페인의 역대 통화들 중 하나인 페소가 어떻게 멕시코에서 쓰이게 됐는지부터 설명하고, 다음으로 페소의 의미를 이야기하려고 한다.

오스만Osman 왕조가 1453년 당시 동로마제국의 수도였던 콘스탄티노플Constantinople 즉, 지금의 이스탄불Istanbul을 정복하면서 제국이 되었다. 유럽의 왕국들이 연방 체제를 구성해 신성로마제국이라고 지칭할 때, 오스만제국은 스스로 제3로마제국이라고 주장했다. 당시 유럽과 아시아 사이에 위치한 오스만제국은 동서양을 잇는 지역적 위치를 이용하여 지중해를 지배하면서 동방-유럽의 모든 무역 통로를 막아버렸다.

그때는 유럽인들이 아직 신대륙인 아메리카의 존재를 몰랐고, 주 무역 통로인 동아시아를 기준으로 서쪽에 있었기에 하는 수 없이 오스만제국의 관세가 붙은 물품을 구매할 수밖에 없었다. 따라서 중국이나 한국이나 인도 등 동방에서 온 귀중한 물품들이 모두 오스만제국을 통해야만 하다 보니 비싼 관세 등으로 인해 유럽의 경제가 매우 악화되었다.

해결 방법을 찾던 유럽인들은 지중해를 거치지 않고 아시아로 갈 수 있는 새로운 무역 통로를 찾는 도전에 나섰다. 이전에는 무섭고 커다란 괴물이 있다는 세간의 미신들 때문에도 미지의 먼 바다로 항해하는 것을 두려워했지만, 종교 개혁 바람 속에서 이런 미신들에 대한 두려움이 약해지면서 큰 배를 만들어 인도에 갈 수 있는 새로운 루트를 찾아나선 것이다. 새로운 항로 찾기의 첫 도전은 포르투갈과 스페인이 시작했다. 이러한 과정에서 크리스토퍼 콜럼버스Christopher Columbus는 기존의 항로와 달리 서쪽으로 항해하여 인도에 갈 수 있다는 주장을 하고 스페인 왕실의 지원을 받아 대서양을 건너 바하마Bahamas에 도착했다. 아메리카 대륙의 존재를 몰랐던 그는 이곳을 인도의 일부로 생각했고, 바하마인들을 '인디언'이라고 불렀다. 영어에서 원주민을 '인디언indian'이라고 하는 이유가 바로 콜럼버스의 착각에서 비롯된 것이다.

아메리카 대륙을 발견한 사람은 콜럼버스로 알려져 있지만, 사실 그 이전에도 바이킹들과 중국인들이 아메리카에 왕래했고 무역도 했다고 한

1739년 발행된 스페인 동전

한자가 박혀 있는 멕시코 페소

다. 어쨌든, 콜럼버스의 발견을 계기로 아메리카는 서구 열강의 지대한 관심을 받으며 국제 무대와 통합하게 되었다. 비록 그것이 거센 풍랑 속으로 휘말려 들어가는 돛단배의 운명과 같았을지라도 말이다. 콜럼버스 이후 스페인이 멕시코 지역에 진출해 식민지화 했고, 다시 스페인 군대가 베네수엘라를 통해 남미의 남쪽으로 진출했다. 그래서 16세기 말기에는 중남미 대부분이 스페인의 식민지가 되었고 스페인의 문화, 종교, 언어가 중남미에 확산되었듯이 스페인의 통화도 따라오게 되었다.

페소의 의미

페소는 원래 스페인어로 '무게, 체중'을 의미한다. 스페인이 처음에 쓴 동전 이름은 '헤알real'이었다. 식민지 시대와 함께 무역이 활발해지다 보니, 거래를 더 편하게 할 수 있는 통화의 필요성을 느끼게 됐다. 그래서 스페인이 1598년쯤에 8개의 동전을 하나의 동전으로 통합하여 여덟 개의 헤알이라는 의미로 'real de a ocho'라고 했다. 이 새로운 동전의 가치가 그 당시의 독일의 탈러thaler와 똑같았다. 그래서 비스페인 사람들이 이 동전을 '스페인의 아메리칸 달러'라 불렀다. 이 동전이 무거워서

그런지 아니면 8개 동전의 무게라는 의미 때문인지 모르지만 스페인계 사람들이 언제부터인가 페소라고 부르기 시작했다. 페소, 영어로는 'Spanish American Dollar'가 이렇게 스페인의 무역망을 통해 18세기부터 국제적인 통화가 되었다.

예전에는 21개국이 페소를 통화 이름으로 사용하고 있었는데, 현재는 8개국(아르헨티나, 칠레, 콜롬비아, 쿠바, 도미니카 공화국, 멕시코, 필리핀, 우루과이)이 쓰고 있다.

이 페소들 중에서 제일 영향력이 큰 화폐는 멕시코 페소다. 멕시코 화폐는 전 세계에서 여덟 번째로 많이 사용되고 있다.

스페인 제국은 17세기 중순부터 식민지인 멕시코에서 동전을 발행했다. 그리고 멕시코에서 발행된 이 동전들이 100년 동안 극동 아시아와 아메리카에서 주도적인 통화가 되었다. 19세기 초기 멕시코가 스페인으로부터 독립을 했지만, 영향력이 막강한 이 동전만큼은 바뀌지 않았다. 바뀐 것은 동전 뒤에 '멕시코 공화국Republica Mexicana'이라고 적힌 것뿐이다. 멕시코 페소의 영향력이 어느 정도로 컸는가 하면, 그 당시에 동남아에 있는 중국인들이 동전 위에 한자를 박아서 사용하고, 일본 제국도 일정 기간 동안 이 동전을 공식적으로 사용한 적이 있었을 정도다.

네사우알코요틀, 아즈텍 제국을 건설한 시인 왕

멕시코 지폐는 20페소부터 시작하여 50, 100, 200, 500 그리고 1000페소가 있다. 이 여섯 가지 지폐 중에 제일 먼저 눈에 띄는 것은 100페소다. 왜냐하면 지폐 앞에 실린 초상화는 누가 봐도 멕시코 원주민으로 보이기 때문이다. 이런 연유로 스페인의 식민지 이전 시기에 존재했던 아즈텍 Aztecan 문명을 소개할 겸, 스페인 군대의 식민지 과정을 이야기할 겸 먼저 100페소를 소개한다.

아즈텍 제국의 건국

100페소 위에 그려져 있는 인물의 이름은 네사우알코요틀(Nezahualcoyotl,

1402~1472)이다. 그는 스페인 군대가 멕시코에 오기 전에 존재했던 메소아메리카(Mesoamerica, 멕시코와 중앙아메리카 북서부를 포함한, 공통적 문화를 가진 아메리카의 구역) 문명의 역대 훌륭한 왕들 중 한 명이었다. 네사우알코요틀에 대해서 이야기하기 전에 그의 소년 시절의 메소아메리카로 돌아가야 한다.

15세기 초기 중미에는 아즈텍 문명이 존재하고 있었고, 현재 멕시코의 수도인 멕시코시티에 위치한 테노치티틀란Tenochtitlan이라는 도시를 중심으로 형성된 아즈텍 왕국은 그 당시에 제일 강한 세력이었다. 이 왕국이 커다란 제국으로 성장한 배경에는 본래부터 아즈텍 족은 아니었던 네사우알코요틀의 삶이 매우 큰 역할을 했다.

아즈텍 고문서에 나온 네사우알코요틀의 모습

멕시코시티의 Garden of the Triple Alliance에 있는 네사우알코요틀의 청동주물

아즈텍 문명의 달력

네사우알코요틀의 조상들이 테노치티틀란과 그렇게 멀지 않는 지역인 텍스코코 호수 북쪽에 텍스코코Texcoco라는 도시국가를 세웠다. 네사우알코요틀의 조상들은 아콜우아Acolhua 족이면서도 아즈텍 문명의 우월성을 인정하고 아즈텍 언어인 나우아틀Nahuatl 어를 사용하는 등 그들의 문화를 받아들였다. 사실은 네사우알코요틀도 나우아틀어로 '빠른 코요테'라는 의미이고, 현재 사용되고 있는 많은 언어에도 나우아틀어로 된 단어가 매우 많다. 초콜릿xocolatl, 아보카도ahuacatl, 토마토tomatl, 코요테coyotl 같은 단어들의 기원이 전부 나우아틀어다.

네사우알코요틀은 텍스코코의 후계자로 정해졌지만, 15세 때 텍스코코의 왕이었던 아버지가 타페낙Tapanec 족에게 암살당하며 비극이 시작되었다. 타페낙 족이 텍스코코를 점령하면서 권력을 빼앗긴 그는 어린 나이에 아즈텍 왕국의 수도인 테노치티틀란으로 피신을 가게 되었다. 테노치티틀란에서 네사우알코요틀은 아즈텍 족의 교육을 받았고 군주로서의 통치력 등에 대해 배웠다. 어린 왕자에게 이 기간은 망명 시기이자 유학 시절이었던 셈이다. 몇 년의 시간이 흐르는 동안 자신의 나라를 되찾을 준비를 마친 '빠른 코요테'는 본래의 자리로 돌아갈 기회를 기다리고 있었다.

1426년, 타페낙 족의 왕 테소소목Tezozomoc이 사망하고 왕위를 이어받은 막스틀라Maxtla가 지도자로서 큰 실수를 자주 저지르고 독재적 통치를 한다는 소식을 들은 네사우알코요틀은 기다리던 절호의 기회가 드디어 찾아왔다고 생각했다. 테노치티틀란과 틀라코판Tlacopan의 왕을 설득한 그는 연합군을 이끌고 막스틀라에 전쟁을 선포했다. 막스틀라의 휘하에 있던 많은 인력에도 불구하고 텍스코코는 10만 대군의 연합군에게 약

4개월 만에 정복당하고 말았다. 네사우알코요틀은 이 타페낙 전쟁에서 수적 우위 때문만이 아니라 그 당시 부족들은 생각도 못했던 뛰어난 군사적인 전략들을 활용해 상대를 혼비백산하게 만들어 전쟁의 승리를 쟁취했다.

드디어 텍스코코의 왕위에 오른 네사우알코요틀은 연합군 주변 도시국가들을 하나씩 하나씩 점령해 영토를 확장했다. 아즈텍 삼각동맹Aztec Triple Alliance이라고 불린 텍스코코와 테노치티틀란 그리고 틀라코판의 이 정치 군사적인 연합 체제는 아즈텍 제국의 기반이 되었고, 1428년에 테노치티틀란의 이츠코아틀Itzcoatl 왕이 세 왕국을 규합한 아즈텍 제국의 첫 번째 황제로 즉위했다.

매서운 추위의 겨울을 이겨낸 후 따사로운 봄을 맞이하듯, 네사우알코요틀은 어린 나이에 고통스러운 일을 겪었지만 30대 후반에 이르러서는 폭넓은 지식과 깊은 사유의 철학자, 정의롭고 현명한 왕이 되어 텍스코코 국민에게 제국의 황금기를 제공했다. 그가 실행한 것들을 보면, 먼저 법치주의를 확대해 사회적인 안전망을 확립했다. 그리고 신에게 인간을 희생시켜 제물로 바치는 제례 의식의 폐단을 깨뜨리기 위해 신에게 예배를 드릴 수 있는 신전을 건립했다. 또한 국가의 책자나 도서들을 모두 모아 그 시대에 가장 큰 규모의 도서관들 중 하나를 텍스코코에 세웠다. 비록 테노치티틀란이 아즈텍 제국의 중심 도시였지만, 텍스코코는 메소아메리카에서 지적으로 가장 뛰어난 문명 도시가 되었다.

네사우알코요틀은 나이가 들면서 더 종교적인 사람이 되었고, 많은 시를 남겨 '시인 왕'이라고 불리기도 했다. 그 시집은 아직도 남아있어 시인 왕으로서의 명성을 전하고 있다. 네사우알코요틀의 몇 세대 후손인 페르난도 데 알바 코르테스 익스틸릴소치틀Fernando de Alva Cortés Ixtlilxochitl은 자기 조상들이 아즈텍 문명을 그대로 받아들였듯, 스페인의 우월성을 인정하고 천주교로 개종해 스페인 총독부가 멕시코에 만든 대학교에서 교육을 받았다. 또한 코르테스는 스페인 총독부의 지시로 자기 조상들의 모든 문서를 스페인어로 번역해주고 메소아메리카의 역사를 기록했다. 그의 역사 작품들 중에는 일부 왜곡된 기록들도 들어가 있지만, 코르테스의 제일 훌륭한 작업은 선조인 네사우알코요틀의 시집을 번역한 것이다.

불멸이 된 신화, 아즈텍

100페소의 뒷면에는 신전 같은 건물 그림이 있다. '템플로 마요르(Templo Mayor, 위대한 사원)'라는 이 신전은 안타깝게도 현재는 남아있지 않고, 오직 그림으로만 그 모습이 전해진다. 아즈텍 문명의 상징 중 하나인 이 템플로 마요르를 설명하기 전에 일단 이 문명이 어떻게 탄생했는지부터 알아야 한다.

사실 아즈텍이라는 단어는 현대에 와서 만들어진 용어다. 아즈텍 사람들은 스스로를 아즈텍 인이라고 하지 않았었다. 민족의식이 없었던 그들이 자신들의 민족을 묘사하는 단어를 만들 필요가 없었기 때문이다. 그러나 멕시코에 온 스페인군이 나우아틀어를 쓰는 사람들을 가리키기 위해 나우아틀어로 '아즈틀란Aztlan 출신'이라는 의미를 가진 아즈텍Aztec 이라는 용어를 만들어냈다. 그렇다면 아즈틀란이라는 곳은 어디일까?

사실 아즈틀란이 어디인지는 불확실하다. 때문에 아즈텍 사람들이 정확히 어디에서 왔는지는 아직도 의견이 분분하지만, 그들은 13세기 무

템플로 마요르가 있던 자리
Photo by Diego Delso

템플로 마요르의 원래 모습을 구현한 모형
Photo by Wolfgang Sauber

렵 북쪽에서 멕시코로 이동했다. 물론 아즈텍 사람들의 이주 과정에서 토착민들과의 전쟁도 피할 수는 없었다. 하지만 아즈텍 신화에 따르자면 그들의 태양신이자 군신인 위칠로포치틀리Huitzilopochtli가 이 전쟁들을 항상 도와주었고, 그들이 어느 방향으로 이주해야 하는지 인도해주었다고 전해진다. 아즈텍 사람들이 테노치티틀란(현재 멕시코시티)를 수도로 삼은 이유도 위칠로포치틀리의 신탁 때문이었다. 위칠로포치틀리는 아즈텍 사람들에게 '노팔nopal 선인장 위에 서 있는 독수리가 뱀을 먹는 모습을 보면, 거기에서 멈추고 나라를 세우라'고 했었다. 텍스코코 호수에 있는 섬에서 독수리 한 마리가 노팔 선인장 위에서 뱀을 잡아먹는 장면을 발견한 아즈텍 사람들이 바로 그곳을 중심으로 자신들의 첫 도시국가를 건설했다. 지금도 멕시코 국기에 그려진 그 독수리와 선인장은 아즈텍 사람들의 신화를 상징한다. 그러나 역사학자들은 그 당시 인근의 부족들이 막강했기 때문에 아즈텍 사람들이 정착할 수 있는 땅이 이 섬밖에 없었다고 주장하기도 한다.

　신탁을 받은 대로 테노치티틀란에 정착한 아즈텍 사람들은 이곳에 많은 건물들을 지었다. 그중에서도 신앙심이 강했던 아즈텍 사람들이 처음 세운 건물들 중 하나는 당연하게도 신전이었다. 테노치티틀란에 있었던 신전들 중에서도 가장 먼저 지은 것은 '템플로 마요르'였다. 템플로 마요르의 본래 형태는 높이가 60미터에 달하는 피라미드 모양인데, 그 꼭대기에는 두 개의 성소가 있었다. 성소 중 하나는 군신인 위칠로포치틀리, 하나는 농부들의 비의 신인 틀랄로크Tlaloc를 섬기기 위한 곳이었다.

　당시까지 농사를 지을 줄 몰랐던 아즈텍 사람들이 왜 비의 신인 틀랄로크를 위해 사원을 지었을까? 사실 아즈텍 사람들은 틀랄로크를 알지 못했었다. 새로운 땅에 정착해 현지인들과 접촉하면서 틀랄로크를 알게 되었고, 현지인들의 정서를 수용하고 앞으로 평화롭게 농사를 지으며 살아가기 위해 템플로 마요르에 틀랄로크를 숭배하는 사원을 만든 것이다. 아즈텍 인들의 공존 의지와 신앙적 포용력이 이 신전에 담겨져 있었던 셈이다.

그렇다면 아즈텍 문명의 핵심 건물로 꼽히는 템플로 마요르는 지금도 건재한가? 안타깝게도 템플로 마요르는 아즈텍의 수도인 테노치티틀란과 함께 스페인군에 의해 파괴되었다. 다만 다른 장소에서 템플로 마요르의 일부 유적들을 찾아볼 수는 있다. 스페인군이 몇 백 년 동안 건립했다는 멕시코시티 중앙 성당을 바로 템플로 마요르 옆에 지었는데, 이 과정에서 부서진 템플로 마요르에 사용되었던 돌들을 다시 성당 건설에 이용했다. 현재 멕시코시티 중앙 성당은 아메리카에서 제일 큰 성당이다. 스페인군의 문명 파괴 행위로 인한 여러 가지 논란을 여기서는 배제하지만, 템플로 마요르는 지금도 멕시코시티 중앙 성당의 일부로 남아 아즈텍 후예들의 가슴에 생생히 살아있다.

후아나 이네스 데 라 쿠르즈, 신분·성·시대의 한계에 맞선 여성운동가

아직도 곳곳에 아즈텍 문화가 반영된 이 지역이 현대의 멕시코로 변화하는 과정에는 스페인의 종교인과 군인들의 역할이 컸다. 이 인물들을 소개하기 전에 일단 200페소 초상화의 인물인 후아나에 대해서 이야기하고 싶다. 필자는 그에 대해 알게 될수록 한 인간으로서 존경심이 생겼다.

시대를 앞선 지성, 후아나 이네스 데 라 쿠르즈

17세기 중반의 남미에는 반도인과 크리올이라는 계급이 있었다. 반도인 peninsulares은 스페인에서 태어난 본토 사람들이었고, 크리올Criole은 식민지에 이민 와서 정착한 반도인들의 후세대를 의미했다. 이런 시기에 후아나

이네스 데 라 쿠르즈(Juana Inés de la Cruz, 1651~1695)는 식민지인 멕시코에서 반도인 선장과 크리올 여성 사이에 사생아로 태어났다. 신분적 차별은 물론이고 여성이라는 시대적 한계성 역시 짐작케 하는 배경을 지니고 있었다. 하지만 그럼에도 불구하고 후아나는 공부에 집중해 어린 나이에 스페인어는 물론이고 라틴어까지 배웠으며, 13세 때는 아이들에게 라틴어를 가르치기도 했다. 또한 원주민의 언어인 나우아틀어 역시 습득해 이 언어로 시도 썼다.

　명석한 후아나의 이야기는 멕시코를 비롯해 유럽까지 알려졌다. 그녀의 천재성이 알려지면서 궁정에 들어가게 되었는데, 그를 위해 스페인 총독 부인인 레오노르 카렛토Leonor Carreto가 소규모 토론회를 열었다. 당대의 유명한 종교인, 문학인, 의사, 역사가 몇 명이 후아나에게 다양한 주제로 질문을 던졌고, 후아나는 그 많은 질문에 매우 색다르고 현명한 해답을 제시해 석학들을 놀라게 했다. 그 당시 멕시코 사회에서 후아나처럼 어린 소녀가 그토록 높은 지식과 깊은 사고력을 갖추기는 너무도 어려운 일이었다.

　좀 더 자라면서 후아나는 혼자 책을 읽는 것으로 만족하지 못하고 대학교를 다니면서 보다 많은 지식을 쌓고 싶었다. 그 당시에는 남자들만 대학교에 다닐 수 있었기 때문에 후아나는 남자 행세를 하고 대학교를 다니겠다고도 했는데, 어머니의 반대에 부딪혀 포기할 수밖에 없었다. 많은 귀족으로부터 프로포즈도 받았지만 후아나는 끝내 수녀원에 들어가 수녀가 되기로 결심했다. 결혼보다는 학문을 연구하고 싶다는 소망이 더 컸기에 여성이 공부를 계속할 수 있는 제3의 길을 선택한 것이다.

　수녀가 된 후아나는 그동안 열심히 가꾸어왔던 지식의 씨앗에서 달디

후아나 이네스 데 라 쿠르즈의 초상
미겔 까브레라Miguel Cabrera, 연도 미상(18세기 초)

단 열매를 거둘 수 있었다. 그는 사회를 객관적으로 볼 수 있는 지성인이 되었고, 시를 통해 은유적으로 사회를 비판하기도 하고 여성들의 교육권을 언급하는 논설을 쓰기도 했다. 후아나의 이러한 활동은 그 당시 멕시코 사회의 일부 유력자들에게 반감을 일으켰다. 또한 후아나 수녀가 자꾸 사회 비판적 목소리를 내다 보니 성당에서도 그를 압박하기 시작했다. 결국 이단으로까지 몰리면서 그동안 해오던 사회 비판 운동과 저작 활동을 그만두게 되었다. 물을 떠난 물고기가 살 수 없듯이 후아나 수녀도 강요에 의한 침묵의 세월을 고통스럽게 보내던 몇 년 후에 세상을 떠나고 말았다.

　　후아나 수녀는 시대를 앞선 여성 운동가로서만이 아니라 당당히 시대를 이끈 지식인으로서도 멕시코의 철학적 발전에 큰 공을 세운 인물이었고, 이러한 이유로 멕시코를 비롯해 아메리카에서 많은 사랑을 받은 사람으로 기억되고 있다. 지금까지 멕시코에는 그의 이름으로 된 도시가 있고 그의 삶을 바탕으로 한 많은 소설, 영화, 희곡, 오페라 작품이 발표되었다.

멕시코의 역사적 명소, 아메카메카

200페소 뒷면에는 소박하고 아름다운 도시가 소개되어 있다. 바로 후아나 이네스 데 라 쿠르즈의 고향인 아메카메카Amecameca인데, 멕시코에 간다면 꼭 방문해야 되는 도시들 중 하나다. 활화산으로 알려진 포포카테페틀Popocatepetl 화산 기슭에 있는 이 도시는 풍부한 자연과 전통적인 시장들이 유명해 외국인 관광객들보다 멕시코 국내 관광객들이 더 많이 찾아온다. 주로 주말 코스로 온 관광객들은 이 지방에서 유명한 바르바코아

87

Barbacoa라고 불리는 일종의 바비큐 요리를 먹는다. 예전에 터키 방송에서도 이 음식이 소개된 것을 본 적이 있는데, 벽돌로 된 깊은 오븐에서 12시간 동안 구운 고기가 입에서 아이스크림처럼 녹는다고 말하던 앵커의 말을 아직도 생생히 기억하고 있다.

이 도시에서 제일 중요한 건물은 바로 200페소 뒷면에 있는 하시엔다 파노아야Hacienda Panoaya라는 기념관이다. 이 기념관은 후아나가 살았던 수도원으로 유명하다. 이외에도 하시엔다 파노아야에는 큰 미로 공원이 있어서 어른들이 후아나에 관한 역사를 배우는 동안 어린이들은 미로에 들어가서 흥미로운 시간을 보낼 수 있다. 필자도 기회가 되면 하시엔다 파노아야에 꼭 한번 가고 싶다. '미로에 빠졌다'는 표현 그대로의 상황을 한번 체험해보고 싶기 때문이다.

미겔 이달고 이 코스틸라, 멕시코 독립운동을 부르짖다

멕시코 화폐 중 가장 큰 고액권은 1000페소다. 최고액권인 만큼 상식적으로도 화폐 속 인물은 대단한 인물이 아닐까 기대하게 된다. 실제로도 1000페소 앞면에 보이는 미겔 이달고 신부는 멕시코 독립의 아버지이고, 이달고 신부 왼쪽에 있는 돌로레스 성당은 멕시코의 독립전쟁이 시작한 장소다. 즉, 1000페소는 멕시코가 식민지에서 독립국가로 가는 첫 단계와 관련된 상징들을 모아놓은 화폐인 셈이다.

 여기서 당시 스페인의 식민지 통치 방식에 대해 잠시 설명하고 넘어가기로 하자. 16세기에 아메리카 대륙에 처음 발을 디딘 스페인 제국이 18세기에 이르러서는 남미를 4개의 지역으로 나누어서 통치하고 있었다. '부왕령Viceroyalty, 副王領'이라는 이 기관들은 식민지를 다스리는 총독부와 다를 바 없었다. 북에서 남으로 순서대로 말하자면 '누에바 에스파냐 부왕령'이 멕시코와 인근 지역을, '누에바 그라나다 부왕령'이 콜롬비아와 주변을, '페루 부왕령'이 페루와 칠레의 일부를, '리오 데 라 플라타 부왕령'이 아르헨티나를 다스리고 있었다. 당시 누에바 에스파냐 부왕령은 아메리카 식민지 중에서 가장 중요한 지역이었기에 스페인 본국은 특히 많이 통제했다. 멕시코 해방운동의 배경에는 이러한 압박적 통치에서 비롯된 저항감도 자리하고 있었으리라고 보인다.

미겔 이달고 신부가 울린 자유 투쟁의 종소리

미겔 이달고 이 코스틸라(Muguel Hidalgo y Costilla, 1753~1811)는 식민지에 이민 갔던 반도인들의 후예 즉, 크리올 신분으로 천주교 신학을 배우기 위해 산니콜라스 학교Colegio de San Nicolás에 입학했다. 그는 너무나 똑똑해서 '엘 조로(El Zorro, 여우)'라는 별명을 얻기도 했다. 필자 생각에 미국의 많은 만화, 소설, 영화, 드라마에 등장한 가공 인물인 조로의 이름이 이달고의 별명 때문에 생긴 것은 아닐까 싶다.

1800년대 초기, 이달고가 신부가 됐을 때는 크리올이기에 받았던 신분적 차별로 인해 스페인 제국에 대한 거부감이 자리하고 있었다. 신학 교육을 받는 동안 프랑스어를 배우고, 유럽 계몽주의에 관심이 높았던 이달고는 종교개혁자들의 이념을 수용하면서 개혁적 성향을 갖게 되었다. 일례로, 이달고 신부는 마리아 마누엘라 에레라María Manuela Herrera와 결혼하기도 했다. 결혼 증명서가 없기 때문에 역사가들은 이 관계를 '동거'라고 규정하지만, 필자는 법률혼이 불가능했을 뿐 실제적인 '결혼'이었다고

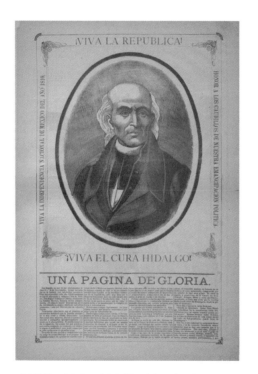

미국 국회도서관에 소장되어 있는 이달고 신부 자료

본다. 이처럼 성직자로서의 규율에 얽매이지 않는 개방적인 행적들 때문에 멕시코 종교재판소에서 재판을 받기도 했다.

이달고가 돌로레스 교구에 임명되면서 개혁적인 모습이 더욱 두드러지게 나타났다. 교단에 소속된 신부였음에도 이달고는 자치적이고 독립적으로 교구를 운영했던 것이다. 교회가 빈곤층을 구제할 의무가 있음을 강조했던 이달고는 무역을 통해 많은 돈을 벌었고, 그 돈으로 빈곤층을 구제하기 위한 운동을 벌였다. 그는 그 작은 마을에서 개발계획을 실시해 지역 경제를 활성화시켰다. 새로운 영농법을 가르치고 주민들이 양봉을 하도록 적극 지원하기도 했던 그는 자신이 운영한 소규모 공장들을 통해 마을이 독립적인 경제력을 가질 수 있도록 만들었다. 경제적 활동이 왕성해지면서 돌로레스는 무역도시로 발전했고 이달고의 큰 지지 기반이 되었다.

이달고 신부가 돌로레스에서 경제적 활동만 한 것은 아니었다. 그는 성당을 종교 장소와 더불어 사람들을 계몽시키는 교육 공간으로 사용했다. 그는 하나님의 교리와 예수님의 미덕을 평등주의, 인류주의와 함께 설교했다. 이달고의 이런 노력을 보면, 그는 독립의 기반이 될 경제적 측면뿐만 아니라 이념적으로도 준비가 된 국민을 자신도 의식하지 못하는 사이에 양성한 것이 아닌가 싶다. 그리고 이러한 이달고의 노력으로 독립을 위한 작은 불씨가 준비되었고, 프랑스가 스페인을 침략하면서 커다란 불꽃으로 타오르기 시작했다.

프랑스혁명 후 정권을 잡은 나폴레옹이 유럽 정복에 나섰는데, 1808년에 스페인을 침략해 스페인 왕 페르난도 7세를 퇴위시켰다. 프랑스의 침략에 반발한 멕시코 지역의 크리올들은 페르난도 7세에 대한 충성심을 나타내기 위해 정치위원회를 구성하고자 했다. 그러나 스페인군은 크리올들의 세력 확대를 막으려 했고, 이에 반발한 크리올들은 각지에서 비밀 결사 조직을 결성했다. 이 중에는 멕시코의 독립을 선언하려는 이들이 있었는데, 계획이 누설되어 주요 인사들이 체포되었다. 이 소식을 알게 된 이달고 신부는 1810년 9월 16일, 돌로레스 성당에서 교구민들에게 스페인 식민 정부를 전복시키기 위해 동참하라고 독려하면서 식민 통치 체제에 반기를 들었다. 이날 이달고의 연설이 바로 멕시코 독립운동의 발단이 된 '돌로레스의 부르짖음Grito de Dolores'이다. 그리고 후에 이 날은 멕시코의 독립기념일이 되었다.

이달고 신부의 이러한 혁명 봉기는 계급을 떠나 모든 국민들에게서 지지를 얻었다. 특히 멕시코 북쪽에서 대대적으로 모인 독립군이 멕시코의 거의 반 정도를 정복했다. 1810년 11월이 되면서 이달고가 이끌던 10만여 명의 독립군이 몽테 데 라스 쿠르세스Monte de las Cruces 전투에서 승리하고 멕시코의 수도 가까운 곳까지 진격했다. 그러나 기세를 몰아 수도를 공격하는 대신 이달고는 북쪽으로 철수를 지시했다. 수적으로 독립군이 수도에 있는 스페인군보다 우세했음에도 오합지졸에 무질서한 독립군을 신뢰하지 못해서인지, 스페인군이 보유한 무기의 기술력이 두려워서인지 북행을 선택했다. 이달고의 이 북행 지시에 대해서는 그 이유를 두고 아직도 역사가들 사이에 논쟁이 되고 있다.

북쪽으로 철수하면서 투쟁 열기와 집중력이 떨어진 독립군은 스페인군에게 밀리기 시작하면서 기세도 꺾이고, 칼데론Calderon 전쟁에서 큰 패배를 당했다. 이달고 신부가 이끌던 10만 명의 독립군이 불과 6000명의 스페인 총독부 군대에 굴복하고 만 것이다. 반란군은 흩어졌고 미국으로 피신 가던 이달고는 스페인군에게 체포되기에 이른다. 스페인 총독부의 법원에서 재판을 받은 이달고는 반역죄로 판결을 받고, 결국 처형당했다.

이달고 신부의 독립 투쟁은 이렇게 실패로 끝났다. 그러나 이달고가 심었던 독립의 씨앗에서 싹을 틔운 나무는 힘겹지만 꿋꿋이 자라났고 그 다음 세대에 이르러 그 결실을 얻을 수 있었다. 사실 삶이라는 것이 우리 에게 여러 형태의 기회를 준다. 가끔 우리가 심은 씨앗이 왕성하게 자라 나 열매를 거둘 기회를 스스로 갖기도 하지만, 가끔은 다른 이가 심어놓 은 씨앗에서 나온 열매를 먹을 기회가 주어지기도 한다. 또 가끔은 다음 세대가 먹을 과일의 씨앗을 우리가 심을 수 있는 것에 보람을 느껴야 할 수도 있다. 비록 내가 결실을 거두지 못할지라도 누군가의 미래를 위해 오늘 가치 있는 씨앗을 심는 것이 삶에 대한 의무와 책임인 것이다. 독립 의 기치를 처음 올렸던 이달고 신부가 멕시코 독립의 영웅으로 추앙받는 진정한 이유이기도 하다.

자유정신의 출발지 과나후아토

1000페소 뒷면에 역사 유적지처럼 보이는 건물은 과나후아토Guanajuato 대 학교다. 1732년 식민지 시대에 지어진 멕시코의 유서 깊은 대학교 중 하 나다. 과나후아토 대학교가 화폐에 실린 이유는 무엇일까? 사실 대학 자 체보다는 이 건물이 과나후아토 주의 건축 스타일을 가장 잘 보여주기 때문이다.

과나후아토 주의 특징이 무엇일까? 물론 1000페소 앞면을 장식하고 있는 이달고 신부와 특별한 관계가 있다. 이달고가 독립을 위해 봉기를 일으켰던 돌로레스 성당을 비롯해 멕시코 독립전쟁의 상징이 되었던 많은 장소가 모두 과나후아토 주에 있다. 이러한 배경 때문에 멕시코의 독립 역사를 연구하는 사람들에게는 마치 성지와 같은 곳이다. 과나후아토 주민들은 자유를 향한 정신이 바로 이 지역에서 탄생했다는 것에 커다란 긍지와 자부심을 가지고 있다.

호세 마리아 모렐로스,
독립을 이끈 정복자의 후예

멕시코 사람들의 스페인 왕실에 대한 저항의 역사에서 이달고 신부가 최초는 아니다. 아즈텍 제국을 멸망시키고 이 신생 영토 멕시코를 스페인 왕국에 편입시킨 정복자 에르난 코르테스Hernán Cortés의 아들인 마르틴Martin 코르테스도 스페인 왕실에 저항을 했었다. 그의 반란은 이달고 신부처럼 국민을 위해서가 아니라 아버지로부터 계승한 권력을 유지하기 위해서 스페인 총독에 저항한 것이었다. 다시 약 250년 이후 코르테스의 후손인 모렐로스는 선조와는 달리 멕시코 인들을 위한 진실된 저항을 했다. 바로 그가 50페소의 앞면에 실리게 된 까닭이다.

메스티소 신부의 독립전쟁, 호세 모렐로스

호세 마리아 모렐로스(Jose Maria Morelos, 1765~1815)는 당시 바야돌리드 (Valladolid, 지금의 모렐리아)이라고 불리는 도시에서 태어났다. 그는 아즈텍 인과 스페인 인의 피를 지닌 대표적인 메스티소Mestizo로 멕시코의 정체성 을 고스란히 보여주는 상징적인 피를 가졌다. 특히 그의 모계는 정복자 에 르난 코르테스의 후예였다.

처음에는 평범한 신부 생활을 했었던 모렐로스는 이달고 신부가 스페 인 총독부에게 저항 봉기했다는 것을 알게 되면서 독립 투쟁에 관심을 가 지게 되었다. 모렐로스는 1810년 10월 말 이달고 신부가 바야돌리드에 입 성할 때 그와 처음 만나게 되었고, 이후 이달고의 권유에 따라 독립군으로 독립전쟁에 참전했다. 모렐로스가 참전한 지 얼마 지나지 않아 이달고가 체포되어 처형을 당하고 말았다. 이로 인해 멕시코 독립의 싹이 모두 꺾여 버렸나 싶었지만, 그 뿌리는 땅속 깊이 계속 뻗어나가고 있었다. 모렐로스 신부로 인해 다시 더 강한 싹을 틔우게 된 것이다.

모렐로스 신부는 종교인이면서도 군사전략 감각이 매우 뛰어난 사 람이었다. 이달고 신부가 사망하면서 독립군의 지도자가 된 모렐로스 신 부는 처음 9개월 동안 22개 전투를 승리로 이끌고, 3명의 고위급 스페인 장군을 포로로 잡기도 했다. 때로는 스페인군과 협의를 통해 전쟁을 치 르지 않고 도시들을 점령하기도 한 그는 이달고 신부가 점령했던 영토보 다 더 넓은 지역을 자신의 영향권 아래 두었다. 그는 군사들을 때로는 소 규모 조직으로, 때로는 대규모 군단으로 공격하는 등 매번 허를 찌르는 다른 전략으로 스페인군을 당황하게 만들었다. 그의 능수능란한 전략이

모렐로스의 초상화
작자 미상, <Retrato del excelentisimo senor don Jose Maria Morelos>

없었다면 스페인군을 이기기는 어려웠을 것이다. 당시 스페인군은 전 세계에서 강한 3대 군대 중 하나로 손꼽힐 만큼 강력한 무기들을 보유하고 있었고, 전문 군사교육을 받은 군인들이었기에 반란군에 비해 숫자는 적었지만 군사력에 있어서 오히려 우세한 형국이었다.

모렐로스 신부가 2년 만에 스페인군의 발목을 묶었지만 수도를 장악하지는 못했다. 그는 스페인군이 재충전하는 기간이 자신들에게도 기회라고 생각하고 독립군을 전국적으로 강화시킬 겸, 앞으로 탄생할 국가의 토대를 세울 겸 멕시코 각 지역의 대표들을 수도에 가까운 칠판싱고Chilpancingo로 소집했다. 여기서 모렐로스 신부가 '국민의 하인Siervo de la Nación'이라는 명칭으로 행정부 수장으로 선출되었다. 그리고 '아즈텍 의회Congress of Anáhuac'라는 이름으로 모인 이 대표들은 공식적으로 독립선언을 했다.

다시 스페인군과 전쟁을 재개한 모렐로스 신부와 독립군은 몇 차례 패배를 겪었다. 잇따른 패배로 모렐로스의 영향력이 약화된 탓인지, 의회 의원들은 다음 모임에서 행정부의 힘을 축소하고 입법부가 강한 힘을 발휘하는 내용의 헌법을 선포했다. 국민의 하인인 모렐로스는 헌법이 마음에 안 들었지만, 그 당시에 제일 중요한 것은 국민의 통합이었기 때문에 어쩔 수 없이 수락했다.

이처럼 의회에서 의원들과 부딪치기 시작한 모렐로스는 또 한편으로는 스페인군과 여전히 전쟁을 벌이고 있었다. 그러나 스페인군을 예전처럼 파죽지세로 밀어붙이지는 못하고 있었다. 전투와 정쟁에 모두 신경 쓰다 보니 전쟁에만 오롯이 집중하지 못한 탓이었을까. 결국 모렐로스 신부는 1815년에 테즈말라카Tezmalaca 전쟁에서 패배하고 스페인군에게 체포됐다. 모렐로스 신부 역시 이달고 신부와 같은 운명에 처하게 됐다.

이쯤에서, 모렐로스 신부도 죽었다면 '도대체 멕시코는 어떻게 독립을 했는가?'라는 의문이 생길 것이다. 본래 자유에 대한 열망은 한 번 피어오르기 시작하면 쉽게 소멸되지 않는다. 자유의 맛을 느껴본 사람은 결코 자유를 포기할 수 없기 때문이다. 마찬가지로 모렐로스 신부가 없다고 멕시코 사람들이 자유를 위한 투쟁을 멈춘 것은 아니었다. 거의 6년 동안 전투를 해온 독립군은 이후 몇 개의 그룹으로 갈라졌고, 게릴라전으로 투쟁을 계속했다. 그런 와중에 스페인 군대에 있던 아구스틴 데 이투르비데Agustín de Iturbide 대령이 자신의 군대를 이끌고 독립군 편으로 합류하면서 독립전쟁의 본질이 달라졌다. 일단 독립군이 전문 군인의 통치를 받게 되었다. 더 중요한 것은, 아구스틴 대령을 따라 스페인 군대의 다른 군인들도 스페인 왕이 아니라 멕시코의 독립을 위해 싸우기 시작했다. 그리고 독립군이 드디어 1821년 9월 27일 멕시코시티에 입성하여 독립전쟁을 마무리하였다.

수도관의 도시, 모렐리아

50페소의 뒷면에 대해 이야기를 하자면, 다시 모렐로스 신부의 삶으로 돌아가야 한다. 앞에서 모렐로스 신부의 고향을 당시 '바야돌리드'라고 소개했는데, 현재는 그 이름이 바뀌었다. 멕시코 독립에 많은 공을 세운 모렐로스 신부의 이름을 영원히 기억하기 위해, 멕시코 사람들이 그의 고향 이름을 '바야돌리드'에서 '모렐리아'로 바꾼 것이다. 바로 이 화폐 뒷면에 보이는 수도관水道管은 모렐리아의 랜드마크 중 하나다. 모렐리아에는 도시 여기저기에 수도관과 수도교水道橋가 많이 있다. 이 도시가 스페인 식민지 시기에 총독부에서 많은 투자를 했던 곳이기에 역사 유적지도 매우 많다. 대표적인 유적지로는 과달루페 대성당Santuario de Guadalupe이 있다. 신축(20세기), 구축(17세기) 두 개의 성당이 있다. 모렐로스 신부가 태어난 집도 하나의 기념관으로 모렐리아 관광지 사이에 꼭 언급해야 될 장소들 중 하나다. 역사적인 모습을 아직 잃지 않은 동네들과 성당들이 잔뜩 많아서 그런지 모렐리아는 도시 전체가 유네스코 세계 문화유산에 등재되기도 했다.

베니토 파블로 후아레스 가르시아, 제2의 독립전쟁을 이끈 개혁가

20페소에 관한 이야기를 하면서 이제 드디어 멕시코의 현대사를 전할 수 있게 된다. 다른 남미 국가들처럼 멕시코 역시 독립 이후에 순탄하게 민주주의가 자리 잡지는 못했다. 멕시코는 미국처럼 선거를 통해 대통령이 선출된 것이 아니라 오랫동안 군인들의 통치를 받았고, 거의 해마다 쿠데타가 일어났다. 미국과 달리 남미에서는 독립을 견인한 주축이 군인들이다 보니 민주주의적인 질서를 세우기가 힘들었다. 이 과정에서 지친 멕시코 사람들은 한때 군주주의를 지지하기도 했다. 멕시코의 이러한 혼란스러운 시기가 베니토 후아레스 대통령으로 인해 어느 정도 정리되었다. 20페소 초상화의 주인공인 그는 멕시코를 민주주의로 전환하는 데 있어 큰노력을 했던 인물이다.

멕시코의 종교개혁가, 베니토 후아레스

베니토 파블로 후아레스 가르시아(Benito Pablo Juárez García, 1806~1872) 대
통령의 삶을 보면, 멕시코 인들에게 가장 사랑을 받는 국부가 되기까지
순탄치 않은 길의 연속이었다. 가족사부터 우여곡절이 많았는데, 후아레
스는 3살 때 부모를 잃고 얼마 지나지 않아 그를 보살펴주던 할아버지도
세상을 떠났다. 이후 어린 나이에 양치기로 지내다가 삼촌 집에서 살게
되었다.

　　순수 원주민인 자포텍Zapotec 족이었던 후아레스는 자포텍어 외에는
다른 언어를 하지 못했다. 그런 그가 13살 때 스페인어를 한마디도 모르
는 상태에서 처음으로 오악사카Oaxaca의 학교에 입학하면서 새로운 삶을
시작하게 되었다. 영민했던 후아레스는 친누나가 요리사로 일하던 부잣
집에서 프란치스코회의 신자인 집주인의 눈에 띄었다. 이를 계기로 프란
치스코회의 후원을 받으며 오악사카 예술과학대학에서 법학 공부를 한
후 그 지역에서 뛰어난 변호사가 되었다. 이후 집주인의 딸과 결혼까지
한 후아레스는 1847년대 오악사카의 주지사로 선출되면서 정치계에 입
문했다.

　　후아레스가 1852년 쿠데타로 집권한 군사정권에 반기를 들면서 투
옥되었고, 이로 인해 미국에 망명하게 됐다. 2년여 동안을 미국에서 보내
면서 후아레스는 기존에 갖고 있던 진보적인 사상이 더 굳건해졌다. 군사
정권이 무너지자 멕시코로 돌아온 그는 주지사와 최고재판소 장관을 역
임한 후 1857년에 임시 대통령이 되었고, 1861년에는 원주민 출신의 첫
대통령이 되었다.

그가 대통령이 되었을 때, 멕시코에는 오랫동안 파벌끼리 싸워왔던 두 가지 문제가 있었다. 완전히 악화된 경제와 민주주의적인 질서를 정립하는 문제였다. 후아레스 대통령은 토지를 독점하고 있는 대지주들의 땅을 인수하는 토지개혁과 가톨릭교회들의 재산도 몰수하기 위한 개혁 정책을 추진했다. 지주들과 교회의 반대에도 불구하고 후아레스 대통령은 이러한 정책으로 고갈된 국가재정과 경제문제를 어느 정도 해소하려고 했다. 그러나 이를 계기로 멕시코의 엘리트 계층에서 중앙정부에 쌓인 감정이 폭발했고 오히려 군주주의를 지지하고 나섰다. 특히 멕시코 정부가 서구 열강들로부터 빌린 부채 상환을 중단하면서 멕시코는 제2의 독립전쟁을 벌이게 되었다. 채권국인 스페인, 영국, 프랑스 등 외부 침략 세력과 내부의 이기적인 세력이 동맹하여 멕시코 정부를 공격했던 것이다.

1861년 군주주의파의 지지를 받은 프랑스군이 멕시코를 침공했다. 후아레스 대통령과 내각이 피신을 하자 프랑스군과 군주주의파는 다른 정부를 세웠다. 멕시코는 몇 년 동안 두 정부가 대치하는 상황이 유지되었고, 1864년 프랑스가 세운 멕시코 정부가 유럽에서 '수입된 황제' 막시밀리아노Maximiliano 1세를 추대해 '멕시코 제국'을 선언한다.

오스트리아 대공이었던 막시밀리아노는 멕시코 군주주의파의 지지로 쉽게 '황제'가 되었지만, 그것이 인생의 제일 큰 실수가 됐다. 계속 투쟁을 벌인 후아레스 대통령은 막시밀리아노의 몇 차례 합의하자는 제의에도 불구하고 그를 절대로 황제로 인정하지 않았다. 미국의 내전이 끝나면서 프랑스 군대가 철수하고, 세력을 강화시킨 후아레스는 드디어 1867년 멕시코의 정권을 장악했다. 초대 황제 막시밀리아노는 피신을 가다가 체포당했다. 유럽의 저명한 지식인들과 군주들이 막시밀리아노를 살려달라고 요

청했지만, 후아레스는 '외부가 이제 더 이상 멕시코에 개입하면 안 된다는
것을 깨달아야 된다'는 생각으로 그를 처형했다.

　　막시밀리아노는 군주파와 자유파의 싸움에 멀리 오스트리아에서 괜
히 끼어들어서 슬픈 운명을 맞고 말았다. 마치 남의 부부 싸움에 끼어든
것처럼 어리석은 선택이 아니었나 싶다. 특히나 그 자신은 온정주의로 자
애롭게 통치하려고 했지만, 그 존재 자체가 멕시코 국민들 모두가 원하지
않았다는 것이 그에게는 비극이었다. 그가 마지막으로 남긴 말은 '멕시코
국민들이여! 오늘은 멕시코의 자유와 독립을 위해 목숨을 바친다. 하나
님이 나의 두 번째 집인 멕시코를 위해 내가 흘린 피를 보고 있었으면 좋
겠다'였다. 그러나 그의 발언은 멕시코 인들의 마음을 움직이지 못했고,
시신은 한참 후에야 오스트리아 황실에 전해졌다.

베니토 우아레스 대통령의 사진
출처 www.memoriapoliticademexico.org

다시 후아레스 이야기로 돌아가면, 그는 재선출되어 1872년까지 대통령을 역임했다. 그는 두 번째 임기 기간에 세속주의적인 많은 개혁을 일으키고 가톨릭교회들의 재산을 몰수했다. 이러한 정책으로 종교인들의 분노를 사기도 했지만, 그는 오늘날 멕시코 국민들이 가장 사랑하는 국부이며 '멕시코의 올리버 크롬웰(Oliver Cromwell, 청교도혁명에서 의회파를 이끌어 왕당파를 물리치고 공화국을 세운 영국의 정치가, 군인)'로 일컬어지듯 진보의 상징으로 기록되었다. 개인적인 특이 사항을 덧붙이자면, 후아레스는 신장이 137센티미터로 전 세계에서 제일 작은 대통령이었다. 하지만 멕시코 국민들에게는 세계 어느 대통령보다도 큰, 작은 거인으로 기억될 것이다.

후아레스 대통령의 이야기를 마치기 전에 소개할 에피소드 한 가지가 있다. 후아레스 대통령의 이름인 베니토가 이탈리아 어로 '베네데토Benedetto'이다. 이탈리아의 독재자인 베네데토 무솔리니의 아버지는 사회주의자였는데, 자신의 아들 역시 베니토 후아레스처럼 진보적이고 위대한 국가 지도자가 될 것을 기원하는 마음으로 그의 이름을 베네데토 무솔리니가 아닌 베니토 무솔리니로 지었다. 그러나 그 아버지의 바람은 절반만 이루어졌다. 무솔리니는 국가 지도자가 되기는 했지만, 베니토 후아레스와 달리 역사에 독재자로 기록된 것이다.

멕시코의 센트럴 파크, 알라메다

20페소의 뒷면에는 동상 하나가 보인다. 뒤에 보이는 반원형으로 된 좁은 광장은 그 동상과 함께 베니토 후아레스 대통령을 기념하여 1906년 그의 생일에 건설이 시작된 의미가 깊은 작품이다. 이 동상은 멕시코의 중앙 광장인 알라메다 센트럴 파크Alameda Central Park에 위치하고 있다. 뉴욕의 센트럴 파크만큼 크지는 않지만 400여 년의 역사를 지닌 이 공원은 동상과 분수들이 어우러진 시민들의 휴식처다. 멕시코시티를 방문하는 이들이라면 필수로 찾는 곳 중 하나다.

디에고 리베라 & 프리다 칼로, 멕시코의 정체성을 예술에 담다

멕시코 화폐들 중 제일 기묘한 인물들의 사진이 담겨있는 것이 아마도 500페소일 것이다. 500페소 앞면의 디에고 리베라와 뒷면의 프리다 칼로 는 미술사에서 손에 꼽히는 유명한 화가들이며 부부다. 화폐에 화가들이 소개되어 있으니 500페소를 통해서는 미술이나 예술 이야기를 하는 것이 마땅하겠지만, 필자는 이 부부의 이념적인 그리고 인간 관계에 대한 이야기를 더 하고 싶다. 이 두 화가의 삶에서는 정치적인 활동이 더 부각되어 보이기 때문이다.

멕시코 현대 회화의 아버지, 디에고 리베라

디에고 리베라(Diego Rivera, 1886~1957)는 필자가 아는 화가들 중에서는 살바도르 달리Salvador Dali 이외에 가장 독특한 인물이 아닐까 싶다. 어쩌면 그는 달리보다 더 독특할 수도 있다. 달리처럼 진보적 성향이 뚜렷한 리베라는 멕시코 공산당에 정식 가입한 당원이었다. 그러나 스페인의 우파 독재자 프랑코Francisco Franco와 달리가 문제없이 지냈듯이, 리베라는 자본가들과 매우 잘 지냈다. 공산주의자라고 보기에는 화려하고 고급스러운 생활을 했던 그는 미국에 있는 록펠러 센터에 벽화를 그릴 정도로 자본가들과 사이가 좋았다.

리베라의 또 다른 기이한 면은 로맨스와 불륜을 제대로 구별하지 못한다는 것이었다. 그는 아내인 프리다 칼로를 옆에 두고 끊임없이 외도를 했다. 심지어 칼로의 여동생과도 로맨스가 있었다. 그러나 그를 종교적 신앙처럼 사랑한 칼로는 리베라를 떠나지 않고 끊임없이 용서했다.

레닌이 사망한 후 스탈린이 소련에서 정권을 잡을 때, 그의 반대파인 트로츠키Leon Trotskij가 터키를 경유해 멕시코로 망명하게 되었다. 트로츠키와 같은 공산주의 사상을 가진 디에고 리베라와 프리다 칼로 부부는 자주 그를 방문했다. 일부 설에 따르면, 리베라의 계속되는 불륜 행적들에 많이 지쳤던 칼로가 트로츠키와 특별한 관계를 맺었다고 한다. 그래서

디에고 리베라, <Mural of the Aztec city of Tenochtitlan>
Photo by Wolfgang Sauber

트로츠키와 칼로의 관계에 대해 알게 된 리베라가 스탈린 쪽에게 그에 대한 정보를 제공했다고 한다. 알려져 있다시피 트로츠키는 멕시코에서 스페인 출신의 한 공산주의자에게 암살당한다. 바로 이 암살에 리베라의 영향이 어느 정도 있다는 이야기가 회자되었다.

　필자는 이 주장이 헛소문에 불과하다고 본다. 그 당시에 칼로는 몸도 불편했으며 리베라와는 이미 이혼한 사이였다. 또한 망명 상태인 트로츠키 역시 그 정도로 도덕심을 잃지는 않았을 것이라는 생각이 든다.

　마지막으로 리베라의 예술에 대해서 이야기하자면, 그는 달리처럼 20세기 초현실주의의 대표 화가들 중 한 명이다. 그중에서도 리베라는 벽화 그림 즉, 프레스코화fresco畵로 유명해졌다. 그는 멕시코 구석구석에서 프레스코화를 통해 아즈텍 족을 비롯해 메소아메리카 민족들이 어떻게 스페인군에게 약탈당하는지를 보여주면서 제국주의에 대한 날카로운 비판을 했다. 그는 자신의 작품들에서 항상 평등주의와 관련된 몇 가지 상징적 코드를 사용하고, 형태와 색채를 통해 자국의 전통과 국민성을 보여주어 멕시코 현대 회화의 아버지 혹은 민중 화가로 꼽힌다. 비록 사생활적인 측면에서는 일반적으로 이해하기에 다소 무질서하게 살았지만, 자국민의 더 나은 삶을 실현하는 이상을 위해 평생 노력했다는 것은 자명한 사실이다.

민족 정체성의 아이콘, 프리다 칼로

100년 전 멕시코 사회에서 보자면 매우 개방적인 여성 지식인이었던 프리다 칼로(Frida Kahlo, 1907~1954)는 현재 많은 여성주의 운동가들에게 하

프리다 칼로의 자화상
프리다 칼로, <Self-Portrait with Thorn Necklace and
Hummingbird>(1940)

나의 아이콘이 되었다. 사실 그는 자신의 남편보다 화가로서 더 많이 알려져 있다.

프리다 칼로의 삶에 지배적인 영향을 준 두 가지의 중요한 사건이 있다. 그 첫 번째는 어린 시절 하굣길에 교통사고를 당해 약 9개월 동안 온몸을 깁스한 채 누워 있었던 것이다. 사고로 인해 40여 차례나 수술을 받았으니 그가 느꼈을 고통은 상상 그 이상일 것이다. 이 재앙과 같은 사고는 그의 예술 세계에도 큰 영향을 주었다. 그야말로 뼛속까지 새겨졌을 고통을 그는 작품들에 고스란히 담아냈고, 작품 세계는 초현실주의적 경향을 띠게 되었다.

두 번째는 남편인 리베라가 끊임없이 외도를 했다는 것이다. 칼로가 "내 인생에서 제일 큰 두 개의 사고가 있다. 하나는 어린 시절에 당한 그 교통사고이고, 또 하나는 리베라다!"라고 말할 정도로 리베라는 그를 계속 배신했다. 이 두 가지 사고로 인해 칼로는 평생 동안 정신적, 육체적 고통을 모두 감내하며 살아야 했다.

칼로는 거울을 통해 고통과 직면한 자신의 내면을 관찰하고 이를 그림으로 표현했기에, 작품들 중에는 특히 자화상이 많다. 강한 의지로 절망을 승화시킨 작품들은 파블로 피카소Pablo Picasso가 '나는 그처럼 얼굴을 그리지 못한다'고 극찬할 정도로 좋은 평가를 받았다. 그의 그림들에는 초현실주의적인 분위기가 담겨있다고 평가되지만, 칼로 본인은 상상이 아닌 현실을 그대로 그린 것이라고 주장하며 초현실주의라는 틀로 자신의 작품이 규정되는 것을 거부했다.

칼로에 대해서 이야기하다 보면 성性에 대한 이야기가 기본적으로 나온다. 특이한 성 취향을 넘어서 그의 작품들에는 성이라는 개념이 뚜렷하게 두드러진다. 교통사고의 후유증이 남긴 신체적 불편함을 제외하더라도, 리베라의 여성 편력으로 받았던 상처 때문인지 본능적으로 꿈꿨을지 모를 자유로운 성적 요소들을 그림에 담았다.

독특한 세계를 가졌던 그의 삶에 대해서는 하고 싶은 말이 더 많지만, 이 책의 성격상 적합하지 않기에 칼로의 사회적인 위치에 대해 한마디만 더 언급하고 넘어가기로 하겠다. 프리다 칼로는 그 당시 가톨릭 중심의 멕시코 사회로서는 놀라울 정도로 개방적인 삶을 살았다. 그럼에도 불구하고 멕시코 인들은 그의 작품을 국보로 분류하고, 그의 얼굴을 화폐에 담을 정도로 아끼고 있다.

그가 이렇게 사랑을 받게 된 데는 몇 가지 요소를 꼽을 수 있다. 먼저 칼로도 남편 리베라처럼 메소아메리카 문화를 대표하는 상징들에 집중했었다. 그의 장식품들, 옷차림, 액세서리들은 다 스페인군에게 침략당하기 전 멕시코에 존재했던 민족들의 문화와 연계된 물품들이었다. 화려한 멕시코 전통 의상과 원주민들의 장식품, 땋아 올린 헤어스타일 등으로 프리다 스타일을 각인시키며 멕시코의 정체성을 서구에 알리는 아이콘이 되기도 했다. 또한 리베라와 같은 정치 노선으로 거리 시위에 참가하기도 했고, 여성의 권익을 위한 정치적 활동을 했던 그는 오늘날 화가이자 활동가, 페미니스트로도 조명을 받으며 멕시코가 사랑하는 여인으로 부각되고 있다.

세계의 화폐 ③ - 베네수엘라 볼리바르

Bolivar

멕시코 페소를 통해 누에바 에스파냐 부왕령이 어떻게 멕시코 공화국으로 전환되었는지를 서술했듯이, 이번에는 베네수엘라 화폐인 볼리바르 이야기를 통해 '누에바 그라나다 부왕령'이 어떻게 '대 콜롬비아 공화국'으로 변하는지 소개하려고 한다. 특히 베네수엘라 화폐 속 인물들에 대한 이야기를 하다 보면 베네수엘라 역사뿐만 아니라 당시 누에바 그라나다 부왕령에 속했던 오늘날의 콜롬비아, 파나마, 베네수엘라, 에콰도르의 공통적인 과거를 서술하게 된다. 베네수엘라 화폐 속 인물들은 베네수엘라만이 아니라 그 지역 공통의 독립 영웅들이기 때문이다.

베네수엘라 화폐들에 대해서 설명하기 전에 일단 베네수엘라의 통화 이름인 볼리바르에 대해서 이야기하기로 하자. 사실 현재 베네수엘라에서 쓰이는 통화의 이름은 볼리바르가 아니고, '볼리바르 푸에르테Bolívar Fuerte'다. 화폐의 가치가 너무 많이 떨어지자 2008년에 베네수엘라 정부가 화폐개혁을 통해 기존 화폐에서 '0' 세 개를 없애버렸다. 리디노미네이션(redenomination, 화폐 단위 절하)을 한 것이다. 예를 들어 어제까지는 1000원이었는데, 오늘부터는 1원이 되는 식으로 화폐 액면 단위를 끌어내린 것이다. 그리고는 '볼리바르 푸에르테' 즉, '강력한 볼리바르'라는 의미를 붙여 새로운 화폐를 발행했다.

공식적인 통화가 볼리바르 푸에르테라고 해도, 일반적으로는 베네수엘라의 화폐 단위를 볼리바르로 알고 있다. 그리고 이 '볼리바르'라는 통화 이름은 베네수엘라만이 아니라 볼리비아에서도 쓰고 있다. 두 국가는 스페인 식민지였던 다른 나라들처럼 예전의 화폐 단위로 페소를 사용했었는데 베네수엘라는 1879년부터 '볼리바르'로, 볼리비아는 1864년부터 '볼리비아노'라는 통화를 사용하기 시작했다. 그러면 도대체 이 볼리바르라는 이름은 어디서부터 나온 것인가? 그것은 바로 100볼리바르 앞에 초상화가 있는 영웅 시몬 볼리바르의 이름으로부터 생긴 것이다.

시몬 볼리바르,
남아메리카 통일국가를 꿈꾼 해방자

베네수엘라 화폐 중 제일 큰돈은 100볼리바르다. 이 화폐의 앞면에 사진
이 실린 인물의 삶을 알아야만 남미 대륙 중북부 지역에 위치한 나라들의
정치, 외교적인 현황을 이해할 수가 있다. 시몬 볼리바르라는 이 영웅의 삶
과 그의 비전을 모르고는 남미 정치학에 대해 입문할 수 없기 때문이다.

시몬 볼리바르의 등장

시몬 볼리바르(Simon Bolivar, 1783~1830)는 베네수엘라의 현재 수도인 카
라카스Caracas에서 남미 대륙 최고의 지주들 중 한 명의 아들로 태어났다.
어린 시절 볼리바르는 흑인 여종한테 보살핌을 받았는데, 이런 영향으로

노예제도에 대해 비판적인 사고와 평등주의를 갖게 되었다. 어린 나이에 부모를 모두 잃은 볼리바르는 외삼촌 슬하에서 자랐다. 엄한 외삼촌과 자꾸 부딪치면서 반항적인 면을 갖게 되는데, 이는 권력자에 대한 저항 의식의 발로가 되었다. 결국 볼리바르는 외삼촌 집을 떠나 결혼한 큰누나 집에서 살게 되었고, 가정교사에게 교육을 받으며 진보적인 의식과 자유주의의 사상을 키우게 되었다.

물려받은 유산이 많았던 청년 볼리바르는 광산과 드넓은 농지 등을 보유했고 엘리트 교육까지 받았음에도 크리올이라는 이유로 반도인들에 비해 차별을 당하면서 스페인 총독부 정권에 대한 반감이 깊게 자리하게 되었다. 군사사관학교에서 교육을 받은 볼리바르는 스페인군에서 장교로 복무하다가 유럽으로 건너갔다. 그는 유럽에 와 있던 크리올들과 교류하며 독립에 대한 열망을 키우게 되었다. 1802년에 결혼하지만 9개월 만에 황열병으로 부인을 잃고 다시 유럽으로 건너갔다. 당시 유럽은 프랑스혁명이 일어난 지 얼마 안 되어 나폴레옹이 정권을 장악하고 있던 시기였다.

사실 남미 국가들의 독립을 보면 서로 비슷한 점이 많다. 그중에서도 대표적인 것은 주로 프랑스가 스페인을 점령하면서 남미 식민지 국가들의 독립운동이 시작되는 형태다. 나폴레옹이 그의 형 조제프 보나파르트 Joseph-Napoléon Bonaparte를 스페인과 신대륙의 왕으로 임명하자 남미의 스페인 총독부들이 새로운 왕을 반대하고 나섰다. 남미 국민들 역시 동조해 새로운 왕을 반대하는 저항운동을 벌였는데, 이 움직임이 점차 스페인으로부터의 독립운동으로 진화했다. 똑같은 현상이 베네수엘라에서도 일어났다.

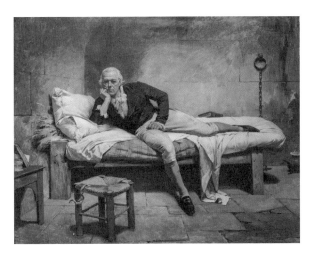

미겔 까브레라Miguel Cabrera가 그린 시몬 볼리바르

아르투로 미첼레나Arturo Michelena가 그린
시몬 볼리바르

부인을 잃고 한동안 실의에 빠졌던 볼리바르는 유럽의 상황을 지켜보면서 남미에서도 같은 흐름을 일으킬 수 있겠다는 생각을 했다. 1807년에 베네수엘라로 돌아온 볼리바르는 독립운동에 가담했다. 이후 주도적으로 독립운동을 이끌면서 1811년에 뜻을 같이하는 동료들과 함께 베네수엘라 제1공화국을 세웠다. 그러나 제1공화국에 반발한 사람들의 지지로 다시 왕당파가 세를 얻고, 그들이 카라카스를 점령하면서 시몬 볼리바르는 망명 생활을 하게 되었다.

끝내 이룬 독립, 실패한 통합

볼리바르는 이 망명 시기에 원주민이나 흑인들을 가까이 지켜보면서 평등주의에 대한 신념이 높아진다. 이후 현재 콜롬비아의 수도인 보고타Bogotá로 스페인에 반기를 든 사람들이 모여들었고, 볼리바르는 이들 독립군을 이끌어 베네수엘라의 독립을 선언한다. 특히 볼리바르가 이끌었던 군대에는 스페인의 학정에 반감을 가진 청년들이 많았고 이로 인해 사기가 충전했던 덕분에 전쟁은 연전연승하였다. 이 과정에서 볼리바르는 큰 명성과 존경을 받았으며, 1814년 카라카스에 다시 재입성하면서 'Libertador(해방자)'의 칭호로 불리웠다.

승리의 기쁨은 잠시였고, 스페인군이 다시 침공해 1818년까지 전쟁이 지속되었다. 지리한 전쟁의 끝이 보이지 않자 볼리바르는 베네수엘라에서의 전쟁을 일시적으로 포기해야 했다. 하지만 오랫동안 스페인군을 괴롭힌 볼리바르의 명성이 세계적으로 알려지면서 그를 지원하기 위해 유럽 곳곳에서 병력이 도착했다. 볼리바르는 1819년 2월에 독립운동 세력을 결집해 의회를 구성하고 혁명정부 수립도 공표했지만 아직 대세는 바뀌지 않고 있었다. 볼리바르는 전략을 바꾸어 안데스Andes 산맥을 넘어 콜롬비아를 공격했다. 몇 차례의 전투 끝에 결전을 벌인 '보야카Boyacá 전투'에서 눈부신 승리를 쟁취했고, 1819년 8월 7일에 콜롬비아를 스페인으로부터 해방시켰다. 같은 해 12월, 볼리바르는 당시 누에바 그라나다 부왕령의 수도였던 산타페Santafe, 지금의 보고타에서 정식 대통령으로 선출되었고 미국의 연방 정부를 모델로 삼아 스페인 식민지 국가들을 하나의 연방으로 묶는 '대 콜롬비아 공화국'을 선언했다.

볼리바르는 남미 출신 군인들의 지지를 받아 다시 고향으로 진격했고, 1821년 6월 24일에는 '카라보보Carabobo 전투'에서 승리의 신화를 기록했다. 그리고 같은 해 7월 24일, '마라카이보 호Lago de Maracaibo 해전'을 끝으로 베네수엘라의 완전한 독립을 이루어냈다. 이 두 날짜는 현재 베네수엘라의 국경일이며, 특히 7월 24일은 볼리바르의 생일이기도 하다.

볼리바르의 이러한 승리들 덕분에 '누에바 그라나다 부왕령'의 치하에 살던 사람들의 자유에 대한 열망은 더욱 높아졌다. 이 여세를 몰아 볼리바르는 주변 지역들까지 해방시키기 위해 나섰다. 결국 스페인군이 콜롬비아, 베네수엘라, 에콰도르, 볼리비아, 파나마, 페루 북부를 완전히 포기하게 되었다.

1826년, 드디어 볼리바르는 파나마에서 새로 독립한 남미 여러 나라의 대표들과 '대 콜롬비아 공화국'을 구체적으로 실현하기 위한 회의를 열었다. 볼리바르의 이상이 현실로 이루어지는 자리였다. 그러나 실제로는 꿈과 현실의 간극이 얼마나 동떨어진 것인지 드러나는 자리가 되고 말았다. 각국의 대표들은 왜 하나의 연방으로 함께 살아가야 하는가에 대해 이해하지 못했고, 노예제도를 없애자는 볼리바르의 주장은 대지주들의 반발에 부딪쳤다. 1828년 다시 모인 각국 대표들은 서로의 이해관계 때문에 대립했고, 볼리바르를 비난하는 목소리도 높아졌다.

볼리바르는 이 같은 공방과 논란이 자연스러운 과정이라고 믿었지만 시간이 흐를수록 혼란은 더 커져만 갔고, 심지어는 볼리바르에 대한 암살 시도까지 일어났다. 지친 볼리바르는 1830년에 대 콜롬비아 공화국의 종신 대통령직에서 스스로 물러났다. 서로의 이해관계에 얽매이고 남아메리카 통일국가라는 볼리바르의 이상을 이해하지 못한 동시대 사람들의 지지를 받지 못하면서, 결국 볼리바르의 꿈은 스러지고 말았다. 이후 대 콜롬비아 공화국이 분리 해체되어 가는 과정을 지켜보며 요양하던 중 앓고 있던 폐결핵이 악화되어 사망했다고 알려진다.

필자는 그의 죽음에 또 다른 비밀이 있는 것은 아닐까 하는 의문을 갖고 있다. 베네수엘라 전 대통령인 우고 차베스Hugo Chávez의 조사에서도 독에 의한 암살이었다는 결과도 있었듯이, 볼리바르의 죽음 뒤에는 짙은 어둠의 그늘이 드리워져 있는 것만 같다.

시몬 로드리게스,
자유정신의 등불이 된 교육 철학자

볼리바르는 베네수엘라의 독립을 위해 투쟁을 시작했지만, 한 걸음 더 나아가 커다란 비전을 세우게 되었다. 베네수엘라가 속한 '누에바 그라나다 부왕령'을 모두 해방시키고, 이를 미국 같은 연방 체제의 '대 콜롬비아 공화국'으로 건립하고자 했던 것이다. 민주주의적이고 평등한 법치국가를 세우려 했던 볼리바르의 정치적 이념은 프랑스혁명과 미국 여행만으로 발아된 것은 아니었다. 한 송이의 꽃이 피어나기 위해서는 거름보다 물이 중요하다. 거름이 있어도 물이 부족하면 꽃을 피우기는커녕 곧 생명력을 잃게 된다. 그렇다면 볼리바르라는 꽃을 피워내기 위해 물의 역할을 한 사람은 누구였을까? 바로 50볼리바르 앞면에 있는 시몬 로드리게스이다.

볼리바르의 스승, 시몬 로드리게스

시몬 로드리게스(Simón Rodríguez, 1769~1854)는 경제적으로 유복한 가정에서 태어나 엘리트 교육을 받았다. 1791년에 베네수엘라의 카라카스 의회에서 교사 임명을 받은 후 총독부에서 운영하는 학교에서 강의를 했다. 때로는 부잣집에 과외 선생으로 초빙받기도 했는데, 볼리바르도 이때 처음 만나게 되었다. 교사로 활동하면서도 지적 개발과 성장을 게을리하지 않았던 그가 유럽의 계몽주의를 접하면서 평등주의에 대한 동경과 열망을 품게 되었다. 로드리게스는 스페인으로부터 해방되어야 한다는 열정적인 투쟁 의식을 갖고 있었다.

로드리게스의 사상은 가르치던 학생들에게 자연스럽게 영향을 미쳤다. 시몬 볼리바르도 사관학교에 들어가기 전에 로드리게스에게서 과외를 받으며 계몽주의, 자유주의 사상에 대해 눈을 뜨게 되었다. 볼리바르가 독립운동가가 되는 데 있어 로드리게스가 핵심적인 역할을 했다고 해도 과언이 아니다.

또한 로드리게스는 볼리바르에게 뜻을 같이하는 친구로서도 중요한 인물이었다. 1797년에 스페인 총독부가 로드리게스의 사상이 위협적이라고 인식하고 추방시켰다. 미국을 경유해 유럽으로 간 로드리게스는 1804년에 유럽에 온 볼리바르와 만났다. 부인을 잃은 지 얼마 안 돼 힘들어하던 볼리바르는 스승과 다시 만나면서 생의 전환점을 맞게 되었다. 두 사람은 함께 유럽을 돌아다니며 많은 토론과 사상적 교류를 했고, 로드리게스는 볼리바르에게 슬픔을 극복하고 오직 독립에만 집중하라고 조언했다.

시몬 로드리게스의 초상화
작자 미상

볼리바르와 로드리게스의 인연을 생각하면 자꾸 필자가 다녔던 고 등학교의 정문 위에 쓰여 있는 현판이 생각난다. 그 현판에는 이렇게 적 혀 있다. '진정한 학교는 인간에게 영원성의 길을 열어주는 신비스러운 열쇠.' 현재 볼리비아 국명을 비롯해 몇몇 도시들과 2개의 통화 그리고 공항과 대학교의 명칭에도 볼리바르의 이름이 붙여져 있으며, 그를 기리 는 수많은 예술 및 미술 작품들도 있다. 또한 아직도 남미의 많은 정치인 들은 볼리바르의 정신을 계승한다고 내세우며 자신들의 이념에 정당성 을 확보하려고 한다. 이처럼 볼리바르는 죽었지만 그 이름과 정신은 영원 히 남미인들의 마음속에 살아있다. 볼리바르에게 이런 불멸의 길을 열어 준 것이 무엇일까? 바로 로드리게스에게서 받은 교육이다. 이런 연유로 50볼리바르의 앞면을 보면서 다시 한 번 학교, 교육 그리고 스승의 진정 한 역할과 그 무게에 대해 다시 생각해봐야 할 것 같다.

프란시스코 데 미란다,
베네수엘라 독립의 선구자

볼리바르와 베네수엘라의 독립전쟁 이야기를 살펴보면, 로드리게스만큼 볼리바르에게 영향을 준 또 다른 사람이 있다. 2볼리바르 앞면에 초상이 실려있는 프란시스코 데 미란다가 바로 그다. 먼저 베네수엘라를 해방시키고, 다음에 남미를 하나의 통일된 나라로 만들자는 생각을 처음으로 한 사람은 볼리바르의 선각자이자 선배인 미란다였다.

콜롬비아 제국을 꿈꾼 프란시스코 데 미란다

프란시스코 데 미란다(Francisco de Miranda, 1750~1816)는 볼리바르처럼 베네수엘라의 유복한 집안에서 태어났다. 좋은 학교를 다녔고 부잣집 자제

답게 안락하게 살았지만, 미란다 역시 크리올이라는 이유로 베네수엘라의 반도인 출신 엘리트 계급에서 항상 차별을 받았다. 크리올로서 받는 차별에 대해 반감이 깊어진 미란다는 군사학교를 졸업하고 유럽으로 유학을 떠났다.

인간은 감정과 이성 사이에 항상 균형을 맞춰서 사는 존재다. 스페인 군에 입대한 미란다는 비록 스페인 정권에 반감이 있다 해도 군인으로서의 직분에는 충실하게 임했다. 미란다의 이성이 감정과 같은 위치로 움직이게 된 계기는 유럽에서 읽었던 금지된 도서들이다. 루소 같은 계몽주의자들의 사상이 그 당시에는 스페인 제국을 위협하는 요소였기에 그들의 책을 읽는 것은 금지되어 있었다. 역사를 돌아보면 사람들의 생각이나 의견 개진을 금지시켰다가 성공한 사례가 없다. 역시나 계몽주의는 스페인 식민지 국가들의 독립운동에 큰 영향을 준 사상적 배경이 되었다. 미란다 역시 유럽 유학 시절에 평등주의, 계몽주의에 감화된 후 고국인 베네수엘라를 해방시켜야 한다는 생각을 했다.

아무리 감춰도 주머니의 송곳은 튀어나오기 마련이다. 고국에 돌아온 후 미란다의 행동들을 의심하며 주시하던 스페인 군대가 1783년에 그를 반역죄로 감옥에 보내려고 했다. 이를 눈치챈 미란다는 미국으로 피신을 했고, 이후 미국을 비롯해 유럽 각국을 돌아다니며 남미의 해방에 지원과 협조를 얻기 위해 노력했다. 이 과정에서 그는 프랑스혁명군 원수를 비롯해 많은 나라의 군사작전에 사령관, 지휘관, 장군 등 요직을 맡으며 참여해 혁혁한 공적을 남기기도 했다. 그렇게 유럽의 많은 제국들을 방문하여 행정 및 경제 등 다양한 분야를 탐구하면서 미란다는 자신의 이상을 구체화하였다. 바로 남미를 하나의 잉카Inca 왕가 출신 황제 국가로 통합하고, '콜롬비아 제국'이라는 이름으로 입헌군주국을 세울 계획이었다.

1805년에 미란다는 미군의 지원으로 함대를 이끌고 수도 카라카스에서 가까운 코로Coro라는 항구도시를 정복했다. 미란다는 독립 투쟁에 국민들이 바로 뜨거운 지지를 보내줄 것이라고 믿었지만, 정작 코로 지역민들이 반응을 하지 않자 카라카스로 향하려던 계획을 취소하고 철수하고 말았다. 사전 준비를 더 신중하고 치밀하게 해야 한다는 생각을 하게 된 미란다는 영국으로 떠나 다시 고국에 돌아갈 때를 기다렸다.

유럽에 나폴레옹이 등장하면서 미란다는 그토록 기다리던 기회를 맞게 되었다. 나폴레옹이 새로 임명한 스페인 왕에 대해 반발한 남미 사람들이 식민지 내에 잇따라 자치행정 정부를 세웠다. 그중 베네수엘라에 들어선 자치행정부는 '베네수엘라 합중국'을 선포했다. 1807년에 이 신생국의 외교 사절단으로서 지원을 요청하기 위해 유럽에 가게 된 볼리바르는 영국에서 미란다를 만나 귀국을 종용했다. 1811년에 드디어 베네수엘라에 돌아온 미란다는 자치행정부 의원으로 합류하고 1년 후에는 대통령으로 선출되었다. 해외를 전전하며 독립을 위해 준비해왔던 미란다의 노고가 드디어 빛을 보게 되는 것 같았다.

그러나 이 시기에 나폴레옹이 스페인에 세웠던 왕이 쫓겨나면서 자치행정부의 반정부 활동도 의미가 없어지게 되었다. 스페인으로부터 완전한 독립을 주장하는 미란다와 공화파는 스페인 왕정을 지지하는 왕당파와 갈등을 빚었고, 그 여파가 베네수엘라 내전으로 확대되었다. 미란다도 볼리바르와 함께 내전에 참전해 독립군을 이끌었지만, 스페인 지원군이 합류하면서 왕당파 전력이 강해지자 휴전하고 협상으로 해결하려고 했다. 이로 인해 미란다는 다른 독립군 장교들에게 배신자라고 비난받게 되었고, 독립군 내의 자중지란 상황을 이용한 왕당파가 다시 베네수엘라의 정권을 잡기에 이른다. 내전의 패배로 많은 장교들이 반역죄로 추방당하고, 미란다 역시 국가 내란죄로 스페인에 있는 교도소에 수감되었다가 결국 사망하고 말았다.

　미란다의 삶을 보면서 생각하게 된 것은, 국가와 국민을 위해 대의적인 일을 하기 위해서는 외부보다는 먼저 내부의 지지를 얻어야 된다는 것이다. 볼리바르는 서구 열강의 지원도 받았지만, 먼저 현지인들을 설득하고 지지를 얻으려고 노력했다. 국민과 사전 합의하지 않고는 천국의 정문을 열어준다고 해도 그 문으로 한 명도 들어가지 않을 것이다. 정치인들이 명심해야 되는 부분인데 왠지 자꾸 잊어버리는 모양이다. 지도자가 되었다고 해서 다들 무조건 따라간다는 보장은 세계 어디에도 없다.

페드로 카메호,
최초의 독립군 흑인 장교

남미의 독립운동에 대해서 이야기하면, 개인적으로 제일 놀라운 부분이 노예제도의 폐지다. 5볼리바르를 통해 이 주제에 관해서 몇 마디 하고 싶다. 5볼리바르의 앞면을 보면, 한 명의 흑인 초상화가 있다. 페드로 카메호(Pedro Camejo, 1790~1821)라고 하는 이 인물은 시몬 볼리바르의 군대에서 용감하게 싸운 중위였다.

볼리바르의 평등주의를 상징하는 인물, 페드로 카메호

사실은 베네수엘라 사람들이 카메호를 스페인어로 '최초의 흑인'이라는 의미의 '네그로 프리메로Negro Primero'라는 명칭으로 알고 있다. 처음에는

왕당파 편에서 독립전쟁에 참전했던 그는 독립군 장군들 중에 호세 안토
니오 파에스Jose Antonio Paez의 군대에 입대하면서 독립군에 몸담게 되었다.
전쟁 중에 제일 앞에서 싸우고 동료들에게도 인기가 많았던 카메호는 파
에스 장군과 직위를 떠나 친구로 지내기 시작했다. 파에스 장군의 칭찬을
통해 시몬 볼리바르도 이 흑인에게 관심을 가지게 됐다. 그리고 카메호와
전투 관련된 전문적인 주제들에 대해서 대화를 나눈 볼리바르는 그의 군
사전략 능력을 인정하게 되었다.

　노예제도가 아직 법적으로 폐지되지 않은 상황에서 흑인임에도 불구
하고 독립군에서 장교로 용감하게 싸우던 이 영웅은 1821년 카라보보 전
투에서 전사하고 말았다. 카라보보 전투는 베네수엘라의 해방을 확보하
게 된 결정적인 전쟁이다. 영국에서 홍콩의 반환을 위해 노력했던 덩샤오
핑鄧小平이 홍콩 반환 직전에 사망했던 것처럼, 베네수엘라의 독립을 위해
죽음을 무릅쓰고 싸워왔던 카메호는 정작 해방을 눈앞에 두고 전사하고
말았다.

　여기서 잠깐, 카메호의 이야기를 통해 시몬 볼리바르의 노예제도에
관한 방법론과 정책에 대한 역사 속 비판을 재검토하고 싶다. 오늘날 남
미가 볼리바르주의Bolivarianism와 사회주의socialism를 기반으로 하고 있지만,
아이러니하게도 볼리바르를 제일 강력하게 비판한 사람은 사회주의의
창시자로 보는 칼 마르크스Karl Heinrich Marx다. 마르크스의 볼리바르에 관
한 글들을 보면, 볼리바르를 비판하는지 아니면 모욕하는지 구별하기 어
려울 정도다.

　그중에서도 마르크스에 의하면, 볼리바르가 흑인들을 차별하지 않
고 평등주의로 노예제도 폐지법을 만든 것이 아니라 인구가 많은 흑인들

페드로 카메호를 기념하는 국립 판테온(전당)의
행사 포스터

이 두려워서 그렇게 했다고 한다. 한편으로는 일리가 있어 보이기도 하지만 사실은 논리가 부족하고 왜곡된 부분이 있다. 흑인 노예들이 반란을 일으키고 혁명으로 정권을 잡은 아이티Haiti 사례를 보면, 실제로 당시 인구의 대다수는 흑인들이었다. 그러나 콜롬비아나 베네수엘라 지역에서는 흑인 노예들의 인구 비율이 그 정도로 높지는 않았다. 즉, 흑인들을 그렇게 두려워할 상황이 아니었다. 물론 아이티 대통령이 볼리바르에게 노예제도 폐지법 조건으로 지원군을 보냈지만, 실제 폐지법을 만든 데에는 흑인이 두려워서가 아니라 볼리바르의 결정에 따른 배경이 있었다고 생각한다.

　일단 볼리바르는 어렸을 때부터 부모 대신 히폴리타Hipólita라는 흑인 노예 여성에게 보살핌을 받은 사람이다. 히폴리타를 '내가 알고 있는 나의 유일한 엄마'라고 말할 정도로 사랑했던 볼리바르는 흑인들에게 대한 시선이 당연히 달랐다. 화폐에 사진이 실린 카메호 사례에서도 볼 수 있듯 볼리바르는 독립전쟁 기간에 수많은 흑인과 목숨을 건 동료로서 함께 싸웠고 많은 우정을 맺었다. 그러므로 볼리바르의 노예제도 폐지 정책은 그의 인생 행로에서 일관적으로 흑인에게 우호적이었던 점을 주목하고 이런 시각에서 분석해야 하지 않을까 싶다.

구아이카이푸로,
제국주의에 저항한 원주민 추장

베네수엘라 화폐 중 제일 먼저 눈에 띄는 지폐는 10볼리바르가 아닌가 싶다. 왜냐하면 다른 지폐와 달리 원주민의 초상이 실려있기 때문이다. 구아이카이푸로라는 이 원주민 추장은 베네수엘라의 역사 속에서 큰 족적을 남긴 것은 아니지만, 상징적인 삶을 살았던 인물이다. 오늘날 베네수엘라의 일부 정책을 이해하기 위해서는 이 영웅의 삶을 알아야 한다.

모든 부족의 통합 지도자 구아이카이푸로

1530년에 태어난 구아이카이푸로(Guaicaipuro, 1530~1568)는 스페인이 남미를 식민지로 만들기 위해 막 쳐들어왔을 때 청년 시절을 보냈다. 스페인에게 커다란 적대감을 가졌던 그는 금이나 은을 찾기 위해 조사하러 온 스페인군들을 공격해 쫓아냈다. 구아이카이푸로의 스페인군에 대한 공격들이 성공을 거듭하다 보니, 주변의 원주민들이 그의 리더십 아래 모이기 시작했다. 시간이 흐르면서 어느덧 한 부족의 추장이 아니라 전 부족들의 통합 지도자가 된 그는 1562년에는 카라카스 계곡에서 스페인군을 패퇴시켰다.

　이렇게 1567년에 이르자 카라카스에 자신들의 도시를 건립하던 스페인군은 자신들의 목적과 안전을 위해 가장 걸림돌이 되는 존재인 구아이카이푸로를 살해하기로 했다. 이를 위해 스페인군은 몇 명의 원주민들을 회유해 구아이카이푸로에게 접근했고, 결국 구아이카이푸로는 스페인군에게 목숨을 잃고 말았다.

구아이카이푸로를 형상화한 상징물

　　베네수엘라 역사에서 스페인군을 제일 괴롭혔던 인물로 알려진 구아이카이푸로는 현대에 와서 이름이 다시 거론되고 있다. 우고 차베스가 정권을 잡으면서 실행했던 정책들 중 하나가 자국의 역사에서 원주민들의 전통성을 강화시키는 것이다. 남미의 해방에 구아이카이푸로 같은 원주민들의 역할이 컸다고 믿은 차베스는 그의 발언들을 연설에 이용했다. 2001년에는 구아이카이푸로의 유적들을 베네수엘라의 현충원에 옮기고, 남미에서 매년 기념하는 '콜럼버스의 날'인 10월 12일을 '원주민들의 저항의 날'로 바꾸기도 했다. 1999년에 선포한 새로운 헌법으로 나라 이름을 '베네수엘라 볼리바르 공화국'으로 개명하여 볼리바르의 정신을 계승한다는 것을 보여준 차베스는 이러한 원주민 정책으로 베네수엘라뿐만 아니라 전 남미 지역의 원주민들에게도 유대감과 자긍심을 고양시키는 메시지를 던지고 있다.

루이사 카세레스 아리스멘디,
굴복을 모르는 독립전쟁의 여걸

베네수엘라 정부가 2008년에 화폐를 새로 발행하면서, 훌륭한 여성 한 명을 처음으로 만나게 된다. 20볼리바르에 초상이 실린 루이사는 고난 속에서도 굴복하지 않고 큰 용기를 증명한 여성이다.

볼리바르의 여성주의를 담다, 루이사 카세레스 아리스멘디

루이사 카세레스 아리스멘디(Luisa Caceres de Arismendi, 1799~1866)의 가족은 베네수엘라의 독립 투쟁 시기에 독립군을 지지하고 있었다. 루이사가 10대 소녀일 때, 왕당파의 공격으로 자유 투쟁에 참여한 아버지와 오빠 그리고 4명의 삼촌들을 잃어야 했다. 어린 나이에 큰 고통을 겪었음에도 가족들의 뒤를 이어 독립운동을 지원하던 루이사가 위기에 빠졌을 때, 독립군의 후안 바우티스타 아리스멘디Juan Bautista Arismendi라는 장군이 그를 구해주면서 인연을 맺게 되었다. 어리지만 똑똑하고 당찬 루이사와 든든한 장군의 만남은 곧 사랑으로 이어졌고 1814년 말에 결혼하게 되었다. 당시 루이사는 16살이었고, 아리스멘디는 40살이었다.

그러나 행복은 짧았고 이들 부부는 시대적 상황이 빚어낸 고난과 맞닥뜨리게 되었다. 1815년에 아리스멘디 장군을 잡으려는 왕당파가 임신한 루이사를 억류한 것이다. 감금된 상태에서 제대로 먹지 못해 낙태를 하고 만 루이사는 나중에는 스페인에 있는 성으로 옮겨졌다. 가족과 단절되어 소식조차 듣지 못한 채 수감 생활을 홀로 버티던 루이사는 스페인 왕에게 충성한다는 각서에 사인하라고 강요를 받았지만 이를 매번 거부했고 끝까지 독립에 대한 신념을 버리지 않았다.

포로로 수감된 지 3년째에 이르러서야 루이사는 간신히 성을 탈출했고, 미국을 거쳐 베네수엘라로 돌아올 수 있었다. 어렵게 자유를 되찾은 루이사는 이후로도 계속 남미의 독립운동을 지원하였다. 11명의 아이를 낳아 화목한 가정도 되찾은 루이사는 오늘날까지도 베네수엘라 독립전쟁의 여걸로 국민들의 존경을 받고 있다. 아이를 잃은 슬픔 속에서도, 고문을 당하고 자유를 속박당한 수감 생활 속에서도 결코 굴복하거나 독립 의지를 굽히지 않았던 그는 그 명칭이 충분할 만큼 용기 있는 삶을 살았다.

차베스가 다시 꾸는 볼리바르의 꿈

20볼리바르 이야기를 하다 보니, '왜 그의 사진이 뒤늦게 베네수엘라 화폐의 게재되었을까?'라는 궁금증이 남는다. 루이사와 구아이카이푸로, 카메호의 초상화는 모두 2008년 화폐개혁으로 발행된 신권에 처음으로 실린 것이다. 그 당시 대통령은 2013년에 별세한 우고 차베스Hugo Rafael Chavez Frias였다. 필자는 이러한 화폐 디자인 정책에는 차베스의 이념이 들어가 있다고 본다.

'대 콜롬비아 공화국'의 꿈을 꿔왔던 볼리바르는 깊은 상실감을 품은 채 눈을 감았다. 지금도 '대 콜롬비아 공화국'에서 분립한 에콰도르, 베네수엘라 그리고 콜롬비아는 거의 비슷한 국기들을 쓰고 있다. 1900년대 초에 미국의 개입으로 파나마가 콜롬비아에서 독립했고, 파나마와 에콰도르는 자국의 화폐가 아니라 미국 달러를 쓰고 있다. 반미 감정으로 유명한 차베스는 남미의 이러한 모습을 보고 더 열정적으로 볼리바르처럼 남미 북부 지역 국가들의 협력을 주장하는 지역주의 정책을 폈다. 그의 외교 아젠다에서는 볼리바르의 꿈을 다시 실천하는 것이 제1순위였다. 2006년에 베네수엘라의 주도로 생긴 '아메리카를 위한 볼리바르 동맹ALBA'이 바로 이러한 외교 활동의 결과물 중 하나다. ALBA 회원국끼리 무역할 때 일종의 가상 통화인 수크레SUCRE 사용 제안이 합의된 것 또한 차베스의 지역주의 정책의 성공적 사례가 아닐까 싶다.

볼리바르의 정신을 계승한다는 것이 오직 지역주의만을 가리키는 것일까? 물론 아니다. 차베스의 볼리바르주의 이념을 보면 지역주의 이외에 다른 요소들도 있고, 그중에는 사회주의도 포함된다. 그러나 20세

기에 실패로 끝난 사회주의 이념으로만 그의 이상을 실현하기에는 무리
가 있었다. 그 때문인지 볼리바르는 여성주의, 평등주의 구현도 적극적
으로 내세우고 있다. 이러한 시각에서 볼 때 베네수엘라 신권에 흑인, 원
주민, 여성을 게재한 것은 차베스의 이념적 상징들을 담고 있음을 이해
할 수 있다.

세계의 화폐 ④ - 브라질 헤알

Real

앞에서 멕시코와 베네수엘라에 관한 깊은 이야기들을 했는데, 남미에서 가장 대표적인 나라인 브라질을 빼놓을 수는 없다. 놀라운 경제성장을 통해 브라질은 21세기의 강력한 파워 국가로 등장했다. 7대 경제 강국 중 하나인 브라질은 2억 명이라는 인구 수로도 세계 5위를 차지하고 있다. 이 나라의 화폐를 이해하기 위해서는 먼저 이 나라에서 쓰는 언어의 기원과 식민지 지배 역사부터 알아야 한다.

브라질은 스페인어를 사용하는 대부분의 남미 국가들과 달리 포르투갈어를 사용한다. 브라질은 200여 년 전에 포르투갈 제국의 영토로 영입되었기 때문이다. 따라서 현재 브라질 통화 이름인 '헤알Real' 역시 포르투갈 역사와 밀접한 관계가 있다. 헤알의 탄생을 파악하기 위해서는 무려 1300년 전으로 거슬러 올라가야 한다.

이슬람 왕국이었던 우마이야Umayya왕조는 700년대 초기에 포르투갈과 스페인을 포함한 이베리아Iberia반도 대부분을 정복했다. 우마이야왕조에서 쿠데타가 일어나자 이베리아반도로 피신한 마지막 술탄sultan이 이베리아 우마이야왕조인 '알안달루스(Al-Andalus, 스페인과 포르투갈, 안도라를 차지하는 중세 무슬림 국가이자 영토)'를 건립했다. 알안달루스는 종교적 차별 없는 통치로 이베리아반도의 경제 문화적 발전을 이룩했고, 수도였던

현재의 코르도바Córdoba는 당시 바그다드와 카이로에 이어 세계에서 가장 번성한 3대 도시 중 하나였다. 또한 이 시기의 이베리아반도는 가톨릭, 이슬람, 유대교가 평화롭게 공존하며 종교적, 경제적, 사회적으로 늘 핍박당했던 유대인들도 자유롭게 살 수 있었기 때문에 이 시기를 '유대 문화의 황금시대'라고 부르기도 한다.

13세기 말부터 여러 세력으로 분열된 알안달루스는 유럽의 연합군 공격으로 멸망했다. 14세기 초까지 이어진 '레콘키스타Reconquista'라고 하는 이 기간은 포르투갈어로 '재정복'을 뜻한다. 재정복이라는 말처럼 유럽군은 이베리아반도에 서양 문명을 다시 건설한다는 명목으로 심각한 약탈을 했고 이 과정에서 많은 도서관, 궁전, 유대교와 이슬람 사원이 파괴되었다. 부인인 마리 퀴리Marie Curie와 함께 노벨 물리학상을 공동 수상한 피에르Pierre 퀴리가 했던 발언은 당시의 문화 수준과 파괴 정도를 짐작케 한다. "알안달루스에는 오직 30권의 도서가 남았다. 우리는 원자를 깨뜨릴 수도 있었다. 그 100만 권 넘는 도서 중 반 정도만 남아있어도, 벌써 우주 속에서 은하계 여행을 하게 되었을 것이다."

이렇게 아랍인들을 밀어내고 이베리아반도를 차지한 유럽인들은 소규모 나라들을 세웠는데, 시간이 흐르면서 이베리아반도의 동부에는

스페인 왕국, 서부에는 포르투갈 왕국으로 정리되었다. 포르투갈 왕국이 몇 차례 스페인 왕국의 지배를 받기는 했지만, 이 시기부터 현재 이베리아반도의 형태가 정착된 것이다.

다시 헤알 이야기로 돌아가면, 이베리아반도에서 아무리 스페인 왕국과 포르투갈 왕국이 권력을 잡았다고 해도, 아직 문화나 경제적으로 주도권을 가진 것은 아니었다. 이 두 왕국은 많은 분야에서 변화를 겪었고 그중 통화도 예외는 아니었다.

14세기 초기에는 스페인에서 대체로 아랍권 동전들을 쓰고 있었고, 포르투갈은 유럽권 동전들을 사용하고 있었다. 14세기 중순에 스페인 왕 페드로 1세가 '헤알'이라는 은으로 된 새로운 동전을 발행하면서 공식적으로 이 동전을 사용하게 됐고, 포르투갈 왕 페르난도 1세도 스페인 왕국을 따라서 같은 이름으로 새로운 동전을 만들었다. 헤알은 영어로 '로얄royal'이라는 단어와 동일하고 같은 어원에서 출발했으며, 스페인어로도 포르투갈어로도 '임금의, 왕권의'라는 의미를 가진다. 이후 스페인의 통화인 페소가 남미를 비롯해 스페인의 식민지 지역에서 쓰였듯이, 헤알도 브라질에서 사용되었다.

공화국의 초상,
군주제와 독재의 끝을 천명하다

현재의 브라질 화폐를 살펴보면, 매우 이채로운 상황과 직면하게 된다. 브라질 화폐들의 앞면은 모두 동일하게 하나의 동상 사진이 있다. 필자는 처음에 그 동상이 고대 로마제국의 신들 중 하나가 아닐까 생각했지만, 곧 브라질 연방과 공화국 선언을 상징하는 가상의 초상화인 '공화국의 초상Efigie da República'이라는 것을 알게 되었다.

　보통 왕권 국가들의 화폐들을 보면 지폐에 현직 왕의 얼굴이 실려있거나 일부 국가들에서는 그 나라 국부의 사진이 화폐에 실려있다. 네팔 화폐의 앞면에도 왕권 시대에는 왕의 초상화, 공화국이 선포되고 나서는 에베레스트 산의 사진이 실렸다. 즉, 어느 나라든 화폐 앞면에 있는 사진은 그 국가를 대표할 상징성이 있다는 의미다. 그렇다면 '공화국의 초상'

은 어떠한 계기로 브라질을 대표하게 된 걸까. 그 궁금증을 풀기 위해서는 브라질의 식민지 시대 말기로 거슬러 올라가야 한다.

브라질 제국 그리고 공화주의

1807년 나폴레옹이 스페인과 포르투갈을 침공하자 포르투갈 왕실은 그 당시 식민지 중 가장 면적이 크고 경제적 가치가 높았던 브라질로 피난을 떠났다. 1808년에는 마리아 1세가 포르투갈-브라질 연합 제국의 여황제로 즉위했다. 황실이 브라질에 머물게 되면서 포르투갈 이외의 나라와 무역을 할 수 없던 브라질은 스스로 개국을 했고, 경제적으로 급부상하였다. 1815년에는 법을 개정해 브라질과 포르투갈의 위치가 동등해졌다.

1821년에 프랑스군이 철수하자, 마리아 1세의 뒤를 이어 황제에 오르기 위해 주앙 6세가 포르투갈로 돌아가면서 아들인 페드로 1세에게 브라질의 통치를 맡겼다. 이후 포르투갈 의회가 이 연합 제국을 해체하고 브라질을 다시 식민지의 지위로 되돌리려고 하자 브라질은 당연히 반발했다. 브라질 국민의 지지를 받은 페드로 1세가 브라질 제국의 독립을 선포하고 초대 황제에 올랐다. 물론 포르투갈이 브라질의 독립을 쉽게 인정하지 않고 몇 차례 전쟁을 일으켰지만, 눈에 띌 만큼 치열한 사건은 없었다.

브라질은 아메리카 대륙에서 유일하게 장기간 군주제가 유지된 국가다. 브라질 제국은 언제 공화국으로 진화했을까? 바로 이 질문의 답변과 브라질 화폐의 앞면에 있는 '공화국의 초상'의 배경이 여기서 서로 연결된다. 1831년에 제위를 계승한 페드로 2세는 현명한 치세로 브라질 발전의 기틀을 닦았고 관대한 군주로 칭송받았다. 그러나 1880년대 이후부터 많은 문제에 직면하게 되었는데, 그중에서도 노예제도의 전면적 폐지를 추진하면서 지주들의 큰 반발에 부딪쳤다. 게다가 이미 주변 국가들이 다 공화국이다 보니 브라질에서도 공화주의 바람이 불기 시작했다. 결국 페드로 2세는 1889년에 큰 충돌 없이 공화주의 세력에게 정권을 넘겨주고 프랑스로 망명을 떠났다.

'공화국의 초상'이 바로 이때쯤 등장했다. 군주제에서 공화국으로 변화되면서 국민들의 공화주의에 대한 관심이 높아졌다. 이렇다 보니 이 시기의 공화주의를 묘사하기 위한 많은 예술적 시도들이 있었다. 대부분의 작업이 프랑스의 자유, 평등, 박애의 상징인 마리안Marianne 상을 모방했다. 프리기아phrygien 모자를 쓰고, 머리에 월계수 잎을 건 여자의 모습이 '공화국의 초상'의 기본 디자인이 되었고, 이 심벌은 많은 곳에 활용되었다. 공화국이 선언된 후 발행되었던 일부 화폐 앞면에도 실렸다.

이 그림이 모든 화폐의 앞면에 실린 지 불과 20여 년 되었다. 브라질이 공화국 체제가 되었지만 다른 남미 국가들과 마찬가지로 민주주의는 한참 뒤에야 제 모습을 찾게 되었다. 사실 1889년 공화국이 들어선 후 초창기에는 민주주의가 순탄하게 진행되고 있었다. 그러나 1930년에 쿠데타로 권력을 차지한 제툴리우 바르가스Getulio Vargas로 인해 브라질은 민주주의를 잃어버린 채 몇 십 년을 보내야 했다.

민주공화국 천명

바르가스의 독재 체제는 1945년에 일어난 쿠데타로 막을 내렸으나 포퓰리즘 정책 덕분에 막강한 지지 기반이 있었던 바르가스는 1951년 민주적

살바도르 주의 바이아 미술관에 소장되어 있다
마누엘 로페스 로드리게스Manoel Lopes Rodrigues,
<공화국의 초상>(연대 미상)

인 절차로 다시 대통령에 취임했다. 이후 1954년에 발생한 경제 위기로 강력한 퇴임 요구와 압력에 시달리다가 같은 해 자살로 생을 마감했다.

이렇게 바르가스 시대가 정리되었지만, 1961년에 대통령으로 선출된 조앙 굴라르트Joao Goulart 역시 바르가스와 같은 정당 소속이었다. 그의 개혁 정책과 노선이 우익 세력과 군부를 자극했고, 바르가스를 퇴임시키기 위해 쿠데타를 일으켰던 군부가 이번에는 굴라르트를 퇴임시키기 위해 쿠데타를 또 일으켰다. 굴라르트가 실각한 후 군부는 대통령 선출 방식을 직접선거제에서 간접선거제로 바꾸었다. 1985년에 군사정권이 끝나고, 1989년 직선제로 콜로르 데 멜로Collor de Mello가 첫 민선 대통령에 선출되면서 1990년 이후부터 비로소 민주주의가 제 궤도에 오르게 되었다.

1990년대 초기에 다시 국제사회에서 브라질의 위상을 높이기 위해서 풀어야 하는 당면 문제들 중 하나가 화폐였다. 오랜 기간 계속된 정치적 혼란 때문에 경제적 위기를 겪고 있던 브라질의 화폐 가치는 당연하게도 많이 떨어져 있었다. 다행히 1992년에 실시한 화폐개혁으로 화폐의 가치가 어느 정도 정상화되었다. 오늘날 사용되고 있는 브라질 화폐는 1994년에 새롭게 발행되면서 등장했다. 1994년까지는 화폐 앞면에 여러 사람의 초상화가 실렸었다. 페드로 2세의 얼굴도 있었고, 바르가스의 사진도 있었다. 그러나 새로운 시대를 의미하기 위해 그리고 제대로 된 공화국 시대임을 천명하는 의미로 1994년부터 모든 화폐의 앞면은 '공화국의 초상'으로 통일되었다.

제3장

남부아시아, 분단과 통합을 기억하다

세계의 화폐 ⑤ - 인도네시아 루피아

RupiAh

남부아시아의 인도양 국가들의 이미지를 떠올리면 카레의 노란색이나 진한 향이 먼저 아른거린다. 파키스탄이든, 인도네시아든, 방글라데시든 이들 지역의 음식에는 카레가 기본적으로 들어가기 때문이다. 이들 나라들을 하나로 묶고 있는 것이 카레뿐만은 아니다. 바로 통화 이름인 '루피rupee' 역시 이들 국가들이 공통으로 사용하고 있다. 그래서 필자에게 떠오르는 인도양 국가들에 대한 이미지는 '카레 향기가 나는 루피'다.

각국이 쓰는 화폐에 대해 이야기하다가 궁금해 하는 질문들 중 하나는 '제일 많은 수의 국가가 사용하는 통화 이름이 무엇인가?'이다. 1장에서도 언급했지만 달러를 통화 이름으로 사용하는 국가는 36개국이다. 그렇다면 과연 제일 많은 수의 사람들이 쓰는 통화 이름도 달러인가? 아니면 약 14억 인구가 사용하는 중국의 위안인가? 사실 한자식으로 생각하면 한국과 일본도 통화 이름으로 '圓(원)'을 사용한다는 점을 포함하면 이 질문의 답변은 '위안'이 될 수 있겠다.

그러나 좀 더 꼼꼼히 계산하면 전혀 예상하지 못한 답이 나온다. 바로 '루피'다. 인도의 통화 이름인 루피를 발음 그대로 사용하는 국가는 인도의 혈통적인 형제 국가들인 파키스탄, 네팔, 스리랑카 그리고 모리셔스Mauritius와 세이셸Seychelles이다. 이 6개국의 인구에 같은 어원에서 생긴 몰디브 루피야rufiyaa와 인도네시아 루피아rupiah를 추가하면 사용 인구가 17억이 넘게 되면서 세계에서 가장 많이 사용되는 통화는 루피라는 결론이 나온다. 사실 방글라데시의 화폐 단위인 타카taka도 벵골Bengal 어로 루피를 의미하므로, 어원이 루피가 된 화폐 단위를 사용하는 인구는 무려 20억 명에 가까워진다.

고대 인도 문명은 리디아Lydia와 중국 다음으로 돈을 사용한 전통이 제일 오래된 문명이다. 루피는 원래 인도어다. 고대 인도어에서 '루퍄rupya'는 '은전'이라는 의미였지만, 시간이 흐르면서 은이든 금이든 동그란 동전들은 모두 루피로 불리기 시작했다. 현대적인 루피의 기원은 약 500년 전에 북부 인도에서 잠시 살다가 없어진 수르Sūr 제국의 쉐르 샤흐Sher Shah 수르 술탄이 발행한 동전이다. 루피라고 불린 이 동전이 인도 반도에 확산되고, 인도권의 공통된 통화 이름이 되었다. 영국을 비롯한 서구 열강이 식민지 정복을 위해 인도에 왔을 때 제일 먼저 자국의 화폐를 도입했지만, 워낙 루피의 뿌리가 깊고 강하다 보니 19세기부터는 그 국가들이 '루피'라는 이름으로 화폐를 발행하게 되었다.

이 현상을 보면서 아무리 식민지 지배를 받아도 강한 역사의식이 있다면, 자신들의 문화를 지켜낼 수 있다는 생각이 들었다.

인도네시아의 국가 영웅들

'인도네시아'는 라틴어로 '인도의 섬들'이라는 의미다. 이름 그대로 인도의 종교, 언어, 문화를 예전부터 받아들였던 지역이다. 인도의 통화 이름인 '루피' 역시 이러한 교류 속에서 전파된 것이다. 인도네시아 루피아는 중국 위안, 인도 루피, 미국 달러, 유럽연합 유로 다음으로 세계에서 가장 많이 쓰이는 화폐다. 안타깝게도 어원이 루피인 화폐들 중에도 환율이 제일 낮은 돈은 인도네시아 루피아다. 한국 돈 1000원은 거의 1만 1000루피아다. 인도네시아 화폐는 1000루피아부터 시작하고 2000, 5000, 1만, 2만, 5만 그리고 10

만 루피아로 총 일곱 가지다. 이 지폐들의 앞면에 있는 인물들에 대해서만 알아도 많은 종교, 다양한 민족, 1만 개 이상의 섬에 살고 있는 2억 명 넘는 인구로 구성된 이 복잡한 나라인 인도네시아를 하나의 그림으로 쉽게 이해할 수 있다.

인도네시아의 식민지 시절

인도네시아는 원래부터 하나의 통일 국가가 아니었다. 예전에는 인도네시아의 섬들에 여러 술탄국들이 독자적으로 번성하고 있었다. 유럽의 첫 제국주의 세력인 포르투갈이 현재 말레이시아에 있는 믈라카Melaka, Malacca를 점령하면서, 인도네시아 지역에 첫 식민지가 생겼다. 포르투갈은 이 지역을 기반으로 유럽과의 향신료 무역을 통해 많은 부를 축적했다. 갑자기 유럽의 향신료 강국이 된 포르투갈은 다른 유럽 국가들을 자극했다. 영국은 물론이고, 프랑스와 네덜란드도 이 지역을 침략해 향신료 무역에 뛰어들었으며 서로 치열한 경쟁을 벌였다. 영국이 현재 말레이시아가 있는 지역을 점령하자 네덜란드 해군과 사업가들은 그 당시 이름이 자야카르타Jayakarta였던 현재 인도네시아의 수도 자카르타Jakarta에 상관商館을 설치했다. 처음에는 각각 개인회사로 인도네시아에서 활동하던 네덜란드 사업가들이 식민지 확장을 위해 네덜란드 동인도회사Dutch East India Company라는 통일된 조직을 만들었다. 네덜란드 동인도회사는 사설 기관이면서도 네덜란드의 인도양 지역 식민지화의 전초기지가 되었다. 이 회사의 본사는 암스테르담에 있지만, 식민지 총독청은 그

식민지 총독청 / Joseph Mulder, 연도 미상

당시 이름으로 바타비아(Batavia, 현재 자카르타)에
있었다.

1800년대까지 네덜란드 동인도회사는 현
재 인도네시아 영토의 반 정도를 독점 지배하에
두었다. 이 과정에서 네덜란드를 힘들게 하는 두
가지가 있었다. 하나는 인도네시아를 욕심내어
호시탐탐 기회를 엿보고 침략하는 다른 서구 열
강들이었고, 또 하나는 인도네시아 술탄국들의
무력 저항이었다.

1800년대 이후부터는 네덜란드의 식민지
활동이 전보다 쉬워졌다. 유럽 정복에 나선 나폴
레옹이 네덜란드까지 침략했는데, 이때 프랑스혁
명군의 지지를 받은 세력이 네덜란드 연방공화국
을 타도하고 바타비아 공화국Batavian Republic을
세웠다. 결국 프랑스의 위성국이 된 바타비아 공
화국이 인도네시아에 있는 네덜란드 동인도회사
를 인수했다. 나폴레옹이 실각하면서 유럽의 각
국은 협약을 통해 식민지 질서를 개편했는데, 이
과정에서 네덜란드가 인도네시아에 대해 패권을
독점하게 되었다.

이제 유럽 국가들과의 패권 다툼으로부터
자유로워진 네덜란드는 인도네시아의 술탄국들
에게만 집중했다. 그리고 네덜란드가 이 술탄들
과 싸우는 과정에서 수많은 인도네시아의 영웅
들이 탄생하게 되었다. 그 인도네시아 국가 영
웅들Gelar Pahlawan Nasional Indonesia 중의 일부가
바로 인도네시아 화폐들의 앞면에 있다. 인도네
시아 화폐들을 하나씩 하나씩 살펴보고 이 영웅
들의 사연을 통해 인도네시아 식민지 역사와 사
회를 알아보기로 한다.

토마스 마툴레시,
이슬람 국가의 기독교인 캡틴

인도네시아 화폐들 중 제일 먼저 눈에 띄는 것은 1000루피아다. 커다란 칼을 들고 있고 30대 후반으로 보이는 사람이 다소 위압적으로 보여서 그런지 이 화폐의 분위기는 나머지와 다르게 느껴진다. 특히 요즈음 중동에서 위세를 떨치는 테러 조직들을 떠올린다면 이 화폐 때문에 인도네시아에 대해서 오해를 할 수도 있을 것 같다. 필자가 인도네시아를 방문했을 때도 많은 외국인들이 1000루피아를 보고 "무슬림들이 다 그래! 칼을 엄청 좋아해! 에이, 무서워!" 같은 말들을 하는 것을 들었었다. 사실 이 사람은 기독교인이며 인구의 90퍼센트가 무슬림인 인도네시아에서 국민 영웅으로 추앙받는 인물이다.

이슬람 국가 화폐에 기독교인의 초상화

원래 이름이 토마스 마툴레시Thomas Matulessy라고 하지만 다들 그를 '캡틴 파띠무라(Kapitan Pattimura, 1783~1817)'로 알고 있다. 그가 태어났을 때 그의 고향인 말루쿠Maluku 제도는 영국의 지배하에 있었다. 나폴레옹의 몰락 이후 인도네시아 문제를 둘러싸고 논의를 한 영국과 네덜란드는 말루쿠를 다시 네덜란드에 넘겨주기로 결정했다. 그 당시에 영국 함대 소속의 해군이었던 파띠무라는 네덜란드의 지배를 거부해 반란을 일으켰다. 네덜란드 총독부가 현지인 목사들의 종교 활동을 방해할 것이라고 생각한 그는 말루쿠 사람들이 네덜란드로부터 해방되어야 한다고 판단했다. 이후 약 2년 동안 그는 말루쿠 사람들의 수장으로서 독립을 위해 치열하게 싸웠다.

　네덜란드 휘하의 요새들을 정복해가던 그는 1817년에 다른 인도네시아 지도자들의 배신으로 인해 네덜란드군에 체포당했다. 네덜란드군

토마스 마툴레시의 초상화
작자 미상

이 파띠무라를 처형했지만 그의 정신은 오늘날까지 내려오고 있다. 왜냐하면 이전까지는 아직 자유를 누리던 술탄국들이 네덜란드에 대항해 투쟁을 한 적은 있었지만, 파띠무라처럼 이미 식민지가 된 상태에서 저항하고 어느 정도의 성과를 얻은 전례는 없었기 때문이다. 그의 이러한 성과는 1945년 이후에 시작하는 인도네시아 독립전쟁 때 하나의 자극이 되었다. 그리고 애국심 고양 차원을 떠나서 대다수가 무슬림인 인도네시아에서 1000루피아처럼 가장 많이 사용하는 화폐에 기독교인인 파띠무라 초상화를 배치한 것은 사회 통합에 있어서도 매우 현명한 생각이라고 생각한다.

마흐무트 바다루딘,
분할통치에 맞선 독립 영웅 술탄

네덜란드가 처음부터 강한 식민지 정책을 내세운 것은 아니다. 인도네시아 지역에 무역 허브 역할을 할 거점을 만들고, 다음에는 인근 농민들에게 농작물을 저렴한 가격으로 구매했다. 네덜란드의 무역 독점화를 인도네시아 사람들이 거부할 때만 군사력을 이용했다. 그 당시에 유럽에서 일어난 전쟁 바람에서 자유롭지 못한 네덜란드가 점점 더 많은 자본이 필요해지면서 본격적으로 식민지 확장 및 지배 체제를 확립하였다. 그러나 인도네시아 지역의 많은 술탄국들 때문에 네덜란드는 스페인이 남미에서 하듯 쉽게 식민지화할 수 없었다. 네덜란드는 인류가 탄생했을 때부터 이제까지 써왔던 법칙인 '디바이드 앤드 룰(divide and rule, 사람들이 단결하지 못하도록 분할통치하는 것)'을 도입해서 빵을 한 조각씩 뜯어 먹듯이 저항하는 술탄국들을 하나씩 하나씩 무너뜨리고 다 흡수했다.

내부 갈등으로 외세에 침탈당한 술탄

네덜란드에서 실시한 이 분할통치 정책의 대표적인 사례 두 가지를 소개한다. 하나는 팔렘방Palembang 술탄국의 몰락이다. 수마트라Sumatra 섬에 위치한 팔렘방 술탄국은 사실 1800년대까지 강한 술탄국들 중 하나였다. 때문에 영국은 이 술탄국과 싸우는 것보다 협상의 길을 선택했었다. 나폴레옹이 쫓겨나고 인도네시아의 주도권이 다시 네덜란드에게 돌아가면서 영국은 1810년 이후로 수마트라 섬을 비롯해 인도네시아 지역에서 물러났다. 네덜란드는 수마트라 섬에서 완벽한 패권을 얻기 위해 섬마다 흩어져 있는 술탄국들을 하나씩 하나씩 정복할 기회만을 기다렸다.

1804년 팔렘방 술탄국 술탄으로 즉위한 마흐무트 바다루딘 2세 (Sultan Mahmud Badaruddin II, 1767~1852)는 외세 침략 위협을 인식하고 사전 준비를 했다. 그러나 그는 내부 혼란을 예상하지는 못했다. 그가 자신의 형제와 지배자의 자리를 두고 맞선다는 것을 알게 된 네덜란드가 그의 형제의 편을 들어 팔렘방 술탄국에 개입했다. 이 사건으로 1813년에 마흐무트 바다루딘 2세는 권좌에서 밀려나고 형제인 아흐마드 나자무딘 2세 Sultan Ahmad Najamuddin II가 술탄으로 즉위했다.

1818년에는 아흐마드 나자무딘 2세와 갈등이 생긴 네덜란드가 팔렘방 술탄국을 정복하기 위해 공격했고, 네덜란드군을 제대로 막지 못한 아흐마드 나자무딘 2세는 바타비아로 망명을 하게 되었다. 바로 이때 마흐무트 바다루딘 2세가 자신의 나라로 돌아와 다시 술탄으로서 네덜란

드와 치열한 전쟁을 벌였다. 이 '멘텡 전쟁Menteng War'은 네덜란드가 인도
네시아에서 겪은 저항 투쟁 중 제일 큰 피해를 입은 전쟁이었다.

　팔렘방 술탄국 정복에 고전하던 네덜란드는 분할통치의 전략을 이
용한다. 마흐무트 바다루딘 2세의 조카인 아흐마드 나자무딘 3세를 다
시 새로운 술탄에 앉혀 팔렘방 술탄국의 힘을 분산시켰다. 외세의 침략
에 맞서면서 동시에 내전 위협도 맞게 된 마흐무트 바다루딘 2세는 네덜
란드와의 조약이 깨지면서 더 큰 타격을 받았다. 양측은 원래 서로의 종
교적인 행사일에는 전투를 하지 않기로 했었고, 이로 인해 무슬림들의 예
배일인 금요일과 기독교인들의 예배일인 일요일에는 전투가 벌어지지 않
았다. 그러나 네덜란드는 1821년 6월 24일 일요일에 기습 공격을 했다.
전혀 예상치 못했던 공격으로 마흐무트 바다루딘 2세와 그의 군대는 처
음으로 후퇴해야만 했고, 네덜란드군은 팔렘방 술탄국의 국토 깊숙이 진
출했다. 그해 9월 말에 이르러 마흐무트 바다루딘 2세는 투항하고 가족
들과 말루쿠로 망명을 떠나게 되었다. 그 이후 잠시 네덜란드의 위성국가
가 되었던 팔렘방 술탄국은 1823년에 완전히 역사 속으로 사라졌다.

투안쿠 이맘 본졸,
외세에 맞선 이슬람 지도자

네덜란드는 분할통치 정책을 술탄국들의 가문 분열에만 도입하지 않았다. 네덜란드는 인도네시아 사람들의 사회적인 갈등에도 주목했고, 기회를 절대로 놓치지 않았다. 제일 좋은 예가 서부 수마트라의 침략이다.

　19세기 초기에는 서부 수마트라에 미낭카바우Minangkabau 족이 있었고, 미낭카바우 사람들은 통합 파가루융 왕국Pagaruyung Kingdom의 지배를 받지만, 사실상 부족들끼리 연방체로 살고 있었다. 네덜란드는 수마트라 섬에서 지배력을 확장하기 위해 이 지역을 완전히 장악하려고 시도했지만 실패했었다. 그런데 1803년에 네덜란드 입장에서는 좋은 기회가 찾아왔다.

종교 갈등과 외세에 대한 저항, 이맘 본졸

투안쿠 이맘 본졸(Tuanku Imām Bonjol, 1772~1864)은 32세에 친구 두 명과 함께 메카Mecca 성지 순례를 마치고 인도네시아에 돌아왔다. 이 젊은 세 명의 이맘(imām, 이슬람 교단의 지도자)은 메카에서, 그 당시에는 그렇게 극단적이지 않았지만 현재는 극단적인 종파로 변한 살라프파(Salafism, 이슬람 근본주의)에 감명 받고, 자신들의 고향도 종교개혁을 해야 된다고 생각했다. 그 당시 인도네시아 사람들은 무슬림이었지만 아직 다신교, 불교, 힌두교적인 민족적 전통이 남아있는 채 이슬람 관례를 병행하고 있었다. 교리의 원칙에 어긋나는 것을 이단으로 정한 살라프파에게 인도네시아 사람들의 그 당시 삶은 당연히 이슬람 근본주의에 맞지 않았다. 따라서 당시의 분위기와 다른 종교적 원칙을 주장하는 이맘 본졸과 친구들은 호응을 얻지 못한 채 자신들끼리 수도원에서 고립적인 생활을 하고 있었다.

이 시기의 인도네시아 인들은 영국군과 네덜란드군의 영향을 받으면서 이슬람교와 세계에 대한 인식을 다시 정립하려고 하고 있었다. 이런 변화의 물결 속에서 '파드리Padre'라고 하는 이맘 본졸의 세력이 점차 커지면서 서부 수마트라에서의 내부 혼란이 발생했다. 이맘 본졸의 지도하에 조직화된 파드리와 그 지역 사람들 사이에 분열이 생긴 것이다. 파드리는 인도네시아 사람들이 믿고 있던 기존의 이슬람교에 대해 이단이라고 비판하고 교리에 어긋나는 관습들을 버려야 한다고 주장했고, 현지인들은 그들의 주장이 너무나 극단적이라고 반발했다. 이처럼 양측의 견해가 팽팽하게 대립하면서 갈등은 곧 내전으로 진화했다.

이맘 본졸의 운동이 확산된 가장 큰 요인은 파가루용 왕국의 부족장들이 영국과 네덜란드와의 무역을 독점하다 보니 다른 인도네시아 인들의 반감을 사게 된 것이다. 파드리를 둘러싼 갈등의 이면에는 단순히 종교적인 운동만이 아니라 정치적인 이권 다툼도 자리하고 있었다. 또한 비록 파드리 운동이 극단적인 면은 있지만, 주장이 옳은 것들도 있었다. 예를 들면, 파드리는 인도네시아 사람들이 수탉들을 싸우게 하는 투계를 반대하고 있었다. 이는 동물 보호 차원에서도 마땅히 근절되어야 하는 것이었다.

내전이 확대되면서 점차 반정부적인 성향을 띠게 되었고, 1821년에 파드리는 파가루융 왕국의 궁전을 점령하고 정권을 장악하면서 전쟁의 성격은 완전히 변하고 말았다. 파드리 집단을 더 이상 막지 못하게 된 미낭카바우 족의 지원 요청을 받아 네덜란드군이 합류하였고, 이를 계기로 네덜란드는 서부 수마트라에 영향력을 발휘할 수 있게 되었다. 하지만 예상과 달리 네덜란드 군대가 밀리면서 파드리의 세력은 오히려 더 확대되었다. 이러한 와중에 1825년 네덜란드 총독부가 있는 자와(Jawa, 자바)에서 큰 반란이 일어나고, 5년간의 자와 전쟁이 발발했다. 휴전 조약을 맺은 네덜란드는 파드리와의 전쟁에서 물러나 자와에 집중했다.

1830년에 자와 전쟁이 네덜란드의 승리로 마무리되었지만, 서부 수마트라에서는 다시 충돌이 시작됐다. 네덜란드가 수마트라를 떠나는 동안 세력을 더 확장한 이맘 본졸과 그의 집단이 전쟁에서 우위를 차지하고 있었지만, 군대를 추가 증원한 네덜란드가 승리를 거듭하면서 전세가 바뀌기 시작했다. 결국 1832년에 파드리는 파가루융 왕국에서 물러나고 왕가가 다시 복귀하지만, 부족장들과 왕은 네덜란드와의 협력 관계를 더 이상 원하지 않았다. 내부 갈등보다 외세가 더 위험하다는 생각을 비로소

하게 된 것이었다.

　이미 네덜란드의 기세는 너무 강해진 상태였다. 부족장들과 왕이 파드리 편으로 돌아서자 네덜란드는 1833년에 파가루융 왕국을 멸망시켜 버렸고, 파드리 게릴라들과 전쟁을 이어갔다. 막판에 이르러 미낭카바우 족이 파드리 쪽에 합세를 했지만 이미 전세는 돌이킬 수 없었다. 결국 1837년에 네덜란드군에게 사로잡힌 이맘 본졸은 술라웨시Sulawesi 섬으로 망명을 하게 되었다. 미낭카바우 족은 이맘 본졸이 잡힌 후에도 계속 해방전쟁을 했지만 겨우 1년을 버텼을 뿐, 1838년에는 모든 무장 세력이 해체되고 서부 수마트라는 네덜란드의 완전한 식민지 지배하에 들어가게 되었다.

　여기서 덧붙여 소개할 이야기가 있다. 사실 얼마 전까지도 인도네시아 서부 수마트라 지역에서 분쟁이 있었다. 서부 스마트라의 북쪽에 있는 아체Aceh 주는 종교와 민족적인 이유로 분립을 요구하며 중앙정부와 20년 넘게 충돌해왔다. 그러나 2005년에 일어난 쓰나미를 계기로 분쟁이 완화되고, 아체가 특별자치구로 인정받으면서 문제가 해결되었다. 여기서 아체의 일부 강경파 역시 이슬람 극단주의자들에게서 영향을 받아 살라피즘을 내세우며 중앙정부와 싸웠었는데, 그들에게는 이맘 본졸이 지금도 살라피즘을 대표하는 상징적 인물이다. 하지만 아체의 분립 운동으로 인해 나머지 인도네시아 국민들은 살라피즘을 더욱 싫어하게 되었고, 그 때문에 이맘 본졸에 대한 이미지까지 안 좋아진 경향이 나타났다. 이맘 본졸이 추구했던 원칙주의적이고 순수한 신앙심이 후세 사람들의 극단적 모습으로 인해 다소 훼손된 것 같아 안타깝다.

　2001년에 신권 5000루피아가 발표되었을 때, 이맘 본졸의 초상화가

게재되었다. 인도네시아 정부는 이맘 본졸의 종교적인 면보다는 외세에
맞서 싸웠던 해방운동의 공적을 더 많이 강조했다. 인도네시아 정부는 이
를 계기로 민족적 동질감을 부각시켜서 아체 사람들과 본토 사람들 사이
에 약해지고 흔들리는 형제 감정을 복구하기 위해 이맘 본졸을 선택하지
않았을까.

아흐메드 수카르노 & 모하마드 하타,
수많은 종교와 민족을 하나로 묶다

인도네시아 화폐들 중에서 눈에 띄는 또 하나의 지폐는 10만 루피아다. 제일 큰돈이기도 하고, 다른 화폐들 위에는 한 명의 초상화가 있는 반면에 두 명이 있다는 점도 눈길을 끈다. 왼쪽에 있는 사람이 인도네시아 건국 대통령 아흐메드 수카르노, 오른쪽에 있는 사람이 초대 부통령 모하마드 하타이다. 이 두 명과 이들의 친구들이 인도네시아의 식민지 해방을 목표로 통합시켜서, 오늘날 인도네시아가 자유를 얻고 통일 국가로 탄생하게 되었다.

민족 해방과 사회 통합을 이룬 정치인들

20세기 초기의 인도네시아는 수많은 섬들과 수많은 종교인, 그리고 수많은 민족으로 구성된 네덜란드의 식민지 영토로 인식되는 곳이었다. 20세기까지 거의 300년 동안 네덜란드는 인도네시아를 침탈하고 유린하며 자원을 약탈해갔다. 그러나 서양에서 민주주의의 개화와 함께, 네덜란드의 자유진보주의자들이 자국의 식민지 침탈에 대해 자성의 목소리를 높였다. 이로 인해 인도네시아 식민지 정책도 바뀌게 되었는데, 1901년 이후부터 네덜란드 총독부가 '도덕 정책'이라는 명칭으로 원주민들을 위한 교육 프로그램이나 의료 지원 등을 증대했다. 현대적인 초·중학교 교육을 지원하고 기술적인 전문학교들도 세우면서 인도네시아에서 필요한 공무원, 기술자 등 인력 문제도 점차 해결되었다.

네덜란드의 이러한 정책들은 정치적인 분야에도 변화를 가져왔다. 1918년 총독부의 허가로 열린 인민의회Volkstraad는 인도네시아 민족주의의 열기를 뜨겁게 만들었고, 사막에서 목이 타서 죽어가는 사람에게 한 잔의 물이 선사하는 시원한 해갈처럼 인도네시아에 큰 변화로 이어졌다. 민족, 언어 등 여러 가지 요인으로 서로 갈라져 살던 국민들 사이에 같은 '인도네시아 인'이라는 의식이 생기게 된 것이다.

아흐메드 수카르노(Achmed Soekarno, 1901~1970)는 이 도덕 정책이 실시된 해에 태어났다. 동부 자바에서 초등학교 교사의 아들로 태어난 수카르노는 16세에 대도시인 수라바야Surabaja로 이주해 열심히 공부하면서 많은 분야에 도전했다. 민족 언어인 자와어를 비롯해 순다, 발리의 언어와 아랍어, 네덜란드어, 영어, 프랑스어, 독일어, 일본어까지 습득한 그는 민족주의자들과 술탄파를 포함해 공산주의자들까지 웬만한 정치적인 집단들과 모두 접촉했다. 1927년에 반둥Bandoeng에서 공과대학를 졸업한 그는 본격적으로 정치적인 활동에 나섰다.

　수카르노가 등장하기 전에 이미 인도네시아의 독립과 해방, 자치권 쟁취를 위해 정치적 투쟁 활동을 한 집단들이 있었다. 1908년에 생긴 '부디 우토모(Budi Utomo, 최고의 노력)'라는 모임은 지식인들의 문화-학술적인 주제들을 논의하고 현대화를 추구하는 인도네시아 최초의 민족주의 단체였다. 이 단체는 1920년대 후반에 이슬람 사상을 기반으로 한 종교적 집단과 공산당의 두 정치적인 세력으로 분리되었다. 이 두 정치 세력은 처음에는 국민들에게 호응을 얻었지만, 1930년대가 되면서 국민들의 지지가 약해졌다. 그 원인은 인도네시아를 하나로 통합하기 위해서는 종교나 이념적인 틀이 아니라 모든 국민을 하나로 묶을 수 있는 보다 더 포용적인 가치관의 틀이 필요했기 때문이다.

　이런 시기에, 1927년 수카르노가 창당한 인도네시아 국민당PNI, Partai Nasional Indonesia이 인도네시아 사람들을 민족성이나 종교적 편향성을 뛰어넘어 하나로 통합할 수 있는 유일한 정치 세력으로 등장했다. 짧은 시기에 인도네시아 전역으로 세력이 확산된 인도네시아 국민당은 오직 해방만을 목표로 정치적 투쟁을 하려고 했었다. 이 정당의 활동을 통해 인도네시아에서 해방과 자유의 목소리가 높아지자, 네덜란드가 인도네시아 국민당을 폐지하고 수카르노를 비롯해 정당의 유력한 인사들을 체포했다. 네덜란드의 방해에도 불구하고 이미 인도네시아는 자유를 향한 길에서 멈출 수 없었다.

　모하마드 하타(Mohammad Hatta, 1902~1980)는 지역에서 유명한 이슬람 학자의 손자였고 집안 환경도 넉넉했다. 수카르노보다 한 살 어린 하타는 초·중·고등학교를 인도네시아에 있는 네덜란드 학교에서 마치고, 대학교는 네덜란드로 유학을 갔다. 유학 중 유럽에 머무르고 있던 다른 인도네시아 사람들과 교류하면서 하타는 늘 인도네시아의 해방에 대한 방법론을 모색하곤 했다. 이 시기에 이미 수카르노는 인도네시아 국내에서, 하타는 해외에서 각각 해방운동 세력의 지도자로 등장했다. 1930년 이후로 수카르노의 체포와 함께 국내에 있는 해방운동이 약해지자 하타는 귀국하기로 했다.

하타가 귀국했을 때는 수카르노의 인도네시아 국민당이 이미 분열된 상태였다. 그 하나는 최대한 빠른 세력 확산을 추구하며 이념적으로는 다소 누그러진 이데올로기를 가진 인도네시아당Partindo, Partai Indonesia, 또 하나는 이념적으로 강경하지만 당 조직화를 천천히 그러나 까다롭게 하자는 신 인도네시아 국민당Partai Nasional Indonesia-Baru, New NPI이었다. 유럽에서 오래 살다 온 하타는 이념적으로 신 인도네시아 국민당이 자신의 신념과 더 가깝다고 느끼고 입당했다. 그리고 얼마 지나지 않은 1932년 8월에 하타는 당 대표가 되었다.

같은 해 12월에 수카르노가 석방되면서 오랫동안 정적이자 동반자가 될 두 사람이 처음으로 만나게 되었다. 자신이 몸담았던 정당이 분열된 것이 안타까웠던 수카르노가 통합을 시도했지만 실패하고, 자신 역시 두 정당 중 하나를 선택해야 되는 상황이 되었다. 하타는 수카르노를 자신이 속한 정당 쪽으로 끌어들이려고 설득했지만, 수카르노는 인도네시아당을 선택했다. 처음에는 두 사람의 관계가 온건했지만 점차 서로에게 노선 차이로 인한 비판을 하면서 인도네시아는 다시 수카르노파와 하타파로 분열되었다. 1933년에 수카르노, 1934년에는 하타가 네덜란드 식민 정부에 체포되면서 인도네시아의 독립운동은 사실상 붕괴의 위기에 처하게 된다. 네덜란드 정부는 수카르노에 비해 그나마 온건해 보이는 하타를 회유하려고 계속 시도했지만, 그는 네덜란드의 제안을 모두 거부했다.

제2차 세계대전이 발발하면서 수카르노와 하타를 비롯한 독립운동 세력에게는 전환의 기회를 맞게 되었다. 1942년 수마트라 섬과 자바 섬을 침공한 일본군은 주둔하고 있던 네덜란드군의 항복을 받았고, 연금 유배되었던 수카르노와 하타 등 민족주의 운동가와 종교 지도자들을 석방했다.

수카르노를 비롯해 많은 유력 인사들이 인도네시아에서 네덜란드 세력을 몰아낸 일본군을 지지하며 협력을 약속했다. 그러나 이들의 기대와는 달리 일본 역시 자원 획득을 목적으로 했을 뿐 인도네시아의 독립을 인정할 의지는 없었다. 때문에 시간이 흐르면서 반일 감정이 쌓이고, 항일 투쟁으로 이어진다.

제2차 세계대전 말기에 이르러 패색이 짙어진 일본은 인도네시아 지도자들에게 건국준비위원회를 만들도록 지시했다. 이 위원회가 바로 인도네시아 공화국의 출발점이었다. 또한 일본군은 6만 명의 인도네시아 청년들에게 군사 훈련을 시켜 조국보위군Pembela Tanah Air, Peta을 조직했는데, 이 조직은 후에 인도네시아 군대로 발전되었다. 비록 일본이 주도한 독립 준비 기구였고 연합군과 대립시키기 위한 군대 조직이었지만, 인도네시아는 일본 패망 후 자신들의 정부를 구성하고 군대를 정비할 수 있는 사전 준비가 된 셈이었다. 삶이라는 것이 이렇게 예측하기 어렵다. 한 주체가 한쪽에서는 부정적인 역할을 하고, 다른 한쪽에서는 긍정적 역할을 하기도 한다.

　1945년 8월 7일에 열린 인도네시아 해방준비위원회Panitia Persiapan Kemerdekaan Indonesia, PPKI는 일본이 패전한 후 인도네시아 합중국을 선언했다. 이 선언 과정에는 헤프닝 같은 사연이 숨어 있다. 8월 15일 일본이 제2차 세계대전 항복을 선언했지만, 인도네시아에서는 아직 소문만 무성할 뿐 확인되지 않은 상태였다. 수카르노는 확실한 정보를 얻기 위해 일본군 총독부를 방문했지만 텅 비어 있었다. 많은 청년들이 수카르노와 하타에게 빨리 해방 선언을 하라고 압박해도, 두 사람 모두 조금 더 기다리자고 했다. 특히 수카르노는 일본의 눈치를 보고 있었다. 그런데 16일 아침, 독립을 주장하는 청년들이 수카르노와 하타를 납치했고 독립선언을 강요했다. 더 이상 청년들의 압박에 견디지 못한 수카르노와 하타는 17일 아침에 해방을 선언했다. 다른 나라들의 경우 해방이나 독립선언문은 역사적인 문서이다 보니 내용도 길고 오랫동안 기억에 남을 만큼 명문장을 준비하기 마련인데, 인도네시아의 해방 선언문은 단 두 문장뿐으로 단순하다. 바로 10만 루피아 앞면에 하타와 수카르노 초상화 사이에 보이는 그 서류가 인도네시아의 해방 선언문이다. 그리고 수카르노와 하타는 초대 대통령과 부통령이 되었다.

　여기서 필히 언급해야 되는 것이 인도네시아 헌법의 기본 원칙이자 건국 이념인 '판차실라Pancasila'이다. 건국준비위원회를 구성하는 과정에서 많은 문제가 나타났었다. 왜냐하면 인도네시아의 해방을 추구하는 세 가지 핵심 세력으로 이슬람주의 세력, 민족주의 세력 그리고 기독교 세력이 있었는데, 아직 이 세력들끼리 통합이 이루어지지 않은 상태였다. 사

인도네시아의 국가 문장으로 건국 이념을 상징한다

실 인도네시아에서 종교적 비율은 낮아도 인구가 많은 다른 종교들도 있었다. 이렇게 수많은 퍼즐을 합하고 하나의 작품을 내기가 쉽지 않았지만, 바로 이 시점에서 수카르노가 개발한 판차실라라는 이념이 모든 문제를 풀 열쇠 역할을 하고 사회 통합으로 가는 길의 문을 열어주었다. 인도네시아 국가 문장에는 금색 가루다(Garuda, 독수리 모양의 새로 번영의 신을 상징)가 있고, 그 가운데에 5개의 문양이 그려진 방패가 놓여 있다. 그 5개의 문양이 인도네시아의 건국 이념인 '5개의 원칙' 판차실라를 상징한다. 한가운데에 있는 '별'은 '일신교 신앙'을, '사각형과 원 모양의 고리'는 '남성과 여성을 대표하며 문화적인 인간성'을, '보리수'는 '인도네시아의 단결'을, '버팔로'는 '합의제와 대의제를 통한 민주주의의 지혜로운 길잡이'를, '쌀과 목화'는 '인도네시아 국민에 대한 사회 정의'를 상징한다. 수카르노는 대통령으로 취임한 후에 민주주의적인 면에서 볼 때 많은 실수를 하고 독재로 비판받는 행동들도 취했지만, 이 판차실라를 통해 인도네시아 국민을 하나로 묶는 데 있어 큰 성공을 했다는 것은 확실하다.

아이 구스티 응우라 라이, 해방을 위해 목숨을 내건 힌두교 군인

인도네시아가 독립을 선포했지만, 잃어버렸던 식민지를 되찾을 생각이 었던 네덜란드는 이를 승인하지 않았다. 일본이 만들어놓은 조국보위군 Peta은 이미 인도네시아 합중국의 공식 군대로 전환되었지만, 해방의 자유를 맛본 지 얼마 안 된 인도네시아 사람들은 또다시 싸우고 싶지 않았다. 1946년에 네덜란드 군대가 다시 인도네시아를 침략했고, 수도인 자카르타가 있는 자와 섬과 멀리 떨어져 있는 동부 섬들을 쉽게 차지했다. 다시 네덜란드에 대한 인도네시아군의 저항이 시작되었고, 이때부터 인도네시아군과 네덜란드군을 비롯한 연합군 사이에 인도네시아 독립전쟁이 시작되었다.

인도네시아의 독립전쟁은 오직 외세와만 하는 것이 아니었다. 일부 이슬람 급진파는 새로 탄생한 국가가 지나치게 세속화되었다 해서 인정하지 않았고, 자와 섬이 아닌 지역 사람들은 민족성이나 종교 정체성 때문에 수카르노가 이끌던 새 독립 정부를 받아들이지 않았다. 그래서 인도네시아는 독립을 위해 네덜란드군, 연합군과 싸우면서 동시에 외부의 지원을 받은 국내 반란도 진압해야 했다. 바로 이 과정에서 한 명의 군인이 인도네시아에 군사적, 사회적으로 큰 공을 세웠다. 바로 응우라 라이가 그 인물이다.

발리의 독립 영웅, 아이 구스티 응우라 라이

발리에서 태어난 아이 구스티 응우라 라이(I Gusti Ngurah Rai, 1917~1946)는 네덜란드 학교에서 교육을 받고 네덜란드 군대에 입대한 힌두교 청년이었다. 그는 일본의 군정기가 시작하면서 조국보위국에 입대하고 장교로 복무했다. 일본이 철수하고 인도네시아가 해방 선언을 하자, 네덜란드로부터의 독립을 위해 인도네시아 군대에서 싸우기로 했다.

인도네시아 동부의 섬들을 점령하고 자와 섬으로 향한 네덜란드군은 먼저 발리 섬을 차지한 후 자와로 넘어갈 계획이었다. 이런 상황에서 네덜란드군이 공격해오기 전에 발리 섬에 온 응우라 라이는 외세를 물리치기 위해 사전 준비를 하려고 했다. 독립 투쟁을 목표로 모인 민간 무장 세력이 서로 뜻을 달리하며 분열되어 있었고, 이에 지역 주민들 역시 냉소적인 반응을 보이고 있었다. 다행히 응우라 라이의 지도력으로 간신히 단합하게 된 발리 사람들이 네덜란드군을 방비하고 있었다.

1946년 11월에 발리 섬을 침략한 네덜란드군은 응우라 라이에게 대화를 제의했다. 이미 많은 인도네시아 지도자를 회유했던 네덜란드 측에서는 그의 민족적, 종교적, 정치적 배경을 이용해 회유할 수 있다고 믿었다. 그러나 응우라 라이는 네덜란드의 제의를 거절하고 자신이 이끌던 군대에게 끝까지 공격 명령을 내렸다. '마르가라나 전투War of Margarana'에서 네덜란드의 수많은 군인을 격퇴했지만, 불과 30세의 젊은 나이였던 라이 대령도 전사하고 말았다. 라이는 오늘날 인도네시아에서 민족주의와 사회 통합에 있어 상징적인 의미를 가진 인물로 기억되고 있다.

오토 이스칸다르 디 나타,
교육으로 해방운동을 이끌다

인도네시아 현대사에는 건국 전후에 배후가 밝혀지지 않아 사건이 미궁에 빠지게 된 암살들이 좀 있었다. 그중 가장 의문의 죽음이 바로 2만 루피아의 앞면에 초상화가 있는 이스칸다르의 사망이다.

인도네시아 현대 정치사의 첫 수수께끼

학생 시절부터 해방에 대한 의지가 높았던 오토 이스칸다르 디 나타(Oto Iskandar di Nata, 1897~1945)는 인도네시아 최초의 민족주의 단체인 부디 우토모를 통해 본격적으로 독립운동에 뛰어들었다. 오랫동안 학생이나 청년들의 단체에 참가해 해방운동을 해온 그는 어느 시점부터 그 단체들의 지도자 역할을 하게 되었다. 1930년 이후부터는 정치계에 공식적으로 진출해서 인민의회에 들어갔다. 그는 인민의회에서 학교 사업이나 경제 및 은행 감독 등 앞에서 전투적으로 나서는 자리에 있지 않았던 때문인지 해방운동을 한 다른 정치인들처럼 감옥에 간 적이 없었다.

종전을 앞둔 일본의 주도로 독립 준비 조직인 해방준비위원회가 열리자, 이스칸다르도 이 위원회에 들어간 21명 중 한 명이 되었다. 그는 수카르노의 해방 선언으로 새로 탄생한 인도네시아의 첫 안보부 장관을 역임했다. 혼란기 신생 내각에서 무겁고도 까다로운 보직을 맡게 되었으나 그의 임기 기간이 안타깝게도 너무나 짧았다.

정치를 통해 해방운동을 벌이는 사람들도 있고, 전투를 통해 해방운동을 하는 사람들도 있었다. 문제는 이 무장 세력들이 통일된 조직이 아니었을 뿐 아니라 지역마다 몇 개씩 있었고 서로 이념적, 종교적, 민족적으로 차이가 있었기 때문에 통합하기 쉽지도 않았다. 이스칸다르는 안보부 장관으로서 일부 무장 세력을 중앙군과 통합시키고, 일부는 해체하는 책무를 맡았다. 그 과정에서 일부 무장 단체의 반감을 사게 되었다. 바로 이러한 정세 속에서 10월 말에 갑자기 그가 사라졌다. 오랫동안 소식이 끊어지고 흔적도 나타나지 않아 이스칸다르가 납치되었다고 의심만 할 뿐, 어떻게 된 것인지는 아무도 몰랐다.

이스칸다르의 실종에 대한 의문은 14년 후에야 조금이나마 풀렸다. 1959년에 구속된 무지타바Mujitaba라는 경찰이 몇 명의 친구와 함께 그를 바닷가에서 납치해 살해했다고 진술했다. 재판장이 무지타바에게 15년 징역형을 내렸는데, 이 납치 및 살인 사건의 배후를 조사하기 위해 검찰이 추가적인 시간을 요청했지만 거절당했다. 결국 아직까지 이 사건의 배후에 있는 주모자들에 대해서는 밝혀지지 않고 있다. 현재 자와바랏Jawa Barat 주의 렘방Hembang에 있는 그의 무덤에는 시신 대신 그가 살해당했던 바닷가에서 가지고 온 모래만 있다.

이스칸다르의 사망을 둘러싼 비밀은 인도네시아 현대 정치사에 첫 납치 사건이자 미궁에 빠진 첫 번째 살인 사건이다. 인도네시아 신세대가 이 사건을 생생히 기억하길 바라는 염원으로 2004년에 발행된 신권 2만 루피아에 그의 초상화가 실리지 않았을까 싶다.

세계의 화폐 ⑥ - 인도 루피

중국의 위안 다음으로 전 세계에서 제일 많은 인구가 사용하는 통화는 인도의 루피rupee다. 대부분 국가들의 화폐처럼 인도 루피도 역시 오늘날 자국의 정치, 경제, 문화적 모습을 그대로 전달해 주고 있다.

2009년 미국 아카데미상에서 최우수 작품상, 최우수 감독상, 최우수 각색상 등 8관왕을, 영국 아카데미상BAFTA에서 최우수 작품상 등 7관왕을 수상한 영화는 <슬럼독 밀리어네어Slumdog Millionaire>(2008)이다. 이 영화 속에서 수사를 받던 주인공에게 경찰이 1000루피에 누구의 사진이 있냐고 물어보는 장면이 나온다. 주인공이 이 질문에 답변을 못하자 경찰이 의심을 한다. 사실 인도의 화폐는 제일 작은 금액부터 제일 큰 금액까지 모두 마하트마 간디Mahatma Gandhi의 사진이 실려있다.

물론 간디가 누구인지 모르는 이는 없겠지만, 이번 기회를 통해 비폭력적인 이념으로 유명한 이 세계적 운동가에 대해 일반적인 것들 외에 덜 알려진 이야기들도 몇 가지 소개하려고 한다. 그 전에 먼저, 인도가 어떻게 식민지를 겪게 되었는지 간략하게 서술하고 넘어가자.

인도의 식민화

인도의 식민지 역사는 포르투갈로 인해 시작된다. 포르투갈의 항해자이자 탐험가인 바스코 다 가마Vasco da Gama가 1498년에 인도 남서단에 있는 케랄라Kerala에 도착하면서, 아시아에서 유럽인이 활약하는 발판이 시작되었다. 케랄라 북쪽에 있는 고아Goa가 16세기부터 포르투갈의 지배를 받으면서 인도는 서구 열강에게 매력적인 식민지 시장으로 주목을 받게 되었다. 영국과 프랑스가 거의 비슷한 시기에 인도에 왔지만, 프랑스는 푸두체리Puducherry 지역 외에는 세력을 장악하지 못했다. 반면 영국은 1803년에 펀자브Punjap 주 외에는 거의 전체 인도를 지배하게 되었다.

영국은 콜카타Kolkata에 최초로 동인도회사의 현지 본사를 설립하고, 인도를 본격적으로 식민지화 하기보다는 산재한 작은 왕국들과 힘이 약해진 무굴제국과 무역협정을 맺으면서 오직 무역에 집중했었다. 물론 무굴제국의 황제를 비롯해 현지 왕자들도 동인도회사를 무역 파트너로 생각하고 자본축적에만 의미를 두었다. 서로 윈-윈 상황이 형성되었기 때문에 영국은 인도 내정 정치에 거의 간섭하지 않는 상태였다.

이러한 관계는 18세기 들어서면서 깨지게 되었다. 콜카타 중심으로 세력을 확대시킨 영국의 동인도회사에 대한 인도인들의 반감이 쌓여갔다. 처음에는 무역 상대로서만 인도에서 활동하던 동인도회사가 반란이나 시위를 벌이는 인도인들을 진압하다 보니, 점점 통치기관으로 강화되었다. 이후 영국 역시 네덜란드가 인도네시아에서 도입했던 '분할통치' 법칙을 교묘하게 활용한 결과, 19세기 초기에는 영국 동인도회사가 인도에서 유일한 지배 세력으로 자리를 굳혔다.

그러나 1857년에 발생한 '인도 항쟁'이라고도 불리는 '세포이 항쟁Sepoy Mutiny'이 인도 역사에서 전환점이 되었다. 동인도회사는 영국인 5만 명, 인도인 20만 명으로 구성된 군대를 보유하고 있었다. 이 인도인 용병을 '세포이'라고 했었다. 동인도회사의 군대에서 민족-종교적인 차별을 받아오던 세포이들이 항쟁을 일으킨 것이다. 그

동안 쌓였던 세포이들의 반영 감정이 폭발한 이 항쟁은 현지 지주들과 귀족들, 농민들까지 참여하면서 동인도회사의 식민지 지배 폐지와 무굴제국 재건을 목표로 하는 전국적인 반영 항쟁으로 발전했다. 동인도회사는 1858년에 영국 정부군의 지원을 받아 항쟁을 겨우 진압했다. 역사가들 사이에 계급적인 반란인지, 인도의 첫 독립 저항인지 아직도 논의 중인 이 항쟁은 영국-인도 관계에 변화의 전환점이 되었다.

어쨌든 세포이 항쟁은 인도의 식민지 역사에서 그때까지 있었던 것들 중 제일 큰 규모의 저항운동이었다. 세포이 항쟁에 놀란 영국은 식민지 지배권에 대해 위협을 느끼게 되면서 동인도회사를 폐지했다. 이후 인도 정청政廳을 통해서 영국이 직접 지배하는 영국령 인도의 역사가 시작되었고, 인도는 영국에서 파견되어 온 총독에 의해 통치를 받게 되었다.

탄압만으로는 인도를 지배하기 어렵다고 생각하게 된 영국은 인도의 국정을 개선하는 등 반영 감정을 잠재우기 위한 정책을 벌였고, 그 일환으로 인도인들이 하급 비서부터 고급 판사까지 공무원으로 일하게 되었다. 또한 인도인의 항쟁을 미리 막기 위해, 영국에 우호적인 인도 지식인들을 지원하여 1885년에 인도국민회의Indian National Congress를 결성하게 하였다. 사회에서 유력한 인도인들로 구성된 이 단체는 영국의 인도 통치에 협력하는 친영적인 성격으로 출발했지만, 20세기 들어 인도인들의 민족의식이 높아지면서 이 단체가 차츰 민족주의 운동의 지도적 역할을 담당하고 인도 독립운동의 핵심 기관이 되었다.

세포이 항쟁을 다룬 그림
작자 미상

마하트마 간디,
사티아 그라하 정신으로 인도를 구하다

인권 운동가 간디의 등장

인도의 독립을 위해 치열하게 활동한 지도자들과 집단들이 많았지만, 가장 대표적인 인물은 간디로 꼽힌다. 본명이 모한다스 카람찬드 간디 (Mohandas Karamchand Gandhi, 1869~1948)인 그는 구자라트Gujarat 주의 항구도시 포르반다르Porbandar에서 태어났다. 관리로 봉직한 아버지와 독실한 힌두교인인 어머니의 가르침 속에 자란 간디는 조혼의 풍습에 따라 14살 때 동갑내기와 결혼했다. 1888년에 법률을 공부하기 위해 영국 유학을 떠난다. 이때 교리에 어긋난 생활을 하게 될까 봐 반대하는 어머니와 힌두교인들에게 영국에서도 교리를 지키겠다고 맹세를 했고, 실제로 영국에서도 힌두교 전통을 따라 채식을 고집하였다고 한다.

간디의 사상에 근간이 되는 출발점은 자신의 집안과 힌두교 사원들에서 배운 종교적인 가르침이었지만, 보다 사상을 발전시키게 된 것은 신지학협회(神智學協會, Theosophical Society)의 회원이 되면서부터였다. 종교인들로부터 '종교를 통합한다'고 비판을 받은 이 협회는 사실 인종, 성별, 계급, 피부색의 차이에 얽매이지 않고 인류의 보편적 형제애의 핵심이 되는 것을 목적으로 삼았다. 간디는 신지학협회에서 기독교, 천주교는 물론이고 유대교, 이슬람교를 비롯해 세계의 종교에 대해 깊은 연구를 했다.

영국 유학을 마치고 변호사가 된 간디는 인도 뭄바이Mumbai에서 변호사 개업을 하지만 실패했다. 이때 인도인 상사의 의뢰를 받아 1년 계약으로 남아프리카로 떠나게 되었다. 그러나 그는 예상과 달리 1년이 아니라 무려 21년간 남아프리카에 머물게 된다.

1893년에 역시 영국의 식민지였던 남아프리카에서 간디는 영국인 공무원들에게 차별 대우를 많이 당했다. 가장 대표적인 경험은 '피터마리츠버그Pietermaritzburg 역 기차 사건'이다. 간디는 피터마리츠버그에서 1등 좌석 표를 구입해 기차에 탔지만, 백인이 아니기 때문에 1등석에 앉을 수 없다며 뒤쪽으로 옮기라는 지시에 이를 거부하자 기차 밖으로 쫓겨났다. 이후 간디는 남아프리카에 있는 동안 차별을 받는 인도인들의 인권 보호를 위해 투쟁하면서 비폭력 저항운동의 철학인 사티아그라하(Satyagraha, 불복종운동)를 주창했다.

사티아그라하 철학이 현실화된 사건

인도 화폐 중 두 번째로 큰 단위인 500루피의 뒷면에 보이는 것은 1930
년에 일어난 '소금 행진Salt March'을 담은 한 장면이다. 소금 행진은 사티아
그라하 철학이 현실화된 대표적인 사건이다. 영국 정부가 인도에서 소금
값 증세 법을 시행하자, 인도인들이 반발을 했다. 남아프리카 시절부터
한결같이 비폭력을 주장해온 간디는 그 당시에 머물고 있던 사바르마티
아쉬람Sabarmati Ashram에서 바닷가에 있는 도시 단디Dandi까지 거의 400킬로
미터의 거리를 행진했다. 출발할 때는 소수였으나 단디에 도착했을 때 간
디의 대열은 수천 명이 넘었고, 간디와 그 일행은 바다에서 직접 소금을
생산하며 영국의 정책에 대해 비폭력적으로 항거했다. 물론 간디를 비롯
한 행진 참가자들은 남아프리카 당국에 체포되었다. 그러나 그들의 주장
은 세계적 여론을 일으켜 결국 세계 최강 영국 제국이 시행한 소금세 법이
1년 만인 1931년에 폐지되었다.

　　다시 남아프리카로 돌아가서 사티아그라하 철학의 탄생을 살펴보
자. 남아프리카에서 간디의 이름이 알려진 첫 저항 활동은 인도인의 투표
권 운동이었다. 원래 계약된 1년간의 일을 마치고 귀국하려던 간디는 남
아프리카에 있는 영국 정부가 인도인의 투표권을 폐지하는 법을 개정하
자 인도인들의 인권을 보호하기로 결심하고 남아프리카에 남는다. 영국
에 대항해 인도인 투표권 폐지법을 반대하는 투쟁을 하던 간디는 남아
프리카의 인도인들 사이에서 명성이 높아졌고, 나탈 인도인의회Natal Indian
Congress라는 인종차별 반대 투쟁 단체를 조직해 수장으로 활동하였디.

　　간디의 사티아그라하 사상은 트란스발Transvaal 정부와 정치적인 투쟁

'소금 행진'을 이끄는 간디
photo by Yann

을 벌이는 과정에서 성숙해졌다. 인도 사람들의 이민을 제한하려는 트란스발 정부는 인도인들의 지문 등록을 법으로 규정했다. 이 법은 인도 사람들의 극심한 반발을 일으켰지만, 간디는 비폭력적인 저항운동을 제의했다. 간디는 지문 등록을 하지 않고 등록증을 태우는 등 이 법을 거부하면서도, 경찰 등 공권력과의 충돌은 피하는 불복종운동을 주도했다. 이를 실행하는 과정 속에서 몇 천 명의 인도인이 투옥되고, 많은 사람이 고문으로 목숨을 잃기도 했다. 그러나 간디의 이러한 비폭력 저항운동이 여론에 큰 영향을 미치면서 영국 정부는 어쩔 수 없이 간디와 협상하게 되었다. 간디는 이 저항운동의 성공을 통해 사티아그라하 사상을 자기 삶의 핵심 철학으로 만드는 결정적인 계기로 삼았다.

사티아그라하의 의미는 '진리를 찾으려는 노력'으로 해석할 수 있다. 산스크리트어로 풀어서 설명하자면, '사티아satya'는 '진리'를 뜻하고, '아그라하agraha'는 '노력, 열정'을 나타낸다. 간디의 사티아그라하는 폭력을 피하는 것이지만, 역사학계에서는 이 사상에 위배되는 그의 이중적인 행동들이 있다고 지적하며 비판하는 목소리도 있다.

간디는 런던에서 큰 차별이 없이 법 공부를 한 사람이었기에, 영국인과 대화를 통해 웬만한 문제를 풀 수 있다고 생각했었다. 때문에 남아프리카에서 인도인들의 권리를 지키는 과정에서 영국 정부와 협력하는 부분들도 있었다. 예를 들면, 영국이 남아프리카에 있는 현지 세력들과 전쟁을 벌일 때 간디는 영국 편에 가담해야 된다고 주장했었다. 물론 영국 정부는 간디의 제의를 받아들이지 않았지만, 간디와 그의 추종자들이 의료지원군으로 남아프리카에서 벌어진 전쟁들에 참전했다. 간디는 이러한 시도를 통해, 인도인들이 현대화된 군사교육을 받을 수 있는 기회를 얻는다고 생각했고, 인도인들에 대한 영국 정부의 시각이 달라질 수 있는 방법이라고 보았다.

사실 간디는 제1차 세계대전에도 영국을 지원하기 위해 참전할 계획을 세웠는데, 여러 가지 문제로 이 작전이 무산되었다. 당시 간디뿐 아니라 인도의 지도층에서는 영국의 전쟁을 지원하는 것이 인도 자치 운동에 도움이 될 것이라고 생각했었다. 이런 배경과는 별개로 필자는 간디의 참전 계획이 무산된 것이 참 다행한 일이라고 생각한다. 몇 십 년 이후에 간디가 영국군을 제국주의적인 시각에서 날카롭게 비판을 했을 때, 누가 '그런데 예전에 영국군과 같이 어깨동무하고 싸웠잖아요? 지금 이 발언과 예전에 그 행동이 서로 앞뒤가 맞나요?'라고 했을 수도 있지 않았을까.

어쨌든 필자는 이처럼 이중적이라고 지적을 받는 간디의 활동들에 대해 크게 비판할 수 없다고 본다. 시기에 따라, 상황에 따라 동일한 내용도 다르게 받아들여질 수 있는데 비폭력 운동을 하던 당시에는 후대의 비판과는 달리 무조건 폭력을 피한다는 이유로 다른 인도 지도자들로부터 많은 비판을 받았었다. 개인적으로 생각하기에 한 명의 위대한 인물을 판단할 때는 항상 그의 삶의 마지막 행로를 기준으로 분석해야 한다. 간디는 마지막까지 일평생을 관통한 그의 사상을 지켰던 위대한 영혼이다.

민족운동 분산을 위한 현대적 건물들

간디가 남아프리카를 떠나 인도에 왔을 때는 인도의 상황이 완전히 달라져 있었다. 인도의 그 당시 정치적인 환경을 서술하자면 50루피의 뒷면에 있는 사진이 필자에게 좋은 소재가 되지 않을까 싶다.

　　필자가 화폐 수집을 시작할 때 제일 처음에 수집한 돈들 중 하나는 50루피다. 그때 돈을 받자마자 구경하고, 돈 뒤에 있는 건물이 어디인지 많이 궁금했었다. 50루피의 뒷면에 있는 이 건물은 인도에서 제일 화려한 현대 건축물로 손꼽히는데, 바로 인도 국회다. 인도어 약칭으로 '산사드Sansad'라고 불리는 이 국회는 영국 식민지 시기부터 있었다.

　　여기서 의문이 하나 생긴다. 당시에 수도가 콜카타였는데, 왜 영국은 이 건물을 뉴델리New Delhi에 지은 것인가? 그리고 왜 델리가 아니고 뉴델리 즉, 새로운 델리라고 하는가?

　　인도의 독립운동이 간디로부터 제일 처음 시작된 것은 아니다. 이미 치열하게 독립운동을 벌이거나 자치권을 얻으려고 열심히 투쟁하던 사람들이 있었다. 그 당시의 수도인 콜카타는 벵골Bengal 지역에 있었다. 수도가 있었던 탓인지, 아니면 이 지역의 사람들이 민족주의적인 사람들이었는지 알 수 없지만 당시 영국 정부를 제일 골치 아프게 만드는 지역이었다. 영국은 벵골 지역에서 강한 민족주의와 반영 감정을 통제하기 위해 이 지역을 동쪽과 서쪽으로 나누었는데, 힌두교도가 많이 거주하는 서벵

대통령 관저
Photo by Scott Dexter

인도의 국회의사당인 산사드
photo by Bill Strong

골과 이슬람교도가 우세한 지역인 동벵골로 분할해 각각 다른 총독부에서 지배하도록 했다. '벵골 분할령Act of Bengal Partition'이라고 하는 이 법령은 영국에 대한 민족운동을 종교적 논쟁으로 변경시킬 목적으로 시행되었다. 그때까지 소수였던 무슬림들은 이 법안을 반대할 이유가 없었기에 이 법을 지지할 것이라고 믿은 영국은 친영 조직으로 활용하기 위해 1906년에 전인도무슬림연맹All-India Muslim League을 결성하도록 주도했다. 당시 다수파였던 힌두교는 이 법령 때문에 동벵골에서 소수가 될 것을 우려하여 반영 운동을 격화시켰고, 인도 민족운동(국민회의 사람들)의 심한 반대에 부딪쳐 결국 1911년에 법령은 철회되었다. 그런데 전인도무슬림연맹이 그 당시에 당장 인도를 분리시키지는 못했지만, 결과적으로 훗날 인도 영토를 삼분할하게 만들었다.

일단 벵골 분할령 작전이 실패한 영국 정부는 또 다른 방법으로 인도의 민족운동 문제를 해결하려고 했다. 같은 해 영국은 인도의 수도를 콜카타에서 델리로 이전한다고 선포했다. 바로 델리에 가까운 지역에 도시개발공사가 들어가서 그 당시 영국령 인도, 사실은 미래의 인도 수도를 설계했다. 바로 이러한 이유 때문에 새로운 도시가 태어난다는 의미로 뉴

델리라고 한다. 수도를 콜카타에서 옮기는 과정에서 산사드라는 국회, 라슈트라파티 바반Rashtrapati Bhavan이라는 대통령 관저를 비롯해 인도 문 India Gate 같은 뉴델리의 현대적인 랜드마크들이 지어지게 되었다.

인도에서의 첫 업적, 농촌 환경 개선

인도는 풍부한 자원과 노동시장으로 영국에게는 매우 중요한 위치에 있는 식민지였다. 인도 지폐의 제일 작은 단위인 5루피의 뒷면을 보면, 트랙터를 운전하는 농민의 사진이 있다. 농사는 인도에서 식민지 시절에도, 오늘날에도 경제적으로 중요한 산업이다. 현재 노동시장의 52퍼센트가 농업에서 일하고 있고, 수출품의 15퍼센트가 농산물이다. 오늘날보다 농업 의존율이 더 높았을 인도였던 데다가 차, 면, 식량 등 인도의 농산물이 꼭 필요했던 영국으로서는 인도가 황금의 땅일 수밖에 없었으리라.

　　1915년에 인도로 귀국한 간디는 인도국민회의에서 몇 차례 연설을 하는 등 적극적인 정치 활동을 하다가 고향인 구자라트로 돌아갔다. 이때 구자라트에서는 인도인들의 생활수준이 너무 낮았고, 영국이 추가적

인 증세를 실행하면서 이미 낙후된 지역을 더 악화시키고 있었다. 간디는 이러한 환경을 개선하기 위해 시골 마을마다 작은 학교를 세우고 보건소를 만들었다. 이러한 활동을 통해 간디는 지역민들을 계몽시켰고, 한편으로도 심각하게 낙후되었던 위생 문제를 어느 정도 극복하게 되었다.

간디의 계몽 활동에 점차 영국 경찰들이 주목하기 시작했다. 특히 참파란Champaran과 케다Kheda 지역의 농부들이 간디를 적극적으로 따르다 보니까 영국 경찰이 이를 경계하면서 사회질서를 흔들리게 한다는 혐의로 간디를 투옥했다. 그러나 이는 오히려 역효과를 불러일으켰다. 매일 천 명 이상의 사람들이 간디가 갇혀 있는 감옥 앞에 와서 시위를 벌였고, 영국 경찰은 치안이 더 악화될 것을 우려해 어쩔 수 없이 간디를 석방했다.

간디는 석방되자마자 농부들과 함께 비폭력적인 시위를 하면서 지주들에게 약탈된 농부들의 권리를 되찾으려고 했다. 농부들과 지주들 간의 문제를 풀고 난 후에는 또 지방정부와 협상을 하면서 추가적인 증세들을 폐지하기 위해 앞장섰다. 이로 인해 영국이 추가적인 증세를 폐지하고 정치범들도 모두 석방했다. 이처럼 잇따른 저항운동의 성공 덕분에 인도 전역으로 간디의 이름이 알려지게 되었고, 다들 그를 '바푸(Bapu, 아버지)' 혹은 '마하트마(Mahatma, 위대한 영혼)'라고 불렀다.

간디의 전국적인 리더십은 1919년 이후에 검증되었다. 영국이 인도에서 식민 통치에 저항하는 인도인 독립운동 세력을 탄압하기 위해 식민지 정부에서 제정, 발호한 법률인 롤래트 법Rowlatt Act을 시행했다. 롤래트 법은 제1차 세계대전 이후에 많은 반대와 논란 속에서도 입법참사회에서 강제로 통과된 법이었다. 제1차 세계대전 때 많은 병사의 필요성을 느낀 영국은 인도 사람들에게 자치권을 준다는 약속으로 지지를 얻었다. 제1

차 세계대전이 끝나면서 영국이 약속을 지키지 않는 모습을 보이자 인도 곳곳에서 시위들이 잇따라 일어났다. 이 시위들 중에 영국인을 향한 테러 사태들도 있었다. 악화된 이 상황을 통제하려고 한 영국은 롤래트 법을 통해 인도에서 용의자들에 대한 영장 없는 체포, 재판 없는 투옥, 배심원 없는 재판의 권리를 얻게 되었다. 그러나 롤래트 법은 인도에서 반영 감정을 오히려 더 자극했다. 이 법을 반대하는 인도인들은 때로 폭력적인 시위를 하기도 했는데, 간디는 영국 정부에 대한 비폭력 불복종운동을 제안했다. 1921년에 인도국민회의에서 행정적 결정 권한을 얻은 간디의 이 비폭력 불복종운동은 전국적으로 퍼져나갔다. 이를 계기로 중산층 중심의 비전이었던 해방 이념을 제일 낮은 계급까지도 전국적으로 공유하며 비폭력 불복종운동에 동참하게 되었다.

1922년에 국정 반란죄로 투옥된 간디는 6년의 징역형을 받았다. 간디가 감옥에 갇혀 있는 동안 해방 독립운동을 하던 사람들끼리 갈등이 생겼다. 영국이 발족시킨 전인도무슬림연맹은 제1차 세계대전에서 영국이 이슬람 국가인 오스만제국과 전쟁을 벌이자 친영 성향을 버리고 힌두교 인도인과 협력을 했다. 힌두교-이슬람교 사람들이 협력하게 되기까지도 간디가 많은 공을 세웠었다. 그러나 간디가 갇혀 있는 동안 힌두교-이슬람교 갈등이 다시 발발했고, 인도국민회의도 극진파와 중도파로 나뉘었다. 1924년에 수술 때문에 석방된 간디가 이 세 개 파를 다시 통합하려고 했지만, 이미 골이 깊어져 실패하고 말았다.

간디를 둘러싼 이야기들

알려져 있듯이 간디는 힌두교 극진파에게 피살당했다. 힌두교 극진파에서는 간디를 이슬람교에게 지나치게 포용적이라고 비판해 왔었다. 그러나 최근에 와서 또 일부 역사학자들은 그가 이슬람교-힌두교의 융화에 그렇게 협력적이지 않았고 오히려 이중적인 행동을 했다고 비난하기도 한다. 그들이 제일 많이 언급하는 것은 간디 아들의 결혼 문제다.

간디의 장남인 하릴랄Harilal은 무슬림 여자와 결혼하고 싶어했다. 간디는 반대했다. 필자는 정치사회적인 면에서 힌두교-이슬람교 통합을 추구한 것과 집안 문제는 다르다고 본다. 조금 더 깊게 들어가 이 문제를 보면, 간디와 아들 사이에 이미 감정의 골이 깊어져 있었던 것 같다. 간디는 아들이 정말 무슬림 여자를 사랑해서 결혼하려는 것인지, 아니면 아버지에게 맞서기 위해 일부러 벌인 일인지 의심스러워했다. 이러한 정황을 보건대 필자는 아들의 결혼 문제로 간디가 종교 간 융화에 대해 이중적인 모습을 보였다며 비난할 일은 아니라고 생각한다.

오늘날에는 간디의 사생활을 벗어나 그의 사상과 정치적인 업적을 비판하는 사람들이 두 가지 점에서 문제 제기를 하고는 한다. 하나는, 간디와 무솔리니, 히틀러 등 유럽의 독재자들 사이에 오갔던 편지들과 그 내용이다. 또 하나는, 제국주의 세력에 대항해 해방을 얻으려면 무조건 폭력을 피해야 하느냐는 것이다.

간디는 1930년에 이탈리아 총리 베니토 무솔리니와 편지를 주고받았다. 이 편지들의 내용은 간디가 그 당시 이탈리아 정부의 민생 정치에 대해 무솔리니를 칭찬하는 것이다. 역사에 독재자로 새겨진 무솔리니 같은 인물을 어떻게 칭찬할 수 있느냐며 일부 역사학자들이 간디를 비난한다. 필자는 이러한 비난은 의미가 없다고 본다. 1922년에 당선된 무솔리니의 독재 행보는 주로 1930년 후반부터 눈에 뚜렷이 보이기 시작한다. 1930년까지는 무솔리니가 민생 정치를 했기 때문에 이탈리아 사람들이 그의 숨겨진 아젠다를 느끼지 못하고 지지해온 것이다. 간디 역시 아직 무솔리니의 독재 행보를 알지 못한 시기에 편지를 주고받았는데, 이를 기준으로 비난을 하는 것은 설득력이 없다고 본다.

　　같은 맥락에서 언급되고, 영화까지 만들어진 것이 간디와 히틀러 사이에 있는 편지다. 이 편지의 내용에는 간디가 히틀러에게 곧 발발할 제2차 세계대전을 방지하라고 요청한다. 편지의 첫 줄에는 간디가 히틀러를 '친애하는 친구에게'라고 호칭한다. 간디의 말투를 보면, 왠지 다른 나라들이 제2차 세계대전을 일으키려고 하는데, 히틀러에게 전쟁에 참여하지 말 것을 권유하는 느낌이다. 이 편지도 오늘날에는 논쟁거리다. 그런데 어떤 식의 말투로 편지를 보내야 히틀러가 제2차 세계대전을 일으키지 않았을까. 간디가 형식적으로라도 친절한 말투를 쓰는 것은 당연한 것 아닐까?

　　사실 간디에 관한 평가들 중에 그의 성적인 욕구 통제 방법이든가, 남아프리카에 머물던 시절에 흑인들을 비하한 발언들이 제일 많이 거론되고 있다. 이처럼 많은 화젯거리들이 그에게 쏟아지는 칭송 뒤편에서 돌아다닌다. 그렇다면 왜 간디의 삶과 사상에 대한 많은 논의가 있는 것인가?

　　간디는 이전의 해방운동 사례들과는 전혀 다른 사상으로 성과를 거뒀다. 인도가 해방된 뒤에도 간디는 다른 해방운동 지도자들처럼 궁전이나 대통령 관저에서 지내지 않고 죽을 때까지 단순한 하얀색 옷을 입었으

```
                                        As at Wardha
                                        C.P.
                                        India.
                                        23.7.'39.
Dear friend,

        Friends have been urging me to write to you for the sake
of humanity.  But I have resisted their request, because of
the feeling that any letter from me would be an impertinence.
Something tells me that I must not calculate and that I must
make my appeal for whatever it may be worth.

        It is quite clear that you are today the one person in
the world who can prevent a  war which may reduce humanity to
the savage state.  Must you pay that price for an object
however worthy it may appear to you to be ? Will you listen to
the appeal of one who has seliberately shunned the method of
war not without considerable success? Any way I anticipate
your forgiveness, if I have erred in writing to you.

                                    I remain,

Herr Hitler                         Your sincere friend
Berlin
Germany.                              M.K.Gandhi
```

간디가 히틀러에게 보낸 편지

며, 재산을 축적하거나 자녀들에게 권력을 넘겨주지도 않았기 때문에 국제적으로 많은 사랑을 얻었다. 그러나 사랑의 정도를 제대로 조절 못하면 그에 대한 과대평가가 나오는 법이다. 간디를 일반 사람이 아닌 신격화된 또는 지나치게 엄격한 다른 틀에서 분석하게 되면 많은 오류들이 나올 것이다. 간디도 일반 사람일 뿐이지만 좀 더 대단한 일반 사람이었던 것이다. 필자가 보기에는 간디를 둘러싼 이러한 논쟁의 배경에는 그를 단순히 정치 운동가가 아니라 종교 창시자쯤으로 과하게 높여서 인식하는 문제가 있는 것 같다.

동북인도의 대표 지역, 아삼

다시 인도의 해방 이야기로 돌아가면, 힌두교-이슬람교 간 갈등이 1930년대에 심해졌고, 1940년에 전인도무슬림연맹이 분리 선언을 하면서 전국적으로 긴장감이 팽배했다. 매일매일 인도 곳곳에서 힌두교 신자들과 무슬림들 사이에 충돌이 일어났다. 그러다 보니까 인도의 해방은 1947년 8월 14일과 15일에 인도와 파키스탄이라는 두 개 나라의 독립으로 마무리되었다. 이 과정에서 현재 파키스탄과 방글라데시에서 많은 비무슬림인들이 인도로 왔고, 인도에서는 수백 명의 무슬림인들이 파키스탄과 방글라데시가 위치한 지역으로 이민을 갔다. 이러한 인구 교환으로 현재 인도의 영토가 확립되었다.

　인도는 5개의 지역으로 구성된다. 서인도, 동인도, 남인도, 북인도 그리고 동북인도. 인도 지도를 보면, 서벵골West_Bengal 주의 다르질링Darjeeling 구만으로 연결되는 그 영토가 바로 동북인도다. 인도 본토와 동북인도 사이에는 방글라데시가 있어서, 양쪽 간 교통이 불편하다. 인도의 의붓아들처럼 보이는 이 지역의 대표적인 주는 아삼Assam 주이고, 10루피의 뒷면에는 동물들의 사진이 소개되어 있다.

10루피 뒤에는 세 가지의 동물이 소개 되어 있다. 첫째는 인도코뿔소다. 탱크처럼 단단해 보이지만 이 귀여운 동물이 한국어로 갑옷코뿔소라고도 한다. 코뿔소 옆에 형제처럼 서 있는 동물은 벵골호랑이다. 인도에서 호랑이라면 바로 '쉬어 칸Shere Khan'이라는 이름이 생각난다. 노벨문학상을 받은 유명한 영국 작가 러디어드 키플링Rudyard Kipling의《정글북The Jungle Book》으로 전 세계에 알려진 인도 호랑이 절름발이 쉬어 칸은 많은 영화나 만화에도 등장했다. 여기서 재미있는 것은, 인도의 엑조틱Exotic 문화를 대표하는 상징 중에 하나인 쉬어 칸은 사실상 인도의 민속 동화들에 이미 등장하고 있었다는 것이다. 일설에 따르자면, 쉬어 칸에게 물린 사람은 사흘 만에 쉬어 칸처럼 절름발이가 된다고 한다. 물론 이는 사실이 아니지만, 쉬어 칸이라고 하면 무서운 야생 동물로 여겨지기보다는 인도의 이색적인 문화를 상징하는 이미지 중 하나로 떠오르게 된다.

코뿔소, 호랑이와 같이 있는 마지막 동물은 코끼리다. 필자는 인도와

코끼리라는 두 개의 단어를 듣자마자 바로 '가네샤Ganesha'라는 인도 신이 생각난다. 코끼리 머리로 상징화된 가네샤는 힌두교에서 기본적으로 섬겨야 하고 일차적으로 예배를 드려야 되는 신이다.

10루피 뒤에서 소개되는 세 가지 동물의 공통점은, 주로 서식하는 지역이 아삼 주라는 점이다. 이들에게는 안타까운 공통점이 하나 더 있다. 현재 갑옷코뿔소, 벵골호랑이와 인도코끼리는 보전 상태에 들어갔고, 멸종 위기를 겪고 있다.

인도의 제주도, 안다만 니코바르 제도

오늘날 인도는 연방제 국가로 29개의 주와 7개 연방 직할지直轄地가 있다. 직할지는 주와는 달리 독자적으로 선출된 정부 기관을 갖고 있으며 연방 정부가 직접 통치한다. 그 7개 연방 직할지 중에 하나인 안다만 니코바르 Andaman and Nicobar 제도가 바로 20루피의 뒷면에서 보인다.

20루피의 뒷면에는 바닷가, 산 그리고 나무가 함께 보이는데, 이곳이 바로 안다만 니코바르 제도의 전 세계적으로 유명한 해리엇 산 국립공원

Mount Harriet National Park이다. 이 공원은 아름다운 풍경과 각종 동물들이 자유롭게 서식하고 있는 것으로 널리 알려지는데, 그만큼 오염되지 않은 천혜의 자연환경을 자랑한다. 땅은 비교적 작지만, 나머지 인도 주들에 비해 국립공원이 많은 안다만 니코바르 제도는 생생하게 살아있는 자연을 즐기고 싶은 여행 애호가들에게 필수 관광지다.

인도를 대표하는 히말라야 산맥

인도에서 현금 자동 인출기를 이용한다면 알아야 되는 일차적인 정보는 100루피부터 사용이 가능하다는 것이다. 100루피를 뒤집어 보면, 백두산의 천지와 비슷하게 생긴 사진이 있다. 구름, 산꼭대기 그리고 인도라고 하면 아마도 다들 그 사진이 히말라야 산맥이라는 것을 알 것이다. 많은 불교나 힌두교 사원들이 있고, 동시에 인도의 북부 국경지 역할을 한 히말라야 산맥이 인도에 있어 종교적으로, 정치적으로 많은 의미를 가진 곳이다. 그래서 인도에서 간디 다음으로 국가를 상징하는 것이 히말라야 산맥이 아닌가 싶다.

세계의 지붕이라 불리는 히말라야 산맥
photo by Simon Matzinger

신생 경제 강국, 인도

인도 화폐 중 제일 큰 단위인 1000루피는 한국 돈으로 불과 1만 8000원이다. 이 1000루피는 최근 들어 강대국으로 발돋움하려는 인도의 노력을 한눈에 보여준다. 1000루피의 뒷면에는 인도양에서 석유를 시추하는 배, 컴퓨터를 쓰고 있는 학생, 중공업 공장에서 일하는 노동자, 우주에 돌고 있는 위성 등 발전하고 있는 인도의 여러 가지 모습이 담겨 있다.

인도를 생각할 때 왠지 가난한 나라의 이미지가 떠오른다면 분명한 착각이다. 1980년 우주에 성공적으로 위성을 쏘아 올린 인도는 세계 우주 발사체 경쟁에서 7위를 차지하고 있다. 인도의 경제력도 생각보다 매우 높다. 구매력 기준으로 국내 총생산에 있어 4조 달러가 넘는 경제력을 가진 인도는 전 세계에서 미국, 중국 그리고 일본 다음으로 4위에 올라 있다. 그리고 전 세계에서 제일 강한 500개 기업 내에 인도 출신 기업이 8개가 들어가 있다. 인도의 수출품을 보면 농산물과 제조업 물품만 아니라 소프트웨어 제품들도 상당한 비율을 차지하고 있다. 필자가 보기에 오늘날의 인도는 미국, 중국 다음으로 위협적인 강국으로 발전하고 있다.

세계의 화폐 ⑦ - 파키스탄 루피

Rupee

파키스탄 화폐 단위는 인도처럼 '루피'다. 파키스탄 화폐는 자국의 정치, 문화, 역사, 경제 등 많은 분야의 대표적인 상징들을 담고 있어서 필자가 이제까지 모은 화폐들 중에 가장 그 나라의 과거와 현재를 잘 설명하고 있다는 생각이 든다. 화폐를 통해 파키스탄을 이해하기 전에 일단 국가가 탄생한 배경부터 소개하려고 한다.

인도반도와 이슬람

파키스탄Pakistan이라는 국명은 약자를 조합한 것이다. 인도반도의 무슬림이 주로 살고 있는 지역을 의미한다. 그렇다면 힌두교의 본토인 인도반도에 이슬람은 어떻게 들어간 것일까? 처음 아랍인들이 8세기 초기에 이란을 정복하면서 이슬람이 인도반도까지 전해지게 되었다. 이슬람이 인도에 본격적으로 들어가는 것은 가즈나Ghaznavids 제국 시기다. 10~12세기에 현재의 아프가니스탄 지역에서 성립된 왕국인 가즈나제국의 술탄 마후무드는 1001년부터 1027년까지 인도반도 정복 전쟁을 벌였다. 가즈나제국이 인도의 북방을 정복하면서 이슬람교가 자연스레 인도반도에 들어가게 되었다. 지금 인도의 남쪽부터 북쪽까지 이슬람 사원들이 존재하는 것은 동양과 무역하던 아랍 상인들과 무굴Mughal제국 덕분이다.

터키 사람들은 무굴제국의 시조인 자히르 알딘 무함마드 바부르Zahir-ud-din Muhammad Babur의 이름 때문에 이 나라를 바부르 제국이라고 한다. 민족적으로 몽골-투르크계에 속한 무슬림 장군 바부르는 인도반도의 북쪽에 있는 아그라Agra를 중심으로 나라를 세웠는데, 이후에 이 나라가 영국이 침략하기 전까지 인도 전체를 다스리게 되었다. 무굴제국 시기에는 인도에서 시크교Sikh처럼 힌두교-이슬람 교리의 통합적인 종교가 나타나기도 했고, 동시에 이슬람교는 인도반도에 구석구석 퍼지게 되었다.

무굴의 황제 자히르의 초상화
영국 런던의 빅토리아 앤드 알버트 미술관Victoria and Albert Museum에 소장되어 있다

무하마드 알리 진나,
이슬람 종파 문제를 극복하다

파키스탄의 탄생

20세기에 들어서면서 인도인들이 영국으로부터 해방되기 위해 정치 군사적으로 활동하기 시작했다. 영국 정부는 인도의 민족주의 사상이 국민들 사이에 널리 퍼지는 것을 방해하고, 인도 민족주의 감정이 확대되는 것을 막기 위해 인도 사회를 종교적으로 분열시키려고 했다. 앞에서도 언급했듯이 영국의 지원으로 전인도무슬림연맹이 탄생했고, 이 단체는 친영 성향을 띠면서 무슬림들의 권리 회복에만 집중했다.

그러나 영국이 제1차 세계대전 때 오스만제국과 전쟁을 벌이면서, 전인도무슬림연맹의 지지를 잃게 되었다. 오스만제국의 술탄은 전 세계 무

슬림들에게 정치적인 지도자로서의 권력을 상징하는 칼리파khalifa도 겸하
고 있었다. 따라서 종교적으로 칼리파의 권위를 가진 오스만제국에 충성
하는 인도 무슬림들이 제1차 세계대전 이후 영국에게 등을 돌려 저항하
게 됐고, 오히려 영국과 해방전쟁을 벌이는 터키인들에게 150만 파운드
의 지원금을 송금하기도 했다.

    전인도무슬림연맹이 1930년대 이후부터 인도 무슬림들로 구성되는
'파키스탄'이라는 다른 나라로 분리 독립해야 한다고 주장하기 시작했
다. 여기서 파키스탄이라는 단어는 인도 무슬림들에 의해 생긴 것이다. 이
단어의 창시자는 인도 무슬림 해방운동가 차우드리 라흐맛 알리Choudhry
Rahmat Ali다. 라흐맛 알리는 인도에서 무슬림들이 제일 많이 사는 5개 지역
들인 펀자브Punjab, 북방 국경지 혹은 아프가니스탄North-West Frontier Province,
Afghan Province, 카슈미르Kashmir, 신드Sind 그리고 발루치스탄Baluchistan의 글자
들을 조합해 'PAKSTAN'이라는 단어를 만들었다. 팍스탄이 시간이 흘러
가면서 파키스탄으로 변했다. 그리고 또 하나 언급해야 할 것이 팍Pak은
우르드어, 이란어, 터키어 등 주변의 현지어로 공통된 단어이고 '깨끗하다'
는 의미로 파키스탄은 '깨끗한 나라'라는 뜻이다.

    라흐맛 알리는 영국에서 팍스탄국민운동Pakstan National Movement이라는
단체까지 세우고 런던에서 활동하고 있었다. 1933년 영국에 모여서 협상
한 인도인 지도자들과 영국 정부 관계자들 모임에 편지를 보내 파키스탄
지역을 소개하며, 무슬림들이 다른 행정구역에서 자치적으로 살아야 인
도의 종교 갈등이 없어진다고 주장했다. 그는 자신들의 생각을 팸플릿으
로도 출판하여 공개적으로 배포했다. 이때 파키스탄이라는 단어가 처음
공식적으로 사용되었고, 이후 인도 무슬림들 사이에서 '파키스탄' 독립에

대한 의지가 확산되었다.

1930년대 후반부터 힌두교-이슬람교 갈등이 심해지자, 상대적으로 소수인 무슬림들은 하루하루 파키스탄 분립에 대한 열망이 더 커져 갔다. 간디가 힌두교-이슬람교 간의 갈등 극복을 위해 최선을 다했지만 전인도무슬림연맹의 지도자인 무하마드 알리 진나(Muhammad Ali Jinnah, 1876~1948)를 설득하지 못했다. 끝내 진나는 1940년 라호르에서 파키스탄의 분립을 선언했다. 인도 민족주의자들로부터 쏟아지는 많은 비난에도 불구하고 그는 영국 정부를 설득하여 인도와 별도의 총독부로 분리시켰다. 그동안 파키스탄의 국경을 인도 지도자들과 서로 합의하고, 진나는 1947년 7월 12일에 영국령 파키스탄 총독부의 초대 총독으로 취임하여, 같은 해 8월 14일에 독립된 파키스탄의 '제헌의회 의장'이 되었다. 이러한 과정을 통해 파키스탄이라는 새로운 국가가 탄생하게 되었다.

무하마드 알리 진나

태생은 이복동생이지만 지금에 와서는 서로 적대 관계가 된, 파키스탄과 인도의 화폐에는 많은 공통점이 있다. 일단 둘 다 지폐 앞면에 국부의 사진이 실린 것이다. 인도 화폐에 마하트마 간디의 초상화가 있듯이 파키스탄 화폐에는 무하마드 알리 진나의 사진이 있다. 오늘날 수니파Sunni派 성향의 국민이 대다수인 파키스탄에서 시아파Shiah派였던 파키스탄의 국부 진나의 정치적 성공을 좀 더 자세히 알아야 파키스탄과 인도의 관계를 알 수 있다.

무하마드 알리 진나는 인도의 대도시 카라치Karachi에서 태어났다. 그

의 부친은 아들이 자신처럼 사업가가 되기를 원했지만, 진나는 영국 런던
으로 유학을 떠나 법학을 공부해서 저명한 변호사가 되었다. 대학 졸업
후 영국에 잠시 머물던 그는 뭄바이에 돌아와 법조인으로 활약했다. 정치
에 관심이 있던 그는 뭄바이에서 인도국민회의에 입당하여 간디를 비롯
한 인도 민족주의 지도자들과 함께 인도 독립운동에 헌신했다.

　　진나는 앞서 언급했듯이 시아파다. 그러나 그는 이슬람 내에서 대립
하는 시아파-수니파 파벌에 개입하지 않고 중립적으로 종교 활동을 했
다. 그래서 그런지 대다수가 수니파에 속하는 인도 무슬림들도 진나에게
거부감을 느끼지 않았다. 그렇다면 이슬람 내의 종파 문제를 극복한 진
나가 왜 인도 내 종교 갈등은 해결하지 못했을까?

　　진나는 원래 인도국민의회의 회원으로 전인도무슬림연맹과는 거리
를 두고 정치 활동을 하고 있었다. 그는 인도국민회의의 정치적 목적이
인도 무슬림들의 이익에 어긋나지 않다고 생각했었다. 그러나 인도국민
회의에서 활동하면서 여러 가지 정책에서 이슬람 세력을 배제하는 힌두
교 세력의 차별 정책에 반발하였다. 1920년에 진나와 그의 친구들은 인
도국민회의에서 탈퇴했고, 그는 곧 전인도무슬림연맹의 총재가 되었다.

　　진나는 전인도무슬림연맹의 총재가 되어서도 인도국민회의와 함께
행동하고, 같은 국가로서 해방을 이루어야 한다고 생각했었다. 다만, 무
슬림들의 권리는 새로 탄생할 국가에서 특별한 법으로 보장하면 문제가
풀릴 것으로 전망했었다. 힌두교-이슬람교 화합을 위해 많은 노력을 했
고, 그 당시 진나의 종교 화합 노력은 힌두교 지도자들에게도 칭송을 받
고 있었다. 그의 노력과 달리 분열을 조장하려는 영국의 개입으로 인해
이슬람교-힌두교 갈등은 더욱 심해졌다. 결국 1930년 이후 종교 화합을

포기한 진나는 오직 파키스탄의 분립을 위해 노력하게 된 것이다.

인도의 종교 갈등, 분단은 필연이었을까?

진나와 같은 무슬림 신자로서 필자는 인도의 분단을 안타깝게 생각한다. 아직 출처를 찾지 못했지만 설에 따르자면, 간디는 진나에게 이러한 말을 한 적이 있다고 한다. "칼로 내 몸을 두 부분으로 나눠도 되지만, 제발 인도를 이슬람교-힌두교로 분리하지 말아라." 이미 지난 역사가 되었지만, 필자는 인도가 분단되지 않아야 한다는 간디의 말에 충분히 공감한다.

사실 진나는 전인도무슬림연맹의 총재였지만, 힌두교와 같은 국가 내에서 살 수 있는 법적인 계획안을 만들려고 했다. 한편으로 영국의 개입이 있었고, 한편에는 극진적 종교 단체들의 충돌이 있었던 탓에 진나의 이러한 법적 계획안은 힌두교 측 지도자들로부터 인정을 받지 못하고 결국 인도국민회의와의 협상에 실패하고 말았다.

이러한 배경이 있다고 하더라도 무조건 종교적인 분리 운동을 했어야 했을까? 진나가 해왔던 독립운동에 대해 존경심을 가지고 있고 그의 정치적인 선택을 존중하지만, 오늘날의 인도를 보면서 분단이 없었다면 무슬림들은 물론이고 그 지역 주민들에게도 그리고 그 지역 안보에도 많은 이익이 되었을 것이라고 본다.

파키스탄은 독립 후 1958년, 1977년 그리고 1999년에 세 차례 군사 정변을 겪었다. 그 사이에도 몇 번 쿠데타 시도가 있었으나 모두 실패했다. 파키스탄이 카슈미르 지역을 사이에 두고 인도와 세 번 전쟁을 했고, 민족주의 문제로 동파키스탄인 방글라데시와도 전쟁을 벌인 후 분립되었다. 이 언급된 사건들만으로도 목숨을 잃은 사람의 숫자가 셀 수 없을 정도로 많다. 오늘날도 파키스탄 정부는 국내에 있는 극진파 테러리스트들과 충돌하면서 많은 사회적 문제를 겪고 있다.

반면에 인도를 보면, 인구의 15퍼센트가 무슬림인데 그 무슬림들이 비교적으로 잘 살고 있는 것으로 보인다. 세속주의 국가인 인도에서 제3대 대통령이 무슬림이었고 그 후에도 몇 차례 무슬림 대통령이 선출되었다. 지금까지 무슬림 총리가 없지만, 2004년부터 거의 10년 동안 총리직을 맡은 시크교 신자인 만모한 싱Manmohan Singh을 생각하면 무슬림이 인도에서 총리로 선출되는 것이 불가능한 일도 아니다.

필자는 한국에서 파키스탄이나 인도 출신의 많은 무슬림과 만나서 이야기할 기회가 있었다. 인도 출신 무슬림들 중에 예외 사례들을 배제하면, 대부분 자기 조상이 분단 시기에 파키스탄으로 이민을 가지 않고, 인도에 남은 것이 다행이라고 말하며 이렇게 분단되지 않았다면 오히려 더 좋았을 것이라고들 한다. 파키스탄 무슬림들의 반응은 분단된 것이 잘 되었다고 하면서도 십중팔구 정부 비판으로 이어진다. 그중에서도 독실한 무슬림 친구들은 정부가 지나치게 친서방 성향이며 종교 단체들을 탄압한다고 비난하고, 또 다른 입장의 친구들은 정부가 종교적 명분으로 개인의 삶에 많이 개입한다며 민주적이지 않다고 비판한다.

필자는 터키의 해방전쟁 시절에 많은 지원금을 보내주었던 파키스탄 사람들의 그 마음을 아직도 잊지 않고 있으며, 민주주의적으로 경제적으로 크게 발전하기를 진심으로 바란다는 마음을 전하며 파키스탄 건국사 이야기를 마무리하도록 한다. 다만, 진나에 대해서는 마지막으로 관련된 정치적인 이슈를 소개한다.

파키스탄의 골칫거리, 발루치 분립 문제

진나는 파키스탄에서 지금까지도 큰 존경을 받고 있다. 어느 정도 사랑을 받고 있는가 하면, 그의 탄생일인 12월 25일과 얼마 전까지는 그가 별세한 날인 9월 11일도 공휴일이었고, 기념행사도 열고 있다. 그런데 100루피와 그의 사망이 큰 관계가 있다.

100루피의 뒷면에 목재로 지은 집이 보인다. 그 집은 원래 영국 식민지 시기에 영국 총독이 여름 관저로 만들었던 콰이드에아잠 관저Quaid-e-Azam Residency이다. 진나는 말년에 이곳을 사저로 사용했으며 마지막 숨을 거둔 곳이기도 하다.

2013년 8월 14일, 파키스탄의 발루치스탄Baluchistan 주에 위치한 이 관저에 테러 사건이 일어났다. 파키스탄의 광복절인 이날, 발루치스탄 해방군Baluchistan Liberation Army이 테러를 가한 것이다. 경찰 한 명이 사망한 이 사건으로 콰이드에아잠 관저가 완전히 불에 타버렸다. 여기서 주목해야 할 것이 이 테러 단체와 테러 사건의 의미다.

발루치스탄 해방군은 이란과 파키스탄 그리고 아프가니스탄 등지에

걸쳐 발루치 민족이 살고 있는 지역에서 독립된 발루치스탄이라는 나라를 세우려는 단체다. 이들은 파키스탄의 광복절에 파키스탄 국부의 관저를 공격함으로써 파키스탄과 함께 하지 않겠다는 메시지를 분명히 전달한 셈이다. 모두 500명을 넘지 않는 규모의 발루치스탄 해방군은 파키스탄에게 위협적일 만큼 힘이 있는 세력은 아니지만, 국가의 치안을 침해하는 사건들을 일으키다 보니 파키스탄 정부가 이 단체 때문에 골치가 아프다는 것은 확실하다.

세계에서 네 번째로 큰 파이살 모스크

파키스탄 루피의 뒷면에 나와 있는 사진을 보면 오늘날의 파키스탄을 쉽게 이해할 수 있다. 각 사진이 파키스탄의 한 주를 대표하면서 7개 주가 자기네 나름대로의 모습으로 화폐에 등장한 것이다.

터키인으로서 필자가 제일 관심을 갖고 있는 파키스탄 지폐는 5000루피다. 한국 돈으로 약 5만 원에 해당되는 고액권인 5000루피의 뒷면에 있는 파이살 모스크Faisal Mosque는 파키스탄의 수도인 이슬라마바드Islamabad의 랜드마크 중에서도 가장 대표적인 건물이다.

사우디 국왕이 파키스탄과 함께 대형 모스크를 건설하기 위해 1969년 국제건축대회를 열었다. 터키 사람들에게 이 사원이 큰 의미가 있는 이유는 43개국이 참가한 대회에서 터키 건축가 베다트 달러카이Vedat Dalokay가 당선되었기 때문이다. 달러카이는 원래 그 프로젝트를 터키 수도 앙카라Ankara에 짓기 위해 준비했었다. 전 세계 이슬람 사원 중 네 번째로 큰 파이살 모스크는 7만 5000명이 동시에 예배를 드릴 수 있는 규모다. 건축 스타일상

가장 현대적인 이슬람 사원인 이 모스크의 명성에 힘입어 건축가인 달러 카이는 1973년에 앙카라 시장에 뽑히기도 했다.

300여 년간 이슬람 최대 규모, 바드샤히 모스크

500루피의 뒷면에도 이슬람 사원의 사진이 보인다. 이 사원은 현대적인 파이살 모스크와 달리 전통적인 모습을 지니고 있다. 17세기 후반에 완공된 바드샤히 모스크Badshahi Mosque는 파키스탄에서 두 번째로 큰 이슬람 사원이다.

펀자브 주의 라호르Lahore 시에 위치한 바드샤히 모스크는 두 가지 중요한 특징이 있다. 그 하나는, 1986년까지 300년 넘게 이슬람 세계의 제일 큰 사원이었다는 점이다. 파키스탄은 이 사원의 사진을 화폐에 실으면서 전 이슬람 세계에 자신들의 리더십을 주장하는 메시지를 던지고 있다고 본다.

두 번째는, 바드샤히 모스크의 건축 디자인이 인도 수도 뉴델리에 있는 최대 사원인 자마 마스지드Jama Masjid와 유사하다는 점이다. 자마 마스

지드는 타지마할Taj Mahal과 함께 무굴제국의 샤 자한Shah Jahan황제, 바드샤
히 모스크는 그의 아들인 아우랑제브Aurangzeb 황제의 지시로 지은 것이다.
두 부자의 건축 및 통치 방식에는 큰 차이가 있다. 샤 자한은 건축 애호가
라고 할 정도로 많은 건축 작품을 남겨 인도 문화에 많은 기여를 했다. 샤
자한의 셋째 아들로 쿠데타로 제위에 오른 아우랑제브는 인도 대륙 대부
분을 정복해 제국의 영토를 확대시켰다. 전쟁에 치중했던 탓인지 이슬람
사원 서너 개 외에는 지은 건축물이 거의 없는데, 그중 하나가 바로 바드
샤히 모스크다. 아우랑제브는 비무슬림 국민에게 포용적이었던 아버지
의 통치 방식과 달리 힌두식 인사법 금지와 힌두교 사원을 파괴하는 등
호전적인 정통 수니파 이슬람교도로서 통치했다. 이런 배경을 생각해보
면 파키스탄이 아우랑제브가 건립한 바드샤히 모스크를 이 화폐에 소개
하면서 아직도 많은 무슬림이 살고 있는 인도에 대해 인도반도 내 이슬람
교의 정통성이 자신들한테 있다고 주장하는 것 같다.

세계에서 가장 오르기 힘든 K2

파키스탄과 인도 화폐의 유사한 점이 한두 개가 아니다. 인도 화폐들 중 100루피 뒤에는 인도의 제일 높은 산 히말라야 산맥이 있듯이, 파키스탄 화폐들 중에 50루피의 뒷면에는 파키스탄에서 제일 높은 산인 카라코람 Karakoram 산맥이 있다.

　사실 50루피의 뒷면에 소개된 것은 카라코람 산맥보다 이 산맥에 있는 제일 큰 봉우리인 K2, 또는 고드윈오스턴 산Mount Godwin-Austen이다. 길기트발티스탄Gilgit-Baltistan 주에 위치한 8611미터 높이의 K2는 에베레스트 산(8848미터)에 이어 전 세계에서 2위의 고봉高峰이다. 그렇다면 1위도 아닌 2위의 이 산을 파키스탄이 유독 자랑하는 것은 무엇 때문인가? K2는 전 세계에서 등정하기 제일 어려운 산으로 알려져 있다. 아마 1993년 제작되었던 미국 영화 〈K2〉(1991)를 통해서도 이 산의 위용에 대해 알고 있는 이들이 많을 것이다.

　K2가 높고 오르기 어려운 산이라는 것이 어떤 이들에게는 아픈 기억이 될 수도 있을 것 같다. 도전과 모험심을 자극하는 이 산을 등정하다가

다치고 사망한 사람들도 꽤 많기 때문이다. 그중에는 지난 2008년에 한
국의 황동진, 박경효, 김효경 씨를 포함한 11명의 국제 등반대가 K2에 오
르려다가 조난당해서 실종되어 사망한 일도 있었다.

이러한 사고들에도 불구하고 K2를 오르는 도전은 계속되고 있다. 어
쩌면 파키스탄이 정말 자랑하고 싶은 것은 변치 않는 고고함으로 인간의
도전과 의지의 대명사가 된 K2가 아닐까 싶다.

고대 인더스문명의 유적지, 모헨조다로

파키스탄에 있는 문화유산 중 가장 유서 깊은 것은 바로 20루피 뒤에 소
개된 모헨조다로Mohenjo-Daro 고대 유적이 아닌가 싶다. 모헨조다로는 세계
4대 문명 중 하나인 인더스문명Indus文明이 남긴 최대 도시 유적지로 알려진
곳이다.

파키스탄 신드Sindh 주에 위치한 고대 도시 모헨조다로는 인더스 강
유역에 번성했던 인더스문명의 대도시 혹은 수도로 예측되는 도시다. 그
당시에 고대 이집트 문명, 메소포타미아Mesopotamia 문명, 크레타Creta 문명

과 함께 번성했던 인더스문명의 모헨조다로는 1921년 인도인 고고학자 라칼다스 바너지Rakhaldas Bandyopadhyay가 발견한 이래, 영국인 고고학자 마셜Marshall, J. 등에 의해 본격 발굴되었다. 모헨조다로의 성립 연대는 발굴 당시 B.C. 2300년경으로 추정되었지만 이후 더 오랜 층이 발견되면서 B.C. 4000년경으로 보고 있다. 1930년 이후부터 본격적인 발굴 작업이 들어간 모헨조다로에서 독특한 특징들이 드러났다. 약 4000명이 거주했던 것으로 추정되는 모헨조다로의 집들은 대부분 벽돌로 지어졌으며, 집집마다 거의 욕실이 있었다. 그리고 많은 집에 계단의 흔적이 있는 것으로 보아 집들이 2층이었거나 편평한 지붕의 빌라 형태로 보인다.

유서 깊은 지성의 전당, 이슬람 칼리지 대학

많은 외국인들은 1000루피의 뒷면에 있는 사진을 보고 관광지로 착각한다. 하긴, 이슬람 칼리지 대학Islamia College University은 관광지로 착각할 정도로 예쁜 건축 스타일과 깊은 역사가 있다. 카이베르파크툰크와Khyber Pakhtunkhwa 주의 주도州都인 페샤와르Peshawar에 있는 이 대학교는 파키스탄에서 오래된 몇 개의 대학 중 하나다. 이름 때문에 이슬람 칼리지 대학을

모헨조다로 유적지

이슬람 칼리지 대학의 전경
Photo by Saad Khan

신학교로 생각하는 이들이 많지만, 실제로는 일반 대학교다. 조금 다른 특징이 있다면 종교 규칙을 기본으로 운영되기 때문에 여학생과 남학생이 따로따로 교육을 받는다.

영국의 식민지 시절에 카이베르파크툰크와 주의 첫 주지사인 압둘 카이윰 칸Sir Abdul Qayyum Khan은 1909년에 그 당시 무슬림 학생들 위주로 교육을 하는 인도의 우타르프라데시Uttar Pradesh 주에 있는 알리가르흐 무슬림 대학Aligarh Muslim University을 방문한다. 여기에 다니는 카이베르파크툰크와 출신 학생들에게 뭐가 필요한지 묻자, 그들이 기숙사라고 응답했다. 고향을 떠나온 학생들의 고충이 인상적이었던 압둘 카이윰 칸은 알리가르흐 무슬림 대학을 모방해서 페샤와르에 이러한 종합 대학교를 세워야 한다고 결심했다. 이러한 배경으로 1912년에 이슬람 칼리지 대학이 건립되었다. 역사가 100년이 넘는 이 대학교는 넓은 부지에 푸른 녹지로 조성되어 있으며 전통과 명성을 이어가고 있다.

이 대학과 관련해 파키스탄의 국부인 진나가 남긴 유언도 대학의 명성에 힘을 더한다. 진나가 죽기 전에 혹시 자신의 재산이 남았다면 그중 3분의 1을 이슬람 칼리지 대학에 기부한다고 유언을 남겼다. 그만큼 파키스탄이 자랑하는 지성의 전당임을 보여주는 일화가 아닐까.

중남아시아의 지정학적인 열쇠, 카이베르 문

10루피에는 파키스탄에서 매우 흥미로운 지역인 연방 직할 부족 지역 Federally Administered Tribal Areas, FATA이 소개되어 있다. 카이베르파크툰크와 주의 주도인 페샤와르는 동시에 이 자치구의 주도 역할도 겸한다. 연방 직할 부족 지역이 자치구이면서도 다른 주의 주도를 자기 주도로 사용한 이유는 바로 지역의 특성에 있다. 연방 직할 부족 지역에는 수많은 부족이 거주하고 있고, 그 부족들은 모두 각 부족의 법을 기준으로 자치적으로 살고 있다. 즉, 이 지역은 행정구역상 파키스탄에 속하지만 정부의 규제나 행정법으로 통치하기 어려운 곳이다.

10루피의 뒷면에서 소개된 곳은 바로 연방 직할 부족 지역의 상징인 카이베르 문Khyber Gate이다. 현대적인 디자인으로 1964년에 건립된 카이베르 문은 역사적인 의미도 있지만, 남아시아를 중앙아시아로 연결해주는 카이베르 통로Khyber Pass를 상징하는 면에서 특별한 의미를 가지고 있다.

세계에서 가장 유명한 고갯길의 하나인 카이베르('강을 건너는'이라는 뜻) 고개는 파키스탄과 아프가니스탄을 연결하는 관문이기에 지정학적으로 매우 중요한 역할을 해왔다. 특히 무척이나 높고 험한 이 고갯길은 오래전부터 주요 교역로로, 중앙아시아에서 인도로 침입하는 공격 루트로 이용되었다. 알렉산더 대왕도, 칭기즈칸도 이 고개를 통과해 인도를 공격했다. 식민지 시절 영국도 노렸던 곳으로, 오랫동안 아프가니스탄 지역을 점령하려던 영국이 카이베르 통로를 장악하고 나서야 비로소 이 계

획을 성공시켰다. 오늘날 카이베르 통로에 제일 큰 관심을 가진 나라는 미국이다. 아프가니스탄 전쟁 때는 미국군과 나토군이 카이베르 통로를 통해 군사작전을 실행했고, 이후에는 카이베르 통로의 주도권을 두고 탈레반군과 나토군이 뺏고 뺏기를 거듭했다. 지금 카이베르 통로는 파키스탄군과 나토군의 통제를 받고 있는데, 아직도 탈레반군이 가끔 이곳을 공격한다.

파키스탄-중국 관계의 심벌, 과다르 항구

어느 나라 지폐에서든 그 나라의 경제 외교 상황을 느낄 수 있듯 파키스탄의 5루피도 마찬가지다. 5루피의 뒷면에는 과다르 항구Gwadar Port 사진이 있다. 이 항구의 역사 자체로도 파키스탄의 외교-경제적인 설명을 한참 할 수 있지만, 여기서는 간략하게 살펴보기로 한다.

발루치스탄 주의 남쪽에 있는 과다르 항구는 본래 200년간 오만Oman의 지배하에 있었다. 중국이 홍콩을 영국으로부터 반환 받았듯이, 파키스탄은 1958년에 이 항구를 오만으로부터 돌려받았다. 그리고 항구를 돌려받도록 지원해주었던 미국과 함께 여기에 많은 투자를 했다. 아라비아 반도의 지하자원을 중앙아시아로 운송하는 핵심 역할을 하는 이 항구는 미-파 동맹의 상징 중 하나였다.

최근 들어 미국이 인도와 더 가까워짐에 따라 파키스탄에 소홀한 모습이 나타나자 파키스탄 정부는 불안을 느끼고 있다. 이러한 과정에서 파키스탄 정부는 미-파 동맹의 경제 외교적인 부분들을 재검토하고, 더 나아가 중국과도 예상치 못한 협력을 할 때도 있다. 미-파 동맹이 유지되고

는 있지만, 과다르 항구가 있는 발루치스탄 지역 독립운동에 있어서 미국
의 충분한 지지를 얻지 못하자 파키스탄은 중국 카드를 도입했다. 2012
년부터 과다르 항구 운영권을 중국에 맡긴 파키스탄 정부는 정치 경제적
으로 한숨을 놓게 되었고, 이는 동맹국들에게 색다른 메시지를 제시했다.
현재 파키스탄 경제에 많은 도움이 되는 이 항구는 동시에 파키스탄-중
국 관계의 심벌이다.

과다르 항구

세계의 화폐 ⑧ - 네팔 루피

Rupee

필자가 네팔 화폐를 처음 수집한 것은 2005년 봄
이다. 한국어학당에서 공부할 때 네팔 친구가 있
었다. 그때는 친구에게서 받은 화폐가 앞으로 얼
마나 귀중하게 될지 전혀 몰랐다. 그 당시 수집한
2루피는 현재 네팔에서 거의 보기 힘들어졌다.
왜냐하면, 네팔 중앙은행이 2001년 이후 2루피
의 발행을 중단했기 때문이다. 더 중요한 것은 그
화폐 앞면의 국왕 초상화가 네팔 화폐에서 2007
년 말부터 사라지기 시작했다는 점이다. 여기서
제일 먼저 떠오르는 질문이 '한 화폐에서 국왕의
초상화가 사라졌다면, 그 나라에서 무슨 일이 일
어났을까?'이다. 이 질문에 답변하기 위해, 일단
그 왕의 삶을 살펴본다.

갸넨드라 비르 비크람 샤흐 데브, 네팔 왕국의 시작이자 끝

왕정 국가의 마지막 왕, 갸넨드라 왕

네팔에는 '라나 가문의 시대Rana Dynasty'가 있었다. 이 시기에는 네팔의 국왕이 있음에도 실질적으로는 라나 가문 출신의 총리가 국가를 통치했다. 거의 100년 넘게 라나 가문 출신의 9명이 네팔 왕가와 눈치 싸움을 벌이며 세습 권력을 장악했던 독재 시기였다. 이 라나 가문 시기는 갸넨드라 비르 비크람 샤흐 데브(Gyanendra Bir Bikram Shah Dev, 1947~) 왕이 1950년인 3살 때 왕위에 오르면서 사라졌다.

1950년 12월 갸넨드라 왕의 할아버지인 트립후완Tribhuvan 왕과 왕가가 모두 라나 가문의 모함 샴세르Mohan Shumsher 총리에 의해 인도로 망명을 떠나게 됐다. 불과 3살의 어린 갸넨드라를 왕위에 즉위시킨 모함 샴세르 총리는 이제 더 마음대로 권력을 휘두를 수 있게 되었다. 그러나 그의 바람과는 달리 어린 왕을 받아들이지 못한 네팔 국민들이 전국적으로 격렬한 반대 시위를 벌였다. 국민들의 저항이 거세지자 결국 트립후완 왕이 복위되고, 모함 샴세르 총리는 '라나 시대는 끝났다'고 선언하며 물러났다. 이 사건으로 라나 정권이 붕괴되고 실질적으로 왕이 통치하는 새로운 네팔 왕국이 시작되었다.

본인의 의지와 상관없이 왕위에 올랐다가 역시 그의 뜻과 상관없이 왕좌에서 내려왔던 갸넨드라는 2001년에 매우 비극적인 사건으로 인해 또다시 왕위에 오르게 되었다. 바로 '왕실 대학살 사건'이다. 2001년 6월, 부친에게 화가 난 디펜드라Dipendra 왕세자가 만취 상태에서 소총을 들고 나라얀히티 왕궁Narayanhity Palace에서 진행된 만찬회장에 들어왔다. 아직도 사건에 대해서는 확실하게 알려지지 않지만 비공식적인 정보들에 의하면, 왕세자가 화가 난 이유는 바로 라나 가문 때문이었다고 한다. 왕세자

갸넨드라 왕
Photo by Krish Dulal

가 사랑에 빠져 결혼하고 싶어한 여인이 있었는데, 하필 라나 가문 출신이었다. 아버지인 비렌드라Birendra 왕은 암울했던 라나 가문 시기가 다시 도래할 위험 때문에 아들의 사랑을 받아들일 수 없었던 것이다.

다시 그날 밤으로 돌아가면, 디펜드라 왕세자는 아버지인 비렌드라 왕을 비롯해 만찬회장에 있었던 9명을 살해한 뒤 자살을 기도했다. 자살은 실패했지만 중상을 입었던 디펜드라 왕세자는 왕위에 오른 지 사흘 만에 곧 사망했다. 조카가 죽고 왕위를 계승할 사람이 없자 갸넨드라가 50년 만에 다시 왕위에 올랐다.

왕세자가 일으킨 참극이 왕궁에서는 이렇게 끝이 났지만, 궁외에서는 또 다른 혼란으로 이어졌다. 당시는 마오이스트Maoist 게릴라가 일으킨 내전이 상당히 진전되어 국가가 크게 불안정했다. 더구나 왕실 대학살로 왕실은 국민들의 신뢰를 잃은 상태였다. 갸넨드라 왕은 이러한 난국에 제대로 대응하지 못하고 정권을 얻자마자 흔들리게 되었다. 점점 더 치안 문제가 극복할 수 없는 상태로 치닫자 갸넨드라 왕은 2007년 말 왕좌에서 물러나게 되었다. 네팔은 잠시 임시정부 체제로 지내다가 2008년에 '네팔 연방민주공화국'을 수립하면서 다시 정상화되었다.

하늘의 이마, 세상의 어머니_에베레스트 산

다시 화폐 이야기로 돌아가면, 2007년 500루피가 재발행되었을 때 지폐 앞면에 갸넨드라 왕의 초상화는 사라졌다. 예전에는 국왕이 네팔 국민을 대표했지만 네팔은 더 이상 왕정 국가가 아니었기 때문이다.

국왕 대신 새롭게 네팔을 상징하게 된 것은 무엇일까? 바로 세계 최고봉인 에베레스트 산Mount Everest이다. 에베레스트 산은 네팔과 티베트 사이에 위치하지만, 이 산의 이름은 전혀 네팔이나 티베트 느낌이 들지 않는다. 사실 에베레스트 산은 네팔에서 '사가르마타Sagarmatha' 즉, '하늘의 이마'라고 하고, 티베트에서는 '세상의 어머니'라는 뜻으로 '초모랑마珠穆朗瑪'라고 불렀다.

현재의 에베레스트라는 이름은 영국 출신 수리지리학자 조지 에버리스트George Everest의 성에서 온 것이다. 조지 에버리스트는 1830년에 인도 측량사 장관으로 임명되어 1843년까지 인도에서 현지 연구 활동을 했다. 업무를 마치고 다시 영국에 간 에버리스트는 왕립지리학회에 들어갔다. 에버리스트 다음으로 인도 측량사 장관이 된 그의 동료인 앤드루 스코트 워Andrew Scott Waugh가 왕립지리학회에서 산 이름을 에베레스트로 명명하자고 했는데 그 제의가 1865년에 인정받았다. 오스만제국 시기의 자료에는 에베레스트 산이 티베트어로 된 이름으로 표기되어 있고, 20세기 초기까지도 일부 학자들은 옛 이름을 사용했었다.

제4장

중앙-서남아시아, 용기의 신화를 기억하다

세계의 화폐 ⑨ - 투르크메니스탄 마나트

돌궐突厥은 6세기부터 8세기 중순까지 중앙아시아에서 중국의 수나라와 당나라를 괴롭혔던 유목 민족국가다. 사실 국가라기보다는 카간국(Khaganate, 칸 또는 카간에 의해 통치되는 정치적 독립체)이라고 하는 것이 더 정확하다.

돌궐이 중국의 공격과 군주 간의 다툼 때문에 멸망하자, 돌궐 사람들 중 일부가 서쪽으로 이주를 했다. 제일 멀리 이주한 돌궐 사람들이 오늘날 터키의 조상들이고, 태어났던 고향을 멀리 떠나고 싶지 않았던 돌궐 사람들이 중국 안에 있는 신장 위구르 자치구의 할아버지들이다. 이렇게 따져보면, 중국 신장부터 터키까지 그 사이에 있는 나라들의 선조는 모두 같다고 할 수 있다. 한 걸음 더 올라가서 중국 자료들을 보면 돌궐 민족의 뿌리는 흉노匈奴다. 일각에서는 러시아에 있는 사하Sakha 공화국부터 헝가리까지 다 같은 민족의 후손이라고 하지만, 그렇다면 모든 인류가 아담의 자녀인 셈이니 이야기를 단순하게 마무리 해야 되지 않을까 싶다. 언어로 따지면 위구르어나 터키어, 카자흐어까지도 서로 많이 비슷하다는 것 또한 사실이다. 어느 정도인가 하면, 필자가 중국에 있을 때 위구르족 식당을 자주 찾아갔었는데, 그때 터키어로 주문을 해도 식당 종업원들이 다 알아들었다.

돌궐의 후손들이 만든 오늘날의 독립 국가들을 보면 카자흐스탄, 키르기스스탄, 우즈베키스탄, 투르크메니스탄, 아제르바이잔 그리고 터키다. 이 나라들을 비롯해 이란, 러시아, 중국 그리고 기타 중앙아시아 국가들에 살고 있는 돌궐의 자손들도 서로 흩어져 산 지 꽤나 오랜 시간이 흘렀음에도 불구하고 여진히 같은 성신, 문화 그리고 언어를 공유하고 있다. 이번 제4장을 통해 이 6개국 중에서도 투르크메니스탄, 키르기스스탄과 터키의 화폐들을 중심으로 현대화된 돌궐의 모습을 소개하려고 한다.

화폐 이야기로 들어가기 전에 먼저 언급하고 싶은 이야기가 있다. 필자가 터키인이라는 사실 때문에 민족주의적으로 선택했다는 오해를 하지 않았으면 한다. 필자는 민족적 그리고 혈통적으로도 돌궐과 아무 관계가 없는 사람이다. 물론 필자는 터키 사람이지만 돌궐의 후손들인 투르크족Turks族이 아니고, 쿠르드족Kurd族이다. 즉, 6세기에 돌궐이 중국과 전투를 벌이고 있을 때 필자의 조상들은 중동에서 비잔틴Byzantine제국과 페르시아Persia제국들을 돌아다니고 있었다. 다시 말하면, 투르크족이든 아니든 앞에서 언급한 그 나라들의 화폐들을 객관적으로 살펴봐도 용기를 얻을만한 많은 사연들이 담겨 있다는 것을 알려주고 싶다.

투르크메니스탄의 식민지화

투르크메니스탄Turkmenistan은 한국인들에게 다소 생소한 나라일 것이다. 2015년 4월에 투르크메니스탄 대통령인 구르반굴리 베르디무함메도프Gurbanguly Berdimuhamedow가 한국을 방문하고 현충원에 가서 헌화를 올리기도 했지만, 신문 국제부에서만 언급되었을 뿐 한국인들에게 인식될 만큼 크게 알려지지는 않았다. 그래서 투르크메니스탄의 화폐에 대해 이야기를 하기 전에 먼저 이 나라의 역사적인 정보를 간략하게 소개하고자 한다.

투르크메니스탄이 민족국가로 탄생한 것은 소련蘇聯 덕분이다. 소련 이전의 러시아제국이 중앙아시아를 침략하기 전에는 이 지역에 많은 카간국들이 있었는데, 이 카간국들은 민족성보다 지역적인 특성으로 등장한 나라들이었다. 예를 들어, 현재는 투르크메니스탄의 영토에 있었던, 당시 히바 카간국(Khiva Khanate, 1511~1920)의 카간은 우즈베크족Uzbek族이었지만 다양한 민족의 국민이 어우러져 살고 있었다. 러시아제국이 중앙아시아에서 남쪽으로 진출하면서 히바 카간국은 많이 축소되었고, 이후 러시아의 보호국으로 변했다. 러시아제국이 남하 정책으로 얻은 중앙아시아 영토를 투르키스탄Turkestan 주라는 행정구역으로 통치하고, 나머지 몇 개국밖에 안 남은 카간국을 보호국으로 만든 상황이었다.

러시아제국에서 1917년 '10월 혁명'으로 사회주의 정부가 수립되자, 제국 영향권에 있는 행정구역들에서 잇따라 자발적으로, 아니면 강제로 소비에트 사회주의 공화국들이 등장했다. 이러한 계기로 투르키스탄 주는 투르키스탄 소비에트 사회주의로 변했다. 1922년에 소련(소비에트 사회주의 연방공화국)이 공식적으로 탄생하면서 행정구역들의 변화가 이어졌다. 이러한 과정에서 소련이 투르키스탄과 주변의 작은 카간국들을 합병하고, 중앙아시아를 민족에 따라 다시 분리 조정했다. 돌궐 민족이 모두 한 나라인 투르키스탄 소비에트에 모여 있는 것을 위협적으로 여긴 까닭인지 모르겠지만, 1924년에 소련은 이 소비에트를 분단시켰다. 이 분단 이후에 탄생한 소비에트들 중 하나가 투르크메니스탄 소비에트 사회주의 공화국이다. 그리고 1991년에 소련이 붕괴하면서 오늘날의 투르크메니스탄이 탄생했다.

마나트의 의미

투르크메니스탄과 아제르바이잔은 통화 이름으로 '마나트manat'를 사용하고 있다. 두 나라도 돌궐의 후손이니까 마나트를 투르크계 언어로 생각할 수도 있겠지만, 그렇지 않다. 20세기 초기부터 쓰이기 시작한 마나트라는 단어의 뿌리는 러시아어로 '동전'의 의미를 가진 '모네타moneta, монета'이다. 이 단어와 함께 영어로 '금전, 통화'를 의미하는 '마니타리monetary' 혹은 '돈'의 뜻을 가진 '머니money'는 전부 고대 로마의 여신인 유노 모네타Juno Moneta의 이름에서 생긴 것이다.

고대 로마신화에 따르자면, 유노 모네타는 로마의 경제를 지켜주는 여신이었다. 그래서 그의 신전인 유노 모네타 신전Temple of Juno Moneta 옆에는 그 당시의 동전을 주조하던 조폐 공사가 있었다. 그러한 의미로 라틴어에서 모네타는 '동전' 혹은 '동전을 주조하다' 같은 의미들이 있다. 이렇게 살펴보면 마나트는 통화 이름 중 제일 오래된 것이 아닌가 싶다.

바티칸 박물관에 소장되어 있는 모네타 동상
Photo by Shakko

오구즈 카간,
투르크멘의 시조

8세기 중순에 돌궐 카간국이 내부 봉기와 중국의 압박으로 멸망했다. 그 당시 돌궐 지역에 있던 오구즈 사람들이 오늘날 카자흐스탄이 위치한 곳에 오구즈얍구국(Oghuz Yabgu State, 750~1055)을 세웠다. 오구즈 사람들을 중국어로 오고사烏古斯, 영어로 오구즈 투르크Oghuz Turks 혹은 투르크멘 Turkmen이라고 한다. 100마나트 앞면에 있는 초상화가 돌궐의 일부 후예들의 움직임을 이해하는 데 도움을 준다.

오구즈 카간은 흉노의 묵돌과 동일인인가?

100마나트 앞면의 인물은 오구즈 카간Oghuz Khagan이고, 오구즈 사람들의 시조이며, 투르크 신화에 등장하는 인물이다. 한국으로 예를 들자면 단군과 같은 인물이다.

오구즈 카간 신화에는 오구즈 카간이 어떻게 태어나고, 어떻게 나라를 세우는가의 이야기가 담겨 있다. 이 신화는 성서처럼 인류의 탄생까지 올라가는 것은 아니고, 단군 신화처럼 오직 오구즈 씨족이 어떻게 탄생했는가에 관한 이야기만 나온다. 대다수 신화 속 인물들처럼 오구즈 카간은 매우 일찍 말을 하고 무척 빠르게 성장한다. 그러나 그의 아버지인 카야 카간이 관례에 따라 자신에게 넘겨줘야 할 권력을 동생에게 물려주려고 하자 오구즈는 아버지를 일부러 소리가 나는 화살을 쏘아 살해했다. 여기서 흥미로운 것은 이 이야기가 실제로 일어났던 한 사건과 매우 비슷하다는 점이다.

흉노의 왕인 두만 선우(頭曼 單于, ?~B.C. 209)는 전통대로라면 장남인 목돌 선우(冒頓 單于, ?~B.C. 174)를 왕세자로 정해야 하지만, 관습을 무시하고 중국계 후궁에게서 태어난 차남에게 뒤를 잇게 하려고 했다. 이를 알게 된 목돌 선우는 반란을 도모했고 아버지를 소리가 나는 화살로 살해했다. 이 흉노의 목돌 선우는 중국의 역사에도 기록되어 있다. 이처럼 목돌 선우의 일화와 오구즈 카간의 신화가 닮아있다 보니 투르크 역사학계에서는 이 두 인물이 같은 사람이 아닐까라는 의문이 계속 남아있다. 필자가 보기에는 모든 신화가 그 지역의 전설과 실제 이야기가 혼합되어 전해지는 것이니 이 정도 유사점은 가능한 것이 아닌가 싶다.

오구즈의 역사적 배경

내려온 이야기에 따르자면 그는 두 명의 부인이 있었고, 그 부인들에게서 세 명씩 총 여섯 명의 아들이 태어났다. 그 아들도 네 명씩 아들이 있으니까, 오구즈 카간에게는 총 24명의 손자들이 있었다. 바로 오구즈 사람들이 이 오구즈 카간의 24명 손자들의 후예들인 것이다. 오구즈 사람들은 24명의 손자들 이름으로 된 씨족끼리 모여 살았다. 24개 씨족의 일부는 소규모 도시나 마을을 형성했고, 일부는 대제국들을 세웠으며, 또 다른 씨족은 오구즈얍구국에서 계속 살았다. 예를 들면, 오구즈 카간의 21번째 손자인 이드르İğdir의 후예 씨족은 이란과 터키에 많이 이주해왔고, 여기서 작은 마을들을 만들며 살아왔다. 그래서 지금도 이란과 터키에는 이드르라는 이름의 마을이 많이 있다. 필자의 고향인 으드르İğdır 역시 이드르의 후예 씨족이 만든 도시다.

투으울 베이,
셀주크제국을 세운 장군

오구즈 카간의 손자들이 만든 씨족들 중 역사적으로 제일 큰 주목을 받은 부족이 첫째 손자인 카의Kayı의 카의 씨족과 막내 손자인 키닉Kınık의 키닉 씨족이었다. 카의 씨족은 비잔틴제국의 코앞까지 이주를 하고, 이후 비잔틴제국을 붕괴시키면서 그 유명한 최강대국 오스만제국(1299~1922)을 세웠다. 키닉 씨족은 오스만제국의 선구자인 셀주크Seljuk제국(1037~13세기 초)으로 역사 무대에 등장했다. 터키의 조상인 오스만제국은 300년 동안, 아제르바이잔과 투르크메니스탄의 조상인 셀주크제국은 거의 100년 동안이나 전 세계에서 가장 강한 나라로 위세를 떨쳤다. 자, 그렇다면 1마나트와 이 제국들이 무슨 연관이 있는 것일까? 바로 1마나트 화폐 속 인물인 투으룰 베이Tuğrul Bey가 셀주크제국을 세운 장군이다.

셀주크제국의 도약, 투으룰 베이

오구즈얍구국이 말기에 이르면서 매일매일 국내 갈등 문제로 흔들리고
있었다. 막판에 오구즈얍구국을 가장 많이 힘들게 했던 사건은 투으룰
베이의 할아버지인 셀주크 베이Selçuk Bey의 반란이었다. 셀주크 베이와 그
의 가족들은 투으룰 베이가 이슬람으로 개종하면서부터 비무슬림 왕에
게 내고 있던 세금 납부를 거부하고, 오구즈얍구국의 세무 대사를 쫓아
냈다. 이를 계기로 이슬람으로 개종한 나머지 오구즈 사람들이 셀주크 베
이를 지도자로 삼고, 셀주크 베이가 있는 남쪽으로 이주했다.

오구즈얍구국의 남쪽에는 인도 역사 이야기를 할 때도 잠깐 언급한
가즈나제국이 있었다. 985년 경, 오구즈얍구국에서 자치권을 얻고 영향
력을 키우면서도 셀주크 베이는 가즈나제국의 눈치를 봐야 했었다. 셀주
크 베이가 점점 세력이 커지자 가즈나제국에서 이를 위협적으로 여기고
셀주크 베이의 지역을 공격해 그의 아들을 납치하기도 해서 원한 관계가
되었다. 1007년에 셀주크 베이가 사망하자, 셀주크 베이의 아들들이 서
로 권리를 주장하고 나섰고 그 일족들은 새로운 지도자를 선출하지 못
한 채 혼란에 빠졌다. 결국 셀주크 세력은 셀주크 베이의 아들들에게 분
할되었다.

이후 셀주크 베이의 손자인 투으룰 베이는 가즈나제국의 반대 방향
즉, 현재의 이란 쪽으로 자신들의 영향력을 확대시키려는 전략을 실행했
다. 이란의 니샤푸르Nishapur를 정복한 그는 주변 지역까지 휘하로 끌어들
였다. 투으룰 베이가 오늘날의 이란 동부를 모두 정복했을 때는 이미 아
버지의 형제들이 모두 세상을 떠난 상황이었다. 투으룰 베이는 1037년

오구즈얍구국에서 독립을 선언하고, 나라 이름을 할아버지의 이름을 따서 '셀주크'로 정했다.

니샤푸르에서 술탄으로 즉위했지만, 투으룰 베이에게는 아직 필연적인 과제가 남아있었다. 바로 가즈나제국에 대한 복수였다. 예전에 투으룰 베이의 작은아버지를 납치한 가즈나제국은 셀주크 집단을 제일 괴롭혔던 숙적이었고, 세력 확장을 위해서도 필연적으로 부딪쳐야만 했다.

결국 1040년에 셀주크국은 가즈나제국과 전쟁을 시작했다. 대규모 군대와 코끼리 60마리를 끌고 온 가즈나제국이 단다나칸에서 셀주크국과 전투를 벌였다. 가즈나제국에 비하면 소규모에 불과한 셀주크의 군대를 지휘한 투으룰 베이는 현명한 군사전략으로 가즈나제국에게 큰 승리를 거두었다. 이 전쟁에서 얻은 승리로 가즈나제국의 일부 영토를 흡수한 셀주크국은 이제 제국으로 확대되었다.

사실 복수심은 아픈 과거에 집착해 오히려 스스로를 갉아먹는 해로운 감정이다. 우리는 용서를 통해 보다 성숙한 인간으로 앞을 향해 나아갈 수 있다. 그러나 과거의 상처를 만든 행위자가 현재도 여전히 비슷한 행동들을 하고 있다면 상황이 다르다. 자신의 생존을 위협하는 요소를 제거하고자 하는 것은 인간의 본능이며, 오히려 그 과정을 통해 과거의 트라우마는 긍정적인 역할을 하게 된다. 특히 투으룰 베이의 경우에는, 개인적 이유보다는 한 민족의 미래와 관련된 문제이기에 어떻게 보면 단다나칸 전투는 명예로운 복수라고 할 수 있지 않을까.

투르크족의 이슬람 수호 전통과 자부심

투르크족은 아랍 민족이 아니면서도, 아랍인들보다 더 이슬람에 대한 자부심을 많이 느낀다. 투르크족의 이러한 자부심은 투으룰 베이의 외교로부터 시작되었다. 투으룰 베이는 가즈나제국의 위협을 제거한 후 제일 먼저 이슬람 세계의 문제 해결에 나섰다.

앞 장의 브라질 헤알 편에서 소개했던 우마이야왕조를 무너뜨리고 등장한 이슬람 왕조는 아바스Abbās왕조(750~1258)였다. 초대 칼리프 왕조인 우마이야의 뒤를 이었기에 아바스왕조의 술탄에게는 모든 무슬림의 지도자인 칼리프라는 직책도 함께 부여되었다. 수도 바그다드를 중심으로 새로운 아랍 이슬람 문명을 발전시키고 강대한 전성기를 이루었지만, 이 시기에 이르러서는 왕조의 권력이 너무 많이 약화되어 있었다. 더욱이 당시의 칼리프이자 아바스의 왕은 부와이Buwayh왕조(932~1055)의 꼭두각시나 다름없는 상태였다. 다른 무슬림 국가들은 칼리프의 굴욕적인 모습을 보면서도 도움을 주지 못하고 있었다. 사실 부와이왕조에 맞설 용기가 없었던 것이 더 정확하다.

이러한 시기에 투으룰 베이가 군대를 이끌고 바그다드를 급습해 부와이왕조에게서 칼리프를 해방시켰다. 칼리프는 투으룰 베이에게 '이슬람의 지붕'이라는 명예로운 칭호를 주고, 셀주크제국을 이슬람을 지켜주는 군대로 정했다. 투르크족은 칼리프가 정치적으로 힘들어할 때마다 늘 지지하고 지원했다. 이러한 배경을 명예롭게 생각한 터키 사람들이 이후로도 이와 비슷한 사건들을 통해 이슬람과 관련해 아랍인들보다 더 큰 자부심을 가지게 되었다. 이러한 분위기는 오늘날 세속화된 터키인들에게도, 70년 동안 반종교적인 정책을 뿌려왔던 공산주의 소련의 지배를 받은 아제르바이잔이나 투르크메니스탄에게도 비슷하게 이어지고 있다.

술탄 센케르,
통일 셀주크의 마지막 황제

1마나트 다음으로 제일 작은 단위의 화폐인 5마나트는 셀주크제국의 종
말을 상징하는 화폐로 생각하면 된다. 이 화폐 속 인물의 이름이 센케르
sencer이다. 이 인물에 대해서 이야기하기 전에 잠시 필자의 고등학교 시절
이야기를 소개하고 싶다. 필자는 고등학교에 다닐 때 셀주크와 센케르라
는 두 단어을 자주 들었는데, 그 이유는 제일 친한 친구의 이름이 센케르
이고, 성이 셀주크였기 때문이다. 한번은 우리가 서로의 이름과 성의 역사
를 설명한 적이 있었다. 그때 센케르는 자기 이름을 이렇게 설명했었다.

　"우리 가문의 이름이 셀주크야. 그래서 역사 선생님인 아버지는 막내
인 나에게 셀주크제국의 마지막 황제의 이름인 센케르를 주셨지."

　친구의 설명에서 알 수 있듯이, 5마나트에 실려 있는 센케르는 셀주

크제국의 마지막 황제다.

마지막 군주, 센케르

터키 사람들의 호칭으로 술탄 센케르는 셀주크제국의 마지막 황제보다
는 사실 통일 셀주크의 마지막 군주였다. 센케르가 사망하면서 그 거대
한 제국의 땅이 셀주크 술탄가의 유력한 장군들에 의해 몇 개 국가로 분
열되었다.

　술탄 센케르의 아버지인 말리크샤Malik-Shāh 1세는 셀주크제국의 황금
시대를 열었다. 말리크샤 1세의 뛰어난 외교 능력과 군사작전으로 셀주
크는 불과 20년 만에 제국을 전 세계에서 제일 넓은 나라로 만들었다. 그
당시에 셀주크제국은 서쪽에서 비잔틴제국과 마르마라 해Marmara Sea를 통
해 이웃이 되었고, 동쪽에서는 카슈가르Kashgar를 정복하면서 현재 중국
영토의 일부까지 정복했고, 남쪽으로는 아라비아반도의 일부를 통치하
고 있었다. 짧은 시간에 전 세계에서 제일 강한 세력이 된 셀주크 왕가는
자연스럽게 가족 내 갈등이 불거져 나왔다. 외부에 늘 강한 모습을 보여
줘야 된다고 생각한 말리크샤 1세는 자기 친족 간의 문제들을 가능한 한
가족 안에서 해결하려고 했다. 주도권을 주장하는 셀주크 가문 출신 유
력한 장군들의 견해를 존중한 그는 친족 동생들의 지역을 종속국으로 인
정했다. 그러나 1092년에 불과 38세의 젊은 나이에 말리크샤 1세가 타계
하면서 이 분단 문제가 다시 수면 위로 올라왔다.

　말리크샤 1세의 사망 후 누가 제위를 이어받을 것인가가 큰 문제가
되었다. 전통대로라면 당시 13세였던 장남 베르크야루크Berkyaruk가 술탄

의 지위를 이어야 했지만, 실제로는 6살짜리 동생인 마흐무드Mahmud 1세가 술탄이 되었다. 말리크샤 1세는 계절에 따라 여름의 수도인 이스파한Isfahān과 겨울의 수도인 바그다드Baghdad로 옮겨다니며 통치를 했었는데, 그가 사망했을 때는 카라한 칸국의 공주 출신 부인과 함께 바그다드에 머물러 있었다. 그 칸국 출신의 부인이 바그다드에 있는 관료들을 움직여 자신의 아들인 마흐무드를 술탄으로 앉힌 것이다. 당시 이스파한에 있던 베르크야루크는 자신의 자리를 되찾기 위해 전쟁을 일으켰다. 베르크야루크와 마흐무드 1세 사이에 시작한 이 권력 다툼은 후대까지 이어지면서 오랜 시간 정쟁이 계속되었다.

　말리크샤 1세의 막내 아들인 술탄 센케르는 호라산Khorasan 주의 영주로 이 권력 다툼에 개입하지 않고, 오직 자기 영토에만 집중했었다. 1118년에 형이 죽고 어린 조카가 술탄으로 즉위하면서 상황이 달라졌다. 센케르가 조카의 계승을 인정하지 않으면서 권력 투쟁에 나선 것이다. 그리고 빠르게 권력을 장악하면서 26년이나 지속된 혼란에 종지부를 찍었다.

　셀주크제국의 술탄으로 즉위한 센케르는 일차적으로 중앙정부의 지시를 무시한 영주들을 공격해 혼란을 평정했다. 이미 동서남으로는 국토가 너무 많이 커졌기 때문에 그는 영토를 확장하기 위해 북쪽의 오구즈 사람들이 통치하고 있는 지역 정복에 나섰다. 1153년에 전쟁 중 예상치 못한 공격을 당하면서 술탄 센케르는 오구즈 사람들에게 잡혀 포로가 되고 말았다.

　술탄 센케르는 3년여 동안의 포로 생활에서 탈출해 다시 수도를 찾아왔다. 그러나 그 3년 사이에 나라가 이미 회복할 수 없는 상황이 되어 있었다. 그에게는 아들이 없었기에 셀주크제국은 강한 영도자를 선출하지 못하고 다시 혼란에 빠졌고, 술탄 센케르의 부인은 남편 걱정으로 너무 슬퍼한 나머지 병을 얻어 사망한 후였다. 이러한 상황에서 술탄 센케르 역시 오래 견디지 못하고 1157년에 사망하고 말았다. 그의 무덤이 터키 관광부의 지원으로 재건되었고, 현재 투르크메니스탄의 도시 메르브의 관광지로 유명한 곳이 되었다.

술탄 센케르 이후에 셀주크제국은 크게 4개 국가로 분할되었다. 현대적인 지명으로 말하자면 이란 셀주크 술탄국, 이라크 셀주크 술탄국, 시리아 셀주크 술탄국 그리고 터키 셀주크 술탄국이다. 4개 술탄국은 모두 센케르가 사망한 후 제국으로의 부흥을 시도했지만, 오직 터키 셀주크 술탄국 혹은 룸 셀주크 술탄국만이 성공하여 오스만제국이 탄생할 수 있는 환경을 마련했다.

코로울루,
독재자에 맞선 맹인의 아들

오늘날에도 터키, 아제르바이잔, 투르크메니스탄은 자신들의 조상을 셀주크제국으로 여기고 있다. 이들은 물론이고 투르크계 사람들은 아무리 넓은 지역에서 서로 먼 국가로 살고 있어도, 공통된 문화 의식을 잃지는 않았다. 투르크계 사람들의 의식이 얼마나 비슷한지 알 수 있는 하나의 사례가 바로 20마나트에 실린 인물인 코로울루Köroğlu, Görogly다.

용기와 정의의 상징, 코로울루

코로울루는 오늘날까지 그 죽음이 명확하게 밝혀지지 않았다. 아니, 사실은 문학작품 속 가공인물인지, 아니면 실존했던 사람들의 사연이 서로

섞여서 탄생한 합성 인물인지조차 분명하지 않다. 터키 역사를 보면 16세기에 코로울루라는 시인이면서 용감하고 정의로운 참전 용사가 있는데, 투르크메니스탄이나 우즈베키스탄 문학사에도 11세기에 코로울루라는 영웅이 있었다고 전해진다. 여기서 코로울루가 실제 인물인지 아니면 투르크 사람들의 전설 속 캐릭터인지를 다루고 싶지는 않다. 다만, 코로울루의 이야기와 그의 전설이 한 민족에게 어떤 감정을 심어주었는지를 전해주려고 한다.

한국에서 유명한 두 명의 터키 소설가가 있다. 오르한 파묵Orhan Pamuk과 작년에 고인이 된 야샤르 케말Yasar Kemal이다. 오르한 파묵은《내 이름은 빨강Benim adim kirmizi》으로 노벨문학상을 수상했고, 야샤르 케말은 몇 번씩 노벨상 후보에 자주 거론되었다. 한국에서도 예전에 '읽어야 되는 100권의 명작' 리스트에 야샤르 케말이 쓴《말라깽이 메메드Ince Memed》가 들어가 있었을 정도로 많이 알려진 작가이다. 야샤르 케말이 1967년에《아나톨리아의 세 신화Üç Anadolu Efsanesi》라는 책으로 터키에서 구전되어 전해지는 신화들을 정리했다. 이 책에서 정리한 세 가지 신화 중 하나는 바로 '코로울루의 전설Köroğlu Destanı'이다. 예상치 않게 큰 주목을 받은 이 책은 1969년에 영화로 만들어지는 등 많은 인기를 끌었다. 오늘날에도 가끔씩 그 영화가 TV에서 방송된다.

야샤르 케말이 정리한 그 전설에 따르자면, 16세기 중순에 오스만제국의 볼루Bolu 주의 영주가 거의 독재자처럼 지역을 다스리고 있었다. 어느 날 영주가 유명한 구종驅從인 유수프Yusuf에게 오스만제국 술탄에게 선물로 보낼 좋은 말 한 마리를 골라 오라고 지시했다. 유수프는 겉으로 보기에 약해 보이는 망아지를 골랐다. 그러자 볼루의 영주는 유수프가 데리

1989년 소련이 아제르바이잔 소비에트
공화국에서 발행한 코로울루 우표

영화 <코로울루 전설>의 포스터

고 온 말을 보고는 화가 나서 뜨겁게 달궈진 쇠꼬챙이로 유수프의 눈을 찔렀고, 유스프는 결국 맹인이 됐다. 유수프의 아들인 루쉔 알리Ruşen Ali는 아버지가 시킨 대로 그 망아지를 빛이 하나도 안 들어오는 헛간에서 키웠다. 이후 색깔도 이상하고 허약했던 망아지가 하얀색의 튼튼한 말로 변했다. 이것은 아버지와 볼루 지역 주민의 복수를 위한 사전 준비였는데, 모든 준비가 끝난 루쉔 알리는 코로울루라는 이름으로 혼자서 볼루의 영주에게 저항했다. 코로울루의 용감한 행동에 지지 세력이 생겼고, 자유롭고 정의로운 사회를 위해 독재자와 그 세력들을 공격한 코로울루는 이 과정에서 얻은 재산을 가난한 사람들에게 나눠주었다.

여기서 살펴봐야 할 것이 '코로울루'라는 이름의 의미다. 터키와 중앙아시아 국가들에서 쾨르Kör 혹은 고르Gor는 '맹인'이고, 오올루Oğlu 혹은 옥리^{oğli}는 '그의 아들'이라는 의미다. 그래서 코로울루는 '맹인의 아들'이라는 뜻을 가지고 있다.

투르크메니스탄 화폐 이야기를 하다가 터키 이야기를 하게 되어서 미안하지만, 터키와 중앙아시아 국가들에서 각각 코로울루의 전설의 내용이 살짝 다르면서도 비슷한 요소들이 있다. 제일 먼저 눈에 띄는 점은 코로울루가 맹인이 된 아버지의 아들이라는 것, 독재자에게 저항하는 것 그리고 얻은 재산을 지역 주민들에게 나눠주는 것이 동일하다.

여기서 투르크-이슬람 문학에서 흥미로운 포인트를 두 가지 알려주고 싶다. 한 가지는 예전에 나온 시나 연대기를 보면 현인이 주로 맹인으로 묘사된다. 그 이유는 눈의 필요를 느끼지 않을 정도로 현명하다는 것을 강조하기 위함이다. 또 한 가지는 어원적인 면이다. 오늘날에도 투르크계 언어에서 코르^{Kor}는 '잉걸불' 혹은 '불'을 의미한다. 불을 밝히면 빛이 생기는 원리 때문에 맹인과 불이 동음어가 되는 것이 아닌가 싶다.

데데 코르쿠트,
용기와 지혜를 전해준 전설 속의 인물

코로울루 이야기만으로도 투르크계 사람들이 서로 먼 나라에서 동떨어진 삶을 살면서도, 세상을 바라보는 방식이 얼마나 비슷한지를 알 수 있다. 같은 맥락에서 50마나트의 앞면에서 소개된 데데 코르쿠트(Dede Korkut, 투르크멘어 : Gorgut Ata)도 소개하고 싶다.

'할아버지'는 터키 말로 '데데dede', 투르크멘으로 '아타ata'이다. 따라서 데데 코르쿠트는 코르쿠트 할아버지라는 의미다. 데데 코르쿠트의 이야기가 담겨 있는 제일 오래된 문서는 바티칸 도서관과 독일의 드레스덴 도서관에 있는데, 그 도서들은 15세기에 작성된 것으로 보인다. 바티칸 도서관에 있는《오구즈 사람들의 이야기》에는 여섯 가지 이야기가 들어가 있다. 드레스덴 도서관에 있는《코르쿠트 할아버지의 책》에는 바티칸 버전에 있는 여섯 가지 이야기를 포함해 총 12가지 이야기가 담겨 있다.

신화이면서 실화 같은, 코르쿠트 할아버지

데데 코르쿠트의 책을 보면, 대다수가 10세기쯤에 오구즈 사람들의 삶을 배경으로 하는 신화이면서도 실화 같은 이야기들이고, 시나 산문으로 쓰여 있다. 모든 이야기에는 코르쿠트 할아버지가 무조건 마지막에 나타나고, 그 이야기의 핵심 사건을 다시 요약하여 교훈적인 메시지를 던진다. 여기서 중요한 것은 이 책들이 유럽에서 19세기에 발견되면서 처음 알려진 것이 아니고, 이미 중앙아시아 구비문학의 일부로 데데 코르쿠트 이야기들이 존재하고 있었다.

그렇다면 도대체 이 할아버지는 누구인가. 역사 속에서는 데데 코르쿠트라고 전설들을 전해주고 교훈적인 이야기를 하고 다니는 사람이 살

데데 코르쿠트 동상

았던 공식적인 근거가 없다. 또 흥미로운 것은 이야기들을 보면 주로 10
세기에 일어나는 사건들 같은데, 일부에서는 5세기나 6세기의 시대적 배
경도 있다. 또한 그 이야기들 속에서 데데 코르쿠트는 무슬림인지 샤만교
인지도 명확하게 구분하기 어려울 정도로 이중적인 모습을 취한다. 일부
이야기에서 데데 코르쿠트의 설교를 들으면 이슬람 학자의 발언으로 들
리지만, 나머지 일부는 샤만교 종교인의 말처럼 보이기도 한다.

　이처럼 투르크메니스탄의 일곱 가지 화폐 중 세 가지의 인물 인적 사
항은 애매모호하다. 실제로 살았던 사람인지, 아니면 가공인물인지 확실
하지 않다. 마찬가지로 데데 코르쿠트는 역대 투르크계 문화에서 공동체
에게 올바른 길을 보여준 어르신을 상징하는 가설 인물인지, 아니면 오
구즈 사람들의 신화들을 모아서 구비문학을 발전시킨 현인인지 오늘날
에도 정확히 알 수는 없다. 현재 수많은 나라에 데데 코르쿠트의 무덤이
라고 알려진 장소들이 있고, 지역 시민들이 그 장소들을 방문하고 기도
한다. 현재까지 이어지는 이런 관심들만 봐도 코르쿠트 할아버지가 진짜
로 존재했던 사람이라면 얼마나 특별한 인물이었을지 짐작할 수 있다.

　데데 코르쿠트에 관한 이야기를 마치기 전에 그의 가치관에 대해서
조금 언급하고 싶은 부분이 있다. 필자는 예전에 그의 이야기들을 읽은
적이 있었다. 모든 이야기들이 거의 잔치에서 일어나는데, 여기서 중요한
것은 이야기들의 주인공은 어떤 사건을 풀기 위해 노력하거나 어떤 적을
이겨내려고 한다. 이 과정에서 주인공이 본인의 잘못된 부분을 깨닫고,
그 깨달음을 토대로 모든 문제들을 해결하게 된다. 그리고 이야기 끝에
는 꼭 데데 코르쿠트가 나타나 이야기를 요점 정리하며 주인공의 수행을
소개하고, 특히 그 깨달음과 주인공의 용기 사이에서 연관점을 찾는다.

결과적으로 주인공이 용감했기 때문에 자신의 약점을 고칠 수 있었다는 판결로 마무리된다.

　개인적으로 데데 코르쿠트의 이러한 가치관에 공감한 부분은 누구나 스스로의 약점을 고치기 위해서는 용기가 필요하다는 것이다. 누구는 성에, 누구는 황금에, 또 누구는 권력에 약하다. 사람들이 저마다 가지고 있는 약점은 눈에 보이지 않는 적이다. 적과 맞서 싸울 때는 용기가 필요하듯이 자신의 약점을 고치기 위해서도 용기가 필요한 법이다.

마그팀굴리 피라기,
통합을 노래한 민족 시인

데데 코르쿠트의 사연이든, 코로울루의 전설이든 눈에 띄는 것은 예전에
는 투르크 사회에서 인정받으려면 시작詩作 능력이 있어야 된다는 것이다.
이제까지는 실존했는지 불분명한 인물들을 소개했는데, 이제 10마나트의
앞면을 통해 실제 살았던 인물과 투르크메니스탄의 문학을 접하려고 한
다. 그런데 이번에는 주인공의 출생과 사망 연도가 또 다른 의문점이다.

기록문학의 선구자, 마그팀굴리 피라기

10마나트 앞면에 소개된 인물은 시인 마그딤굴리 피라기Magtymguly Pyragy이
다. 그런데 이 인물의 출생과 사망 연도는 확실치 않다. 마그팀굴리 피라

기의 출생과 사망 연도가 위키피디아 투르크멘어 자료에는 1733~1813
년으로 나와 있지만, 위키피디아의 터키어 판에는 1733~1797년으로, 영
어판은 1724~1807년으로 기재되어 있었다. 또한 러시아어로 된 자료들
에는 1727년으로도 나와 있다. 한 가지 참고하자면, 매년 투르크메니스
탄 외교부에서 마그팀굴리의 생일을 기념하는 문학 관련 행사를 크게 주
최하는데, 2014년에 열렸던 290주년 기념행사가 터키와 아제르바이잔
등의 언론에 소개된 적이 있었다. 즉, 투르크메니스탄에서 공식적으로 인
정하는 마그팀굴리 피라기의 출생년도는 1724년이라는 이야기다. 사망
연도까지 덧붙이면 이야기가 더 길어질 것 같으니 여기까지만 언급하고
넘어가기로 한다.

마그팀굴리 피라기는 투르크메니스탄의 바로 남쪽에 있고, 현재 이
란에 속하는 곤바데카부스Gonbad-e Kāvus에서 태어났다. 사실 이름이 마그
팀굴리고, 피라기는 호로 사용했다. 우즈베키스탄에 유학을 가서 히바와
부하라에 있는 유명한 학교에서 공부한 그는 젊은 나이에 시를 쓰기 시
작했다. 그의 시에는 그 당시 일반 국민의 언어 습관이 담겨 있고, 화려하
고 어려운 언어로 시를 쓰지 않았다. 이런 연유로 그는 '근대 투르크멘어
기록문학의 선구자'로 꼽힌다.

투르크멘족의 기록문학이 뒤늦게 발달된 이유는 생활 방식의 변화
때문이다. 당시만 해도 계절에 따라 이주하며 살던 투르크멘 사람들이
18세기 초기부터 유목민의 삶을 버리고 도시 중심으로 정착해 살기 시작
했다. 투르크멘 사람들의 생활 방식이 변하다 보니까, 겪어보지 않았던
낯선 사회적 문제들을 경험하게 되었다. 바로 이때 피라기의 시들이 의미
있게 등장한다.

피라기의 시를 보면, 데데 코르쿠트처럼 역시 교훈적 내용이다. 사회 문제들을 환기시키고 문제점을 지적하면서 이 문제들을 어떻게 도덕적으로 극복할 수 있는지 설명한다. 특히 그 당시에 중앙아시아에서 왕조들이 자꾸 소멸 생성하면서 정치 및 치안 문제들이 많이 발생했는데, 그는 시를 통해 투르크멘족 통합의 중요성에 대해 계몽 활동을 많이 했다. 투르크멘 사람들에게 통일된 민족국가를 만들어야 한다고 처음으로 주장한 사람이 마그팀굴리 피라기인 셈이다. 그가 투르크멘족의 통합을 위해 많은 고민을 했다는 것이 바로 그의 시에 고스란히 담겨져 있다.

피라기는 단순히 문학적 재능만 뛰어난 시인이 아니었다. 그는 당시 유명한 종교인이나 철학자들에서 지도를 받았고 도덕, 종교, 철학적으로도 높은 식견과 의식을 갖춘 사람이었다. 그의 일부 시에는 이슬람적인 사상이 강하게 드러나지만 일부 시는 세속적인 말투로 쓰이기도 해서 종교보다는 도덕과 철학이 더 강하게 담겨 있음을 알 수 있다. 그는 세상의 진리를 비유법을 통해 설명하면서 자신의 철학을 쉽게 전달한다.

사파르무라트 니야조프,
탈소련 다섯 씨족을 하나로 묶다

투르크메니스탄의 화폐들 중에서 제일 큰돈은 500마나트인데, 한국 돈으로 약 17만 원 정도다. 이 화폐의 앞면에는 오늘날 '투르크메니스탄의 아버지'로 불리는 사파르무라트 니야조프(Saparmurat Niyazov, 1940~2006)의 초상화가 있다. 투르크멘 사람들을 비롯해 투르크계 사람들은 그의 실제 이름보다 '투르크멘 사람들의 아버지'라는 뜻으로 '튀르크멘바시 Türkmenbaşy'로 부르고 있다.

필자가 한국에 유학한 지 3년째 되었을 때, 그의 사망 소식을 접했던 순간을 아직도 생생하게 기억하고 있다. 터키 총리와 외교부 장관이 모두 일정을 취소하고 장례식에 참석하러 투르크메니스탄으로 향했었다. 반면에 그 당시 많은 외국인들은 그의 사망을 좋은 소식으로 받아들였다.

지금도 한국어로 그의 이름을 인터넷에서 검색하면 많은 비난과 악성 리플들을 쉽게 볼 수 있다. 그러나 필자는 사실 그에 대해서 악의적이거나 강하게 비난하는 투르크멘 사람을 보지 못했다.

철권통치 속 공적과 그늘, 튀르크멘바시

튀르크멘바시는 한편으로는 웃기고 한편으로는 이해가 안 가는 정책들을 한 것이 사실이다. 제일 대표적인 예는, 발레와 오페라 금지령이었다. 그는 발레와 오페라가 정통 투르크멘 문화에 맞지 않는다며 여자들의 발레와 오페라 활동을 금지시켰다. 이러한 면에서 보면 이슬람 종교의 분위기가 강해 보이지만, 사실 그는 이슬람주의 중심으로 정치를 한 사람이 아니었다. 또 다른 예를 들면, 턱수염도 금지시켰고, 자기가 직접 쓴《루흐나마Ruhnama》라는 책을 학교나 종교 장소 등에 필수 도서로 배치해 경전과 비슷하게 사용하도록 했다. 또한 자신이 심장 수술 이후에 담배를 끊었다고 해서 공직자의 흡연과 공공장소에서의 흡연을 금지하고, 자신과 어머니의 이름을 따서 각 달의 이름을 새로 붙이는 등 논리적이지 않지만 한편으로는 우습기도 한 일들이 있었다. 이처럼 그가 했던 일들만으로 보면 좋게 평가하기 어렵지만, 그 당시 그 지역의 상황을 감안하고 투르크메니스탄과 다른 나라의 상황도 비교하면 평가가 조금 달라질 수도 있다.

소련 시절에는 투르크계 소비에트들 사이에서 민족운동이 여러 차례 일어났었다. 그러나 막상 소련 붕괴 후 탈소련 국가들이 민주주의로 가는 길은 멀기만 했다. 또한 그 나라들 사이에 소련이 조정 분리했던 탓에 새로 정리해야 할 영토 문제들이 남아있다. 이 두 가지 문제 때문에 코카시아Caucasia와 중앙아시아에서 많은 충돌이 일어났다. 투르크메니스탄은 이웃 국가와 군사적으로 충돌을 한 적이 없고, 군부가 야권을 통제하는 과정에서 국민들의 항쟁이 일어나지도 않았다. 또한 튀르크멘바시의 일부 복지 정책이 실패하기는 했지만 천연가스와 물, 전기를 모두 무료화하고 투르크메니스탄 국민의 기본적인 생활수준을 안정화시켰다는 것은 큰 성공이라고 평가할 수 있다. 실제로 오늘날 투르크메니스탄에서는 권력 세습이 없고, GDP(국내 총생산)는 1만 달러가 넘는다.

튀르크멘바시에 대해 마지막으로 한마디 덧붙이면, 최종적인 평가는 독자 여러분에게 맡긴다. 한국에서 알게 된 한 투르크메니스탄 친구에게 그 나라의 정치와 사회 상황에 관해서 질문을 한 적이 있다. 그는 이렇게 답변했다.

"투르크메니스탄 국기를 보면 거기에 다섯 개의 표시가 있어. 그 표시들은 투르크메니스탄에 있는 다섯 가지 씨족을 상징하지. 사실 현재 대통령인 튀르크멘바시가 없었다면, 우리는 벌써 서로 싸우고 나라를 엉망으로 만들었을 수도 있었어."

세계의 화폐 ⑩ - 키르기스스탄 솜

COM

2011년 12월경 필자는 중앙아시아 국가 중 카자흐스탄과 키르기스스탄으로 출장을 다녀왔다. 출장을 떠나기 전, 두 국가의 화폐를 모을 수 있다는 기대에 가슴이 설레었다. 필자는 대전에서 유학 중 카자흐스탄과 키르기스스탄 친구들에게 화폐를 한 장씩 받은 적이 있었는데, 이번 방문을 통해 깨끗한 새 화폐를 수집할 수 있으리라고 기대했다. 그런데 키르기스스탄 수도 비슈케크Bishkek의 환전 센터에서 화폐를 받고 보니, 필자가 이미 모았던 것과는 전혀 달랐다. 그 이유는 키르기스스탄에서 2009년부터 새로운 화폐들을 발행했기 때문이었다.

솜의 의미

키르기스스탄Kyrgyzstan의 화폐 단위는 '솜Som'이라고 한다. 솜은 예전에 카자흐스탄, 현재는 우즈베키스탄에서 쓰는 화폐 단위다. 과거 카자흐스탄·키르기스스탄·우즈베키스탄 사람들은 소련의 화폐 단위인 '루블рубль'을 솜이라고 지칭했었다. '솜'은 돌궐 민족들의 고유 언어로 '순純하다'와 같은 의미를 가지고 있다. '솜'을 아무 단어에 붙여 형용할 수는 없고, 오직 금에만 붙여 형용사로 쓸 수 있다. 예전에는 솜 자체로도 순금을 의미했었다. 필자가 보기에는 발음도 비슷하고 의미도 똑같아서 한국인들이 키르기스스탄 화폐를 '솜'이 아닌, '순'이라고 해도 무방할듯하다.

키르기스스탄은 소련이 붕괴된 후에 러시아의 화폐인 루블을 사용했었다. 대부분의 탈소련 국가들이 독립하고 나서 자기네 화폐를 발행했지만, 키르기스스탄은 1993년까지 루블을 공식 통화로 사용했다.

키르기스 사람들은 투르크계 민족이고, 돌궐이 멸망하면서 키르기스 사람들은 다른 투르크계 민족들과 완전히 분할되었다. 투르크계 민족들과 그들 사이의 관계를 설명하려면 언어 이야기를 하는 편이 더 이해하기 쉬울 것 같다. 투르크계 언어와 한국어는 같은 언어 계통인 알타이어족Altai語族에 속한다. 투르크계 언어는 크게 오구즈어족, 킵차크어족, 위구르어족, 시베리아어족의 네 개 종류로 갈라져 있다. 남서투르크어라고도 하는 오구즈어족은 터키어, 아제르바이잔어, 투르크마니스탄어를 포함한다. 북서투르크어인 킵차크어족은 키르기스어, 카자흐어, 타타르어를 포괄한다. 남동투르크어라고도 하는 위구르어족에 속한 언어들이 말 그대로 위구르족이 살고 있는 중국의 신장 자치구와 우즈베키스탄에서 쓰이고 있다. 그리고 러시아 시베리아 지역에 작은 자치 공화국들에서는 북동투르크어인 시베리아어족에 속한 언어들이 사용된다. 십 몇 세기까지 거의 비슷한 언어를 사용했던 사람들이기에 오늘날 언어가 이렇게 분단되었어도 서로 조금만 공부를 하면 쉽게 터득할 수 있고, 간단한 것들은 특별히 공부하지 않아도 서로 통한다. 앞서 투르크메니스탄 마나트 편에서도 소개했지만, 중국에서 위구르족 식당 종업원에게 그냥 터키 말로 주문했는데, 종업원이 다 알아들었던 것이 그런 연유다.

유수프 발라사긴,
투르크족의 정치철학을 확립한 사상가

돌궐의 후예들에게 공동 유산은 언어뿐만 아니라 역사도 있다. 특히 일부 인물들의 민족적 배경을 가지고 오늘날 이 나라들이 서로 역사적인 논쟁을 할 정도다. 제일 대표적인 예는 데데 코르쿠트다. 데데 코르쿠트는 아제르바이잔에서는 아제르바이잔 사람으로, 터키에서는 터키인으로, 투르크메니스탄에서는 투르크멘족으로 소개된다. 데데 코르쿠트는 어느 민족인지뿐만 아니라 실존 인물인지조차 분명하지 않다.

그와는 달리 실제로 살았었는데도 오늘날 돌궐의 후손 국가들에서 각각 자국의 사람으로 알려진 또 다른 인물 한 명을 1000솜을 통해 소개한다. 바로 유수프 발라사긴(Jusup Balasagyn, 1017~1077)이다.

키르기스스탄 사람들은 이 유명한 정치학자를 그가 태어난 도시 이름 발라사긴을 붙여 함께 부르고 있지만, 외국에서는 '유수프 하스 하집 Yusuf Has Hacip'이라는 이름으로도 알려져 있다. 유수프는 투르크족의 플라톤 혹은 마키아벨리로 불러도 될 것 같다. 이 두 명의 서양 학자가 쓴《국가론》과《군주론》이 서양의 통치 스타일을 묘사하듯이 유수프가 쓴 책이 투르크계 나라들에서 같은 역할을 한다.

중세 시대 투르크족 나라들에서 정치에 관한 명작은, 셀주크제국의 재상 니잠 알물크Nizam al-Mulk가 쓴《시야셋나마Siyâsetnâma》와 거의 비슷한 시기에 유수프 발라사긴이 쓴《쿠탓구 빌릭(Kutadgu Bilig, 중국어: 福樂智慧)》이 있다. 이 두 권의 도서는 투르크계 민족들의 정치적인 사고방식을 보여주는 것으로 그 당시 투르크족 군주들의 필독서였다. 필자가 두 도서를 모두 읽은 바로는《시야셋나마》가 좀 더 학문적으로 깊다고 생각하지만,《쿠탓구 빌릭》은 페르시아어가 아니라 투르크계 언어로 쓰였기 때문에 투르크 문화의 기록적인 의미가 있다.

유수프는 현재 중국 신장 위구르 자치구에 위치한 카슈가르에서 태어났다. 카라한 카간국Kara-Khanid Khanate의 수도인 카슈가르는 그 당시 매우 발전한 도시들 중 하나였다. 어린 시절 유수프는 보다 더 우수한 교육을 받기 위해 수도를 떠나 이전의 수도인 발라사긴으로 유학을 떠난다. 그곳에서 뛰어난 학생으로 명성을 얻으며 중앙아시아에서 '유수프 발라사긴'이라는 이름이 넓게 퍼져나갔다.

투르크어로 쓴 '국가론'의 민족 학자, 유수프 발라사긴

그는 우주학을 먼저 배웠고, 수학과 기하학을 공부했다. 신이 수학과 기하학을 이용해 세상을 창조했다고 믿으며, 우주학을 배우려면 무조건 수학과 기하학의 고수가 되어야 한다고 주장했다. 그는 '수학과 기하학은 사람에게 도를 깨닫게 만든다'고 할 정도로 두 학문을 하나의 수행 방식으로 여겼다.

유수프는 처음에 우주학을 통해 명성을 떨쳤지만 그 외의 다른 학문들도 섭렵했다. 그는 카라한 카간국의 군주 울루 부으라 카라 한Uluğ Buğra Kara Han에게《쿠탓구 빌릭》을 헌사했다고 알려진다.《쿠탓구 빌릭》의 내용은 플라톤의《국가론》처럼 사람이 어떻게 살아야 하는지, 국가를 어떻게 통치해야 하는지 등에 대해 설명하는 교훈적인 것이다. 그러나 글의 구도는 특이하다. 형태적으로는 시로 보이지만 소리 내면서 읽어보면 그것을 듣는 사람 입장에서는 시가 아니고 산문이다. 그때 헌사한 책을 높이 평가한 울루 부으라 카라 한은 그에게 '하스 하집Has Hacip'이라는 명칭을 내렸다. 하스는 '핵심, 오리지널' 같은 의미이고, 하집은 현대식으로 말하면 '비서'의 뜻이다. 즉, 유수프는 명칭만 받은 게 아니라 카라한 카간국의 비서실장 혹은 총리 같은 직위를 얻은 것이었다.

《쿠탓구 빌릭》이 당시에는 유명한 도서였지만, 한두 세기가 지나가면서 거의 잊혀졌다. 그러다가 19세기 말기에 투르크족에 관한 연구들이 활발해지면서 알려지고 번역된 도서들 중 하나였다. 1890년에 유명한 오리엔탈리스트인 아르민 왐베리Ármin Vámbéry는 처음으로 이 책을 독일어로 번역하면서 국제 투르크 학계에서 주목을 받았다. 당시에 이 책은 투르크족의 중세 시대를 밝히는 데 있어서 큰 연구 자료가 되었다. 이후 이집트에서 오래전 아랍어로 번역되었던 사본 한 권, 또 20세기 초에 현재 우즈베키스탄과 키르기스스탄 국경 지대인 페르가나에서 위구르 말로 기록된 현존하는 가장 오래된 사본이 발견되면서 현대에 와서 다시 세간의 관심을 집중시켰다.

유수프 하스 하집에 관한 정보는 이 세 개의 《쿠탓구 빌릭》 사본 밖에 없다. 책을 쓸 때 자신에 대해서 언급하지 않고 연도를 기록하지 않았기에 유수프 하스 하집에 관해서는 아무것도 알 수가 없다. 그러한 이유로 그의 사망 날짜도 불확실하다. 이처럼 그에 관한 정보의 한계는 있지만, 그를 통해 투르크계 민족들이 예전에 하나의 민족으로 살았다는 것을 확실하게 알 수 있다.

필자는 유수프 하스 하집을 통해 다시 생각해보게 된 것이 있다. 이미 전 세계가 국경 없는 글로벌 시대를 살고 있지만, 이 시대에 알맞은 자세가 무엇인지는 조금 애매하다. 다국적 기업들, 국제기관 등에서 민족성과 국가 정체성을 넘어 세계 시민으로 일하는 것이 글로벌 시대적 삶이 된 것도 같다. 그러나 경계가 없는 삶을 살고 있다고 하더라도 본인의 근본을 잊으면 안 된다고 생각한다. 유수프 하스 하집의 나라인 카라한 카간국은 다민족이 모인 제국이었기에 한 민족 중심으로 되어 있지 않았다. 분야별로 사용하는 언어도 모두 달랐는데 학문에 사용하는 언어는 아랍어, 문학에 사용하는 언어는 페르시아어(이란어)였다. 행정어는 지방에 따라 달라졌고, 카간이 투르크족 출신이었음에도 오직 군대에서만 투르크어를 사용했다. 그런데 유수프는 일반적인 상식을 깨뜨리고 처음으로 자기네 민족 언어인 투르크족 언어로 학술적인 도서를 펴냈다. 그로 인해 오히려 그의 이름이 오늘까지 전해지게 되었다. 물론 자기 민족만 우월하다는 의식으로 쓸데없는 자만심을 가지면 안 되지만, 자신의 민족을 도외시하는 것도 있을 수 없는 일이다. 건강한 국제화는 자기 문화의 좋은

술레이만 산의 전경
Photo by Christian Gawron

점들을 살리고, 자기 정체성을 잊지 않는 상황에서 남의 문화를 받아들이는 것이라고 생각한다.

유네스코 세계유산, 성지 술레이만 산

1000솜의 뒷면에 보이는 산은 술레이만 산Sulaiman 山이다. 술레이만은 성경에 등장하는 솔로몬의 투르크족 언어로 된 발음이며, 실제 솔로몬의 묘지라고 소개된 사원도 이 산에 있다. 술레이만 산은 중국의 유명한 톈산Tian Shan 산맥 중 일부분이며, 현재 키르기스스탄에서는 유일하게 유네스코 세계 문화유산에 등록된 장소다.

　이 산의 특징은 중앙아시아에 있는 성스러운 산들sacred mountains 중에서도 볼거리가 제일 풍부하고 종교적인 의미가 많아 성지로 여겨진다. 특히 일부 키르기스 여성들이 건강하고 용감한 아이를 낳기 위해 출산 전이 산에 오르곤 한다. 무굴제국 시대의 수많은 이슬람 사원들도 아직 이곳에 산재해 있으며, 역사적인 유적지가 많아서 그런지 소련 시절에는 이 산에 술레이만 국립역사고고학종합박물관National Historical and Archaeological Museum Complex Sulayman을 세우기도 했다.

사약바이 카랄라에브,
민족 정체성을 노래하는 음유시인

키르기스 사람들을 비롯해 중앙아시아에 남은 돌궐 후손들의 문화에서
는 코푸즈Kopuz나 돔브라Dombra라는 전통 악기를 치면서 전설이나 시를
낭독하는 것이 매우 중요하다. 음유시인이나 이야기꾼 같은 역할을 한 이
들은 '아킨Aqyn'이라고 불리며, 국민의 사랑을 받고 사회에서 정신적인 스
승 역할을 한다. 이 문화가 아직도 생생하게 남아있는 투르크계 민족은
아마도 키르기스족이 아닌가 싶다. 키르기스스탄의 화폐들 중에 20솜,
100솜, 500솜의 앞면에 소개된 인물들은 모두 아킨이다. 여기서는 100솜
에 소개된 인물에 대해서만 길게 이야기하고 나머지는 생략하도록 한다.
세 명의 문학계 인물을 소개하는 것보다 오히려 20솜과 500솜의 뒤에 보
이는 생소한 장소들의 이야기를 전해주는 것이 더 재미있을 것이다.

마나스, 키르기스인의 아리랑

키르기스스탄 화폐들 중에 20솜을 통해 소개할 토골록 몰도는 500솜에 사진이 실린 사약바이 카랄라에브(Sayakbay Karalaev, 1894~1971)와 아킨이라는 것 이외에 공통점이 한 가지 더 있다. 바로 '마나스츠manaschi'라는 점이다. 마나스츠는 키르기스의 유명한 신화이자 영웅담인 '마나스의 전설 Epic of Manas'을 코푸즈 연주와 함께 뼛속까지 깊이 느끼면서 무아지경에 빠진 듯 낭송하는 아킨을 의미한다. '마나스의 전설'에만 전문적으로 집중하는 아킨인 것이다. 그렇다면 키르기스스탄의 그 수많은 이야기, 신화, 시, 전설 중에서도 유독 이 '마나스의 전설'이 중요한 것인가?

'마나스의 전설'은 마나스라는 키르기스 청년의 삶을 주제로 한다. 중국에 있는 거란족이 세운 서요(西遼, 대거란국)와 카라한 카간국 사이에 전쟁이 있을 때, 마나스가 자기 부족을 중국으로부터 보호하는 과정에서 벌였던 용감한 일들이 이 전설의 핵심 이야기다. 웬만한 투르크계 신화들과 비슷하게 마나스도 역시 태어나서 일주일 만에 일곱 살 아이만큼 자랐고, 바로 고기를 먹고 씨름을 했으며 말도 탈 수 있었다. 마나스의 전설은 오직 키르기스족에만 있으며 키르기스 사람들의 민족 정체성 정립에 있어 중요한 역할을 한다.

필자가 한국에 처음 왔을 때 음이 서로 다른 수많은 전통 음악을 들었는데, 누군가에게 물어보면 다들 노래 제목을 '아리랑'이라고 답변했었다. '아리랑'이 여러 가지 음으로 불리듯이 이 '마나스의 전설'도 130여 가지 형태가 있다. '마나스의 전설'은 일종의 구비문학이다 보니 천년 동안 모든 마나스츠들이 자기네 나름대로 내용을 추가해서 주인공과 가족이 통일된, 그러나 조금씩 다른 내용의 수많은 전설이 생기게 되었다. 독일계 러시아 출신 투르크족 학자인 와슬리 라드로프Vasili Radlof는 키르기스스탄에서 몇 명의 마나스츠들을 찾아 그들에게 들은 것을 모아 처음으로 마나스 전체를 모두 기록했다. 라드로프가 쓴 전설이 얼마나 긴지 모르지만, 키르기스 사람들에게 물어보면 원래 전설은 200만 문장으로 구성된다고 하니 세계에서 가장 긴 서사시로 꼽힐만하다.

　의외인 것은, 마나스는 신화 속 인물인데 실제로 존재했다고도 한다. 500솜 뒤에 보이는 건물은 바로 마나스의 묘지The Dome of Manas이다. 이 묘지는 13세기 말이나 14세기 초에 만들어졌다고 한다. 신화에 따르자면,

아킨 동상
Photo by Firespeaker

마나스가 죽으면 자신을 탈라스Talas에 묻으라고 유언했다고 하는데, 이 무덤은 현재 탈라스 주에 가까운 곳에 위치하고 무덤 위에 쓰여 있는 글이 마나스의 전설과 유사한 것을 보면 마나스의 무덤이 틀림없다.

　마나스라는 사람이 실제로 살았다면 '태어나서 일주일 만에 일곱 살이 되고, 바로 고기를 먹고 씨름을 했으며 말을 탔다'는 이야기를 어떻게 받아들여야 할까? 물론 당연하게도 생물학적으로는 가능하지 않은 일이다. 대부분의 신화들이 이렇게 탄생한다. 한 인물이 위대한 공적을 세우면 그 후세대들은 그를 영웅으로 칭송하며 높이 평가하게 된다. 여기서 중요한 것은 영웅으로 추앙받는 인물이 국민들 스스로에게서 우러나 높이 평가를 받은 것인지, 아니면 권력과 힘을 동원해서 억지로 포장한 것인지이다. 후자는 독재자이고, 전자는 전설의 주인공이 된다. 신화나 전설들은 영웅을 따르는 이들의 마음이 자연스럽게 움직여 빚어낸 감동과 사랑의 드라마이기 때문이다.

토골록 몰도,
천년의 시간을 노래하다

20솜의 앞면에 있는 마나스츠 토골록 몰도(Togolok Moldo, 1860~1942)는 나린 출신 사람이다. 20솜의 뒷면에 소개된 타쉬 라바트Tash Rabat도 역시 나린Naryn 주에 위치한다. 타쉬 라바트는 키르기스스탄의 중요한 다섯 가지 역사 유적지 중에 하나로 꼽히는 곳이다.

천년의 시간을 지켜온 타쉬 라바트

중국의 이웃 국가인 키르기스스탄은 오래전부터 동서양 무역의 중심로였던 실크로드의 중요한 지역들 중 하나였다. 특히 키르기스스탄은 지리적으로 산이 많다 보니 겨울에는 날씨가 너무 춥고 눈과 바람도 많았다.

여행자 쉼터인 타쉬 라바트
Photo by Gustavo Jeronimo

때문에 실크로드를 통해 동양의 질 좋은 비단을 중동이나 서양에 팔기 위해 서쪽으로 가는 상인들이 쉴 수 있도록 길목에 만들었던 캐러밴서라이(kervansaray, 여행자 쉼터)가 키르기스스탄에도 많았다. 타쉬 라바트는 그런 캐러밴서라이 중 하나다.

타쉬 라바트를 매력적으로 만든 것은 이 건물의 숨겨진 역사다. 해발 3530미터에 위치한 캐러밴서라이는 오랫동안 알려지지 않았는데, 카자흐 출신 학자이자 탐험가인 친기소위치 왈리하노브Çingisoviç Valihanov가 발견해 소개했다. 그가 쓴 서적에 따르자면 타쉬 라바트는 15세기에 캐러밴서라이 목적으로 지은 것이라고 한다. 그런데 그 후에 이루어진 연구들을 통해 알려지지 않았던 이 건물의 역사가 더 드러나게 되었다. 타쉬 라바트는 8~9세기에 처음에는 불교 수도원으로 만들어졌다가 다음에 네스토리안 교회Nestorian Church 수도원으로 쓰였다. 네스토리안 교회 신자들이 이 지역을 떠난 12세기 이후부터 타쉬 라바트는 캐러밴서라이로 사용하게 되었다.

우즈베키스탄의 수도는 타쉬켄트Tashkent다. 여기서 타쉬(Tash 혹은 Taş)는 '돌'이라는 의미고, 켄트kent는 '도시'를 뜻한다. 즉, 우즈베키스탄 수도의 의미는 '돌로 된 도시'다. 이 이야기를 왜 했는가 하면, 타쉬 라바트의 의미를 설명하기 위해서다. 라바트는 투르크 언어로 '성' 혹은 '요새'를 의미한다. 그래서 타쉬 라바트 역시 '돌로 된 성'을 뜻한다. 예전에 키르기스스탄에 있었던 수많은 캐러밴서라이 중에 오늘날 타쉬 라바트처럼 남아있는 것은 몇 개밖에 되지 않는다. 타쉬 라바트가 높은 위치에도 불구하고 오늘까지 이렇게 든든하게 남아있는 이유는 바로 그 이름에 담겨 있다. 타쉬 라바트는 완전히 돌로 만든 건물이라 강한 눈바람에도 무너지지 않고 천년의 시간 동안 꿋꿋이 잘 견딘 것이다.

톡토굴 사틸가노브,
시를 지어 평등과 애국을 노래하다

100솜의 앞면 초상화에 있는 아킨의 이름은 톡토굴 사틸가노브(Toktogul Satylganov, 1864~1933)이다. 다른 아킨들과 달리 음악 교육을 체계적으로 받지 못했던 톡토굴은 주변 사람들 어깨너머로 배우고 스스로 익혔다. 그는 가축을 기르면서 자연에서 받은 그 순박한 감정을 담아 연주하다 보니 어느 순간부터 그 지역에서 뛰어난 아킨으로 유명해졌다. 그런데 톡토굴은 불가능한 사랑에 상처를 받으면서 세상을 바라보는 시각이 달라진다.

평등과 애국을 노래한 시인, 톡토굴 사틸가노브

숱한 대회에서 그 지역의 유명한 아킨들을 이기고 젊은 나이에 유명해진 톡토굴은 한 세도가의 딸과 사랑에 빠지게 되었다. 그러나 그 여자의 아버지가 둘의 결혼을 반대했다. 톡토굴을 아끼는 지역 학자들과 지도자들이 아무리 그 세도가를 설득하려고 해도, 소용이 없었다. 결국 사랑하는 연인과 결혼하지 못한 톡토굴은 이를 계기로 사회문제들에 관심을 가지게 되었다. 사람들이 직업이나 가문 때문에 차별을 받아서는 안 된다고 생각한 그는 이러한 평등주의 사상을 시를 통해 전파했다. 사회에서 주도적인 역할을 했던 사람들이 국민에게 잘못된 행동을 취했다면, 그의 시에 호되게 비판당하곤 했다. 이미 국민의 사랑을 크게 받고 있던 톡토굴은 이러한 활동으로 지역 주민들의 정신적 스승으로 존경을 받게 되었다. 그리고 국민의 양심을 대표하던 톡토굴은 러시아제국의 침략에 맞서 애국자로 한층 이름이 드높아졌다.

톡토굴 사틸가노브는 현재 키르기스스탄의 오시Osh에서 태어났다. 그 당시 오시는 코칸트 카간국Khanate of Kokand의 대도시 중 하나였는데, 1876년에 러시아는 이 국가를 멸망시켰다. 코칸트 카간국의 일부 지역이 러시아제국의 지배를 거부했고, 나라를 잃어버렸지만 키르기스 사람들은 여전히 곳곳에서 러시아제국에 저항했다. 바로 이 시기에 톡토굴은 러시아제국의 지배를 반대하고, 러시아제국과 협력한 키르기스 지도자들을 매국노라고 강하게 규탄했다.

톡토굴이 러시아제국과 친러파를 규탄하는 시를 낭독하며 돌아다니다 보니 애국자로서 명성이 높아졌다. 러시아제국에 저항하는 사람들도

독토굴 아킨의 초상화
작자 미상

독토굴의 이름을 딴 독토굴 수력발전소

톡토굴의 시를 통해 용기를 되찾게 되자 친러파에게는 톡토굴이 거슬렸다. 무함마드 알리 마달리Muhammad Ali Madali의 주도하에 키르키스 사람들이 일으킨 1898년 해방운동이 러시아제국의 과잉 탄압으로 실패하고, 톡토굴도 이 운동에 연계되었다는 혐의로 구속되었다.

톡토굴은 그 지역에서 민심을 크게 얻고 있는 인물이기에 억류보다는 회유가 낫다고 판단한 친러파 키르키스 공무원들이 러시아 황제를 칭송하는 발언을 하면 석방하겠다고 톡토굴을 회유하고 협박했지만, 그는 끝까지 굴복하지 않았다. 뜻을 굽히지 않은 애국 시인은 러시아 황제를 칭송하는 것보다 차라리 시베리아 망명을 택했고, 결국 20세기 초에 시베리아에 있는 교도소로 끌려갔다. 어린 시절을 자연과 함께 보냈던 그는 시베리아의 그 추운 날씨에도 생각보다 잘 견디다가 4년 만에 교도소를 탈출했다. 톡토굴이 다시 고향을 찾아왔을 때, 아들은 죽고 아내는 떠났으며 어머니는 병들어 있는 상황과 맞닥뜨리고 극심한 슬픔에 잠겼다.

이 시기에 러시아에서 공산주의 혁명이 일어났고, 공산주의자들은 톡토굴 같은 국민의 사랑을 많이 받아온 시인이나 학자들의 지지를 얻으려고 앞장섰다. 소련이 러시아제국이 점령했던 그 커다란 영토에 살고 있는 민족들의 이름으로 소비에트 공화국들을 수립시키자 러시아에 저항해왔던 많은 사람들은 공산주의 혁명을 환영하고 있었다. 평등주의 사상을 시에 담아 전해왔던 톡토굴 역시 공산주의를 쉽게 받아들였고, '오죽 대단한 여성이어서 레닌 같은 아들을 낳았겠냐?'라는 시를 작성할 정도로 호의적이었다. 그의 이 작품은 소련 시절에 많은 국가의 언어로 번역되어 이름이 널리 알려졌다.

소련이 붕괴되기 전에도, 키르기스스탄이 독립한 후에도 국민의 머릿

속에 영웅으로 추앙을 받았던 톡토굴은 1933년에 죽었다. 키르기스 사람들은 그를 너무나 사랑해서 중요한 장소들에 그의 이름을 붙였다. 톡토굴의 이름을 붙인 대표적인 곳이 바로 100솜 뒤에 보이는 댐이다. 그 댐은 키르기스스탄의 카라콜 호수에 있는 톡토굴 수력발전소다.

쿠르만잔 다트카,
러시아제국에 맞선 여성 지도자

러시아에 저항한 키르기스스탄 사람으로 필자에게 제일 먼저 떠오르는 사람은 '쿠르만잔 다트카(Kurmancan Datka, 1811~1907)'다. 그는 여성이 때로는 어떠한 역할까지 할 수 있는지를 이슬람 사회에 보여준 대표적인 인물이다.

키르기스스탄 여걸, 쿠르만잔 다트카

50솜의 앞면에 등장하는 인물이 바로 키르기스스탄의 여걸 쿠르만잔 다트카다. 장군이나 지도자를 의미하는 '다트카'라는 명칭을 가진 쿠르만잔은 알타이 계곡의 키르기스스탄 사람들을 약 30년간 통치했다. 당시 주변 키르기스 사람들이 큰 피해를 입으며 러시아제국의 지배를 받은 반면, 알타이 계곡에 있는 키르기스족들은 30년 뒤에야 러시아의 지배를 받았고 다른 지역 사람들에 비해 비교적 적은 피해를 입었다. 코칸트 카간국의 재상인 남편이 사망하고 난 후, 총을 잘 쓰는 용감한 청년들을 모집한 쿠르만잔은 1000명이 넘는 부대를 설치하고 자국 국민을 러시아로부터 지켜냈다. 그는 현대의 이슬람식 페미니즘이 모범으로 삼는 인물들 중한 명이다.

　쿠르만잔 다트카의 삶에 대해서 핵심적인 부분 몇 가지만 전하려고한다. 쿠르만잔과 그의 아들 사이에 있었다고 전해지는 한 대화가 매우감동적이다. 그의 아들인 캄츠베킨Kamçıbekin은 러시아 총독의 영역에서 일어난 한 살인 사건에 연계되어 러시아 군인에게 체포되었다. 물론 러시아총독의 관심은 정의 실현이 아니라 쿠르만잔에게 타격을 주려는 의도였다.

10솜짜리 동전에도 쿠르만잔
다트카가 그려져 있다.

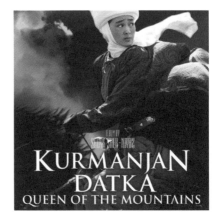

영화 <Queen of the Mountain>의 포스터

캄츠베킨이 사형된다는 정보를 사전에 알아낸 그의 부대는 쿠르만잔에게 아들을 감옥으로부터 구하기 위해 허가를 청했다. 쿠르만잔은 이렇게 말했다.

"난 여러분을 믿어요. 여러분이 하룻밤에 그 감옥에서 내 아들을 구하고 올 수 있는 것도 알아요. 다만, 내 아들이 사형되면 한 어머니가 울 것이고, 여러분이 이러한 작전을 하면 많은 어머니들이 울 것입니다. 나는 다른 어머니들을 울게 만들 수가 없어요! 그래서 안 됩니다!"

사형 당일에 집행장으로 간 쿠르만잔은 아들을 마지막으로 보고 이렇게 말했다.

"아들아, 담담해라! 너는 훗날 전사가 될 것이다! 전사는 너무나 높은 직위라서 누구나 쉽게 도달하지 못해! 그리고 잊지 마! 너의 조상들 중에 누구도 따뜻한 침대에서 스스로 죽지 않았단다!"

아들에게 마지막 한 마디를 하고 현장을 떠난 쿠르만잔은 사형 장면을 보지 않았다.

그의 마지막 모습이 1907년 사망하기 6개월 전에 핀란드에서 가장 존경을 받는 지도자 중 한 명인 칼 구스타프 만네르헤임Carl Gustaf Emil Mannerheim이 찍은 사진 한 장에 담겨 있다. 그 당시에 러시아 군대의 대령이었던 만네르헤임은 자신이 역사에 남고 싶어서 쿠르만잔의 사진을 찍었다고 한다. 특히 키르기스스탄 독립 후 쿠르만잔은 다시 한 번 사람들의 주목을 받았다. 1994년부터 키르기스스탄 화폐들에 초상화가 실린 쿠르만잔은 그의 실화를 바탕으로 2014년에 만들어진 〈산들의 여왕Queen of the Mountains〉이라는 영화로 국제적인 관심을 모았다.

키르기스스탄의 얼이 머무는 우즈겐

50솜의 뒷면에는 쿠르만잔 다트카의 고향인 오시에서 제일 유명한 관광
지를 소개하고 있다. 50솜의 앞면과 뒷면에는 탑이 있는데, 키르기스스탄
인구 중 86퍼센트가 무슬림이기 때문에 많은 사람들이 50솜의 뒷면의 탑
과 그 옆에 있는 건물을 이슬람 모스크로 착각하곤 한다. 그러나 이 건축
물은 오시의 우즈겐Uzgen이라는 작은 군에 있는 영묘(靈廟, 선조의 영호을 모
신 사당)이다. 이 영묘에는 역대 카라한 카간국 군주들의 무덤이 있다. 그
리고 이 같은 탑들이 키르기스스탄에 하나만 있는 것이 아니다.

알리쿨 오스모노브, 현대문학을 개척한 시인

키르기스 사람들이 문학을 매우 좋아하는 까닭인지 화폐들에는 주로 시인들이 등장하고 있다. 20솜이나 100솜이나 500솜을 보면 다 전통 시인인 아킨들이 소개되어 있다. 시인들이 그렇게 사랑을 많이 받는데 현대 시인은 화폐에 왜 없는지 의문이 들 수 있다. 바로 이 시점에서 200솜의 앞면 주인공인 알리쿨 오스모노브(Alykul Osmonov, 1915~1950)를 소개해야 한다.

키르기스 문학의 개척자, 알리쿨 오스모노브

알리쿨 오스모노브가 태어났을 때는 공산화되기 직전이었다. 1917년에 공산화가 되던 해 그는 부모의 사망으로 어린 나이에 고아가 되어 대학교 입학할 때까지 고아원에서 지냈다. 고아원에서 결핵에 걸린 오스모노브는 정신적으로, 신체적으로 고통스러운 성장기를 보내야 했다.

대학교에서 심리학을 전공한 오스모노브는 우수한 학생으로 인정을 받으며 졸업했고, 1933년 신문사에 입사했다. 이를 계기로 오스모노브는 문학의 세계에 첫걸음을 내딛게 되었다. 윌리엄 셰익스피어나 알렉산드르 푸시킨 같은 세계 일류 문인들의 작품을 그 문학적인 묘미를 살리면서 키르기스 언어로 유려하게 번역해서 큰 히트를 친 그는 현대적인 시를 쓰면서 젊고 뛰어난 시인으로서도 명성이 높았다.

현대 키르기스 문학을 개척한 시인으로 알려지는 알리쿨 오스모노브는 자연을 직접 대면하고, 자연으로부터 느끼는 감성을 교훈적인 말투로 시에 담아냈다. 이러한 방식은 그 당시 키르기스스탄에서 처음이었다. 역대 키르기스스탄 문학을 보면 주로 구비문학이었고, 말이 어렵고 과거 이야기와 연결시키면서 이어지는 서사적 스타일이었다. 때문에 역사보다 자연 중심적이고 문장이 단순한 그의 시들이 그 당시 키르기스 사람들에게는 생소했다.

키르기스스탄의 관광지 1호, 이식쿨 호

오스모노브가 제일 영향을 많이 받았던 장소는 이식쿨 호Issyk-Kul湖였다. '이식쿨'에서 쿨은 '호수'라는 의미이므로 이식쿨 호라고 할 필요가 없지만, 영어 번역이라 그런지 잘못되었다. 이식쿨 호는 남미에 있는 티티카카 호 다음으로 세계에서 두 번째로 넓고도 높은 곳에 있는 호수다. 200솜의 뒷면에서도 보이는 이식쿨 호의 의미는 사실 '따뜻한 호수'다. 그래서인지 톈산 산맥 기슭에 있는 호수이다 보니, 해발이 높아서 가끔씩 호숫가에 눈이 있을 때도 있지만 이식쿨 호는 절대로 얼지는 않는다. 소련 시절에도, 지금도 키르기스스탄에서 가장 인기 있는 관광지다.

오스모노브는 이식쿨 호를 자주 찾았다. 때로는 과거의 아픈 시절을 떠올리며 슬픈 시를 쓰기도 하고, 때로는 호수에서 받은 유쾌한 감정으로 즐거움이 묻어나는 시를 남기기도 했다. 1950년, 결핵을 앓고 있던 오스모노브는 30대의 젊은 나이에 그가 좋아하던 이식쿨 호에서 세상을 떠났다.

수이멘쿨 촉모로브, 키르기스를 세계에 알린 영화인

세계적인 민족 배우, 수이멘쿨 촉모로브

5000솜의 앞면에 있는 사람은 유명한 영화감독이자 배우인 수이멘쿨 촉모로브(Suimenkul Chokmorov, 1939~1992)다. 그는 레닌그라드 예술대학를 졸업하고, 배우 활동을 해왔다. 특히 키르기스스탄에 관한 많은 영화를 찍은 그는 연기 활동을 벌이다 1992년에 세상을 떠났다. 그의 죽음은 키르기스스탄 사람들의 마음을 아프게 만들었다.

키르기스의 민족 배우인 그가 멀리 떨어진 동아시아와도 특별한 인연이 있다. 그의 작품 중 제일 유명하고 국제적인 영화가 〈데르스 우잘라 Dersu Uzala〉(1975)이다. 한국에도 잘 알려진 일본의 세계적인 감독 구로사와

영화 <Suimenkul Chokmorov>의 캡처
장면

촉로모브가 출연한 영화 <Dersu
Uzala>의 포스터

아키라는 예전에 영화를 만들 돈이 없어서 자살할 지경에 이르게 되었다
고 한다. 그 시기에 구로사와 감독에게 소련이 경제적으로 지원하겠다고
제의했다. 미국의 성실한 동맹인 일본의 유명한 감독과 작업하는 것이 소
련에게 큰 이익이라는 계산이었다. 그렇게 해서 소련의 대표적인 배우들
이 등장한 이 영화는 한 소설을 기반으로 찍은 것이다. 아카데미 최우수
외국어 영화상까지 수상한 이 영화에 수이멘쿨 촉모로브도 출연했다.

〈데르스 우잘라〉는 물론이고, 소련 시절에 많은 명작에서 다양한 역
할을 열연했던 그는 키르기스 사람들의 자랑이다. 키르기스 배우들은 요
즘 터키를 비롯해 러시아, 중국 등 많은 나라의 유명한 영화들에 출연하
고 있지만 아직 촉모로브보다 크게 국제적인 성공을 이룬 배우가 등장하
지 못했다. 그의 초상화가 키르기스스탄의 최고액권 화폐에 실리는 데는
충분한 일리가 있다.

혁명의 중심지, 알라-토오 광장

5000솜의 앞면에 가장 현대적인 인물이 나오듯 뒷면에도 현대적인 모
습이 그려져 있다. 5000솜의 뒷면에 보이는 곳은 알라-토오 광장Ala-Too
Square이다. 1984년에 완성된 이 광장에는 원래 레닌의 큰 동상이 있었으나
2003년에 다른 도시로 옮겨졌다.

1991년에 이곳에서 독립선언을 자축한 키르기스스탄 사람들은, 이
후에도 같은 장소에서 많은 혁명을 목격하기도 했고 이는 지금도 계속되
고 있다. 2005년 튤립 혁명(Tulip Revolution, 키르기스스탄의 민주화 운동)의 핵
심 장소였던 알라-토오 광장은, 2010년에 일어난 혁명 때도 같은 역할을

했다. 한때 미국 군사기지와 러시아 군사기지가 동시에 있는 유일한 나라였던 키르기스스탄에는 혁명이 여러 번 일어났던 탓에 그 배경지인 알라-토오 광장은 국제부 뉴스에서 자주 언급된 곳이었다. 알라-토오 광장은 현대 키르기스스탄 정치의 산 역사라고 해도 과언이 아니다.

세계의 화폐 ⑪ - 터키 리라

LIRA

투르크메니스탄과 키르기스스탄 이야기가 길어
졌는데, 터키의 역사를 설명하기 위해 요약하는
차원에서 일단 그 나라들부터 시작하는 것이 필
요했다.

오스만제국에서 터키 공화국으로

터키의 역사는 투르크메니스탄 편에서 언급했
던 셀주크제국에서 파생된 아나톨리아 셀주크 혹
은 터키 셀주크 술탄국부터 시작한다고 볼 수 있
다. 몽골제국 때문에 이미 흔들리고 있던 아나톨
리아 셀주크의 장군들 중에서 오스만 베이Osman
Bey가 1299년에 건국을 선언했다. 비잔틴제국
의 코앞에 나타난 이 작은 오스만 왕조는 점차
세력을 키워 나머지 투르크 왕조들을 흡수하고,
1453년에 메흐메트Mehmet 2세가 콘스탄티노플
(Constantinople, 이스탄불)을 정복한 후 세계 최강
제국으로 성장했다.

　　동로마제국의 수도였던 콘스탄티노플을 차
지하며 동로마제국을 계승했다는 의미로 '제3로
마제국'이라고 자처한 오스만제국은 17세기 초까
지도 전성기를 누리며 세계 최대 강국의 명칭을
유지했다. 그러나 대항해시대가 열리면서 경제적
으로 강해진 유럽 국가들이 군사력을 키워 오스
만제국을 수차례 공격했고, 급기야 지중해의 주

도권을 빼앗기는 등 제국의 위상은 점점 약해지
고 있었다. 특히 19세 초에는 민족주의 바람이 불
면서 발칸반도에서 제국의 지배로부터 독립하는
나라들이 등장하고, 오스만제국의 영토가 현저하
게 축소되기에 이른다.

　　1908년 유럽에서 공부하고 돌아온 청년 장
교들이 주축이 된 통일진보당ittihat ve Terakki Fırkası
이 쿠데타로 정권을 장악하였다. 뿐만 아니라 이
들은 투르크족 민족주의를 내세워 비투르크족 사
람들을 분노하게 만들었고 제국의 분위기는 혼란
스러웠다. 이 야심 넘치는 젊은 군인들은 술탄의
반대에도 불구하고 제1차 세계대전에 독일 편에
서 참전을 선택하는데, 결국 그 선택이 오스만제
국에게 비싼 대가를 치르게 만들었다. 독일이 패
배하면서 오스만제국 역시 패전국이 되어 중동
은 물론이고, 현재 터키 공화국이 있는 땅까지 연
합군에게 점령당했다. 군대도 해체되었기에 일
반 국민들이 자발적으로 세력을 규합해 연합군에
게 저항을 했다. 해방전쟁과 함께 혁명이 일어나
오스만제국은 해체되고, 터키 공화국이 들어서게
되었다.

　　여기서 꼭 언급하고 싶은 한 가지가 있다.
터키 사람들 대부분은 오스만제국이라는 명칭을
좋아하지 않는다. 그 이유는, 터키인들은 예전에
도 지금도 제국으로 생각하지 않기 때문이며, '오

스만 대 국가Devlet-i Âliyye-i Osmâniyye'라고 부른다. 즉, 터키인들은 '우리가 누구를 강제로 노동시켰는가? 우리가 누구의 종교에 개입하고, 누구를 강제로 개종시켰는가? 우리가 누구의 언어를 탄압하고 누구를 동화시키려고 했는가?'라며 오스만제국은 제국주의를 행하지 않았다고 생각한다. 사실은 필자도 터키 말로 이야기할 때는 오스만 대국이라고 하는데, 이 책에서는 독자들의 이해를 돕기 위해 오스만제국으로 통칭했다.

리라의 의미

터키 화폐에 대해서 이야기하기 전에 일단 리라Lirasi의 의미를 설명해야 될 것 같다. 리라는 라틴어의 리브라libra에서 온 단어다. '저울' 혹은 '천칭'을 뜻한다. 로마제국 시기에 화폐 단위의 이름으로 사용된 이 단어는 이후 각 서양 민족마다 자기네 언어로 통화 이름이 되었다. 즉, 영국의 파운드, 프랑스의 리브르, 이탈리아의 리라는 다 그 나라 언어로 저울 혹은 천칭을 의미한다. 오스만제국도 19세기 말에 이전까지 사용하던 금, 은 등 주화 대신 리라라는 통화 이름의 화폐를 사용하기로 했다.

오스만제국의 이러한 결정이 오늘날 다른 나라까지 영향을 미친 것이다. 예전에 오스만제국의 지배를 받았던 이집트나 시리아, 레바논 등 일부 중동 아랍 국가들이 사용하는 화폐 단위의 이름 역시 자국어로 리라다. 특히 이집트의 경우 공식 화폐 단위는 파운드로 알려져 있지만, 이집트 사람들은 자기네 통화를 리라로 부른다.

무스타파 케말 파샤,
진보적 개혁으로 공화국을 건설하다

터키 화폐에는 웃긴 이야기가 하나 있다. 이 이야기가 한국의 TV 프로그램 〈비정상회담〉에서도 소개되었다. 무슨 이야기인가 하면, 터키 제일의 화폐인 5리라 앞면에 있는 터키의 국부 케말 파샤(Mustafa Kemal, 1881~1938)의 초상화가 측면 사진이다. 그런데 화폐의 액수가 오르면서 케말 파샤의 초상화가 점점 정면 사진으로 변하고, 살짝 미소를 짓는 모습에서 200리라에 이르면 완전히 웃는 표정으로 바뀐다. 그래서 터키 사람들에게는 이러한 말이 있다. '돈이 없으면 케말 파샤도 웃어주지 않는다.'

　케말 파샤는 어린 나이에 아버지를 잃고 힘들게 공부했다. 무스타파의 어머니는 아들을 종교 학교에 보내고 싶었지만, 아버지가 반대해서 일반 학교에 가게 되었다. 그 당시 오스만제국에는 교육이 통일되어 있지 않았다. 일부 보수파는 교육에 있어서 절대 종교적인 요소들을 빼면 안 된다고 생각했고, 반면에 서양의 문물을 접했던 지식인들은 종교적인 교육과 기타 학문적인 교육이 분리되어야 된다고 주장했다. 그래서 학교들이 다양했다.

케말 파샤의 삶을 전체적으로 보면, 일반 학교로 보낸 아버지의 결정이 그의 삶에서 결정적인 전환점이 되었다. 케말 파샤도 아버지의 이 결정을 자기 삶에서 제일 큰 축복이라고 여겼다. 덕분에 무스타파는 어린 나이부터 진보적인 성향을 갖게 되었다. 그는 매우 영특해서 학교에서 두각을 나타냈고 1893년에는 군사사관학교에 입학했다. 이때도 어머니는 아들을 행정학교에 보내려고 했지만, 그는 군복의 매력에 빠져서 이러한 결심을 했다고 한다.

본래 이름은 무스타파이며, 케말이라는 이름은 나중에 붙여졌다. 사관학교 다닐 때 같은 무스타파라는 이름을 가진 수학 선생이 어린 무스타파를 무척 아꼈는데, 그에게 '우월하다'는 의미로 케말이라는 이름을 주었다. 무스타파는 수학 선생에게 받은 이 이름을 평생 공식적으로 사용했다.

무스타파 케말은 밝고 열심히 공부하는 학생으로 선배 및 동기들의 사랑을 받았고, 한편으로는 오스만제국 군대에서 확산되고 있는 '공화주의', '민족주의', '평등주의' 같은 개념들을 접하게 되었다. 이러한 이념을 지니고 케말은 통일진보당에 입당해 활발히 활동하지만, 당내의 파벌 문제 때문에 정치적인 열정을 잃은 후에는 오직 군 생활에만 충실하게 지냈다.

제1차 세계대전이 끝나고 패전국이 된 오스만제국의 주요 도시는 연합군에게 점령당했다. 군대는 강제로 해산되었고, 국민들이 일으킨 민병대가 연합군에 저항했지만 언제까지 견딜 수 있을지는 알 수 없는 상황이었다. 오스만제국의 마지막 황제는 힘이 없었으며 제국을 패전국으로 만들어버린 통일진보당 인사들은 피신을 했다. 이대로 내버려두면 오스만제국의 마지막 땅인 아나톨리아까지 연합군에게 빼앗길 지경이었다.

다 꺼져가던 오스만제국에 한 줄기 빛처럼 작은 기회가 생겼다. 영국 사령부가 술탄에게 '아나톨리아에서 아직 해체가 안 된 부대들이 있으니 군사 조사관을 한 명 파견해 조사하라'고 요구한 것이다. 연합군 사령부가 수도인 이스탄불에서 군인이든, 정치인이든 지도력이 있는 인물은 누구도 밖으로 나가지 못하도록 통제하고 있던 때였다. 당시 연합군에게 저항할 수 있는 유일한 세력은 민병대밖에 없는 터였기에 술탄은 연합군 사령부의 이 요구가 이스탄불 밖으로 빠져나가 민병대와 힘을 합할 수 있는 절호의 기회라고 생각했다. 술탄은 기회를 살리기 위해 가장 적합한 인물로 과거 유럽 순방 때 경호실장을 맡았던 케말 파샤를 택해 조사관으로 파견했다.

아나톨리아에 도착한 케말 파샤는 연합군에 저항하고 있던 민병대를 군대로 재편성했다. 터키 사람들이 모두 식민지로 전락하게 된 조국의 현실 앞에서 암울해 하고 있을 때, 케말 파샤가 이끄는 오스만 군대가 해방 전쟁을 마무리하고 아나톨리아반도를 되찾았다. 전쟁이 끝나고 한 차례의 혁명을 겪은 뒤 오스만제국은 역사의 뒤안길로 사라지고, 1923년에 터키 공화국이 출범했다. 이 신생국의 첫 대통령은 당연하게도 케말 파샤가 되었다.

케말 파샤는 그동안 품고 있던 진보적인 이념을 현실로 실행할 수 있는 기회를 찾았다. 대표적으로 여성에게 투표권 및 참정권을 주었고, 세속주의世俗主義를 헌법에 도입했으며, 교육을 세속주의에 알맞게 다시 디자인 했다. 또한 터키 사람들이 사용하는 글자를 아랍어에서 라틴어로 바꿨으며, 성姓 법을 만들면서 국민들이 성을 가지게 되었다. 이처럼 케말 파샤는 오스만제국의 무관으로 일하던 시절에 봤던 유럽 국가들의 행정제도를 그대로 도입했고 상당수 성공했다고 볼 수 있다. 그래서 케말 파샤에 대한 긍정적 평가 중 대표적인 것이 바로, 케말 파샤가 진보적인 개혁들을 통해 터키 공화국을 성공적으로 현대화시켰다는 것이다.

케말 파샤의 두 번째 좋은 평가는, 터키를 경제적으로 발전시켰다는 것이다. 많은 반대 목소리에도 불구하고 그의 지시로 세워진 비행기 공장은 그 당시 북유럽 국가들에게 비행기를 만들어 제공할 정도로 발달했다. 또한 그는 철도에 집중해서 전국에 철도망을 만들기 위해 노력했다. 2000년 이후 생긴 철도를 제외하면 케말 파샤 시절에 만들어진 철도가 전체 철도의 절반을 넘는다. 1923년에 대통령으로 취임하고 사망하기 직전인 1938년 11월 10일까지 열심히 개혁해서 농업과 산업 발전을 주도한 그의 경제적인 업적을 오늘날의 그 누구도 부정하지 않는다.

케말 파샤는 군인 출신이지만 평화를 중요시한 사람이었다. 그는 전쟁이 끝나자마자 바로 예전에 싸웠던 국가들과 수교를 맺어 화친하려고 했다. 예를 들면, 대그리스 외교를 들 수 있다. 연합군이 아나톨리아에서 철수하자 그리스는 '대大 그리스를 만들자'는 꿈으로 아나톨리아반도의 서부를 침략했다. 터키인들에게 그런 악몽을 겪게 했던 그리스와도 전쟁이 끝나자마자 바로 정상회담을 가졌다. 케말 파샤는 특히 이웃 국가들과 최대한 빨리 악화된 관계를 회복하고 평화를 구축하기 위해 집중했다.

케말 파샤가 그때 대그리스 외교를 실시하지 않았다면 오늘날 터키-그리스 관계는 한-일 관계보다 더 나쁠 수도 있었다.

케말 파샤에 대한 논쟁

터키에서 케말 파샤와 관련된 논쟁들은 이제 지칠 정도가 되었다. 그가 사망한 지 거의 80년이 되어가는 중인데도, 양쪽에서 서로 너무나 말이 안 되는 주장을 하고 있다. 한쪽에서는 '케말 파샤가 부처처럼, 예수처럼, 마호메트처럼 하느님이 터키인들이 살아갈 길을 보여주기 위해 보내주신 인물'이라고 신격화하여 극단적으로 칭송한다. 다른 한쪽에서는 '그는 영국이 우리나라에 심어놓은 인물, 영국이 우리를 식민지 하지 못할 것을 알고 케말 파샤를 통해 통제하려고 한다, 그는 사실상 매국노'라며 극단적으로 규탄한다. 실제로는 이것보다 더 심각한 발언들을 하는 이들도 있다.

　여기서 필자의 개인적인 사연 한 가지를 소개하고자 한다. 필자는 터키의 대다수 인구에 해당하는 투르크계가 아니고, 처음부터 중동에서 살아왔던 쿠르드계다. 처음 터키 공화국이 수립되었을 때, 일부 쿠르드 부족들이 터키에 통합되는 것에 대해 반발했다. 특히 이 신생국가의 제도가 오스만제국과 달리 다문화적인 면을 잃고 쿠르드족을 무시한다고 생각한 부족들이 아라랏 산을 중심으로 터키 동부에서 큰 봉기를 일으켰다. 그러나 모든 쿠르드 사람들이 반정부 봉기를 한 것은 아니었고, 오히려 정부를 신용하고 친정부적인 부족들도 있었다. 필자의 할머니의 할아버지인 쿄르 할리트(Kor Halit, 눈이 한쪽은 초록색이고 한쪽은 파란색이어서 사람들이 맹인이라는 의미로 쿄르라고 불렀다)도 친정부적 성향의 부족장이었다. 터키 정부가 봉기를 제압하기 위해 부족장을 중심으로 체포 작전을 벌였다. 쿄르 할아버지는 정부군이 체포하러 오기 전 비밀리에 수도 앙카라로 가서 케말 파샤와 직접 면담을 하고 공화국을 지지한다는 의사를 밝힌 후 체포 대상에서 벗어났다. 쿠르드족의 봉기는 1930년에 끝났다.

앞의 사례처럼 공화국 초기에 친척이나 선조들이 피해를 입었던 사람들은 오늘날까지도 케말 파샤를 비난하고 있지만, 케말 파샤는 터키의 건국 대통령이고 역사에 남긴 궤적이 큰 인물이기에 보다 중립적인 시각에서 판단해야 한다고 생각한다. 즉, 케말 파샤 덕분에 터키 국민들이 큰 덕을 봤던 것은 사실이다. 그러나 현대화 과정에서 일부 반대 세력이 억압당했던 것 역시 또 다른 사실이다. 그럼에도 불구하고 이 두 가지를 모두 인정하며 넘어가지 않고, 보고 싶은 한 가지 사실에만 집착하는 것이 과연 바람직한 것일까?

대학교나 학회 장소를 제외하고 필자는 개인적으로 이제 더 이상 케말 파샤를 두고 논쟁을 하지 않았으면 좋겠다고 생각한다. 그 당시 터키의 상황과 국민 의식이 오늘과 너무나 다르다. 케말 파샤가 무슨 정책이나 개혁을 했던 간에 그의 목적은 늘 '현대적인 선진국'이었다. 케말 파샤를 사랑하든, 싫어하든 거의 100년 전에 사망한 역사적인 인물을 가지고 논쟁을 하여 사회 통합을 깨뜨리는 것보다 터키를 현대적인 선진국으로 어떻게 만들 수 있는지에 집중해야 된다고 본다.

제5장

동아시아, 시대의 전환을 기억하다

세계의 화폐 ⑫ – 일본 엔

Yen

2006년 여름, 계절학기에서 '동양 역사의 이해'라는 강의를 들었다. 그때 필자는 수영을 할 줄 모르는 사람이 갑작스럽게 바다에 떨어질 때와 비슷한 정도의 두려움을 느꼈다. 왜냐하면 필자는 중, 고등학교를 터키에서 다녔기 때문에 동양 역사에 대해 전혀 지식이 없는 상황이었다. 일반적으로 터키 학생이라면 자국사 외에 유럽, 중동이나 중앙아시아 역사는 대충 알고 있지만 한국이나 일본, 중국 등의 동아시아 역사에 대해서는 전혀 생소하기만 했던 것이다. 물론 일본에 핵폭탄이 투하되고 제2차 세계대전에서 패배한 것, 터키가 한국전쟁에 참전했다는 것 등 몇 가지 정도를 교과과정에서 배웠다. 그뿐이다. 그렇게 동양 역사에 대해 백지 상태로 강의를 듣고, 첫 주 만에 깨달았던 교훈은 바로 '아는 것이 힘'이라는 것이다.

그해 한 걸음 더 나아가 동아시아의 근현대사를 집중적으로 공부했다. 학습하다 보면 대략 다음과 같은 역사적 루트를 따라간다. 일단, 아편전쟁을 통해 청나라와 서구 열강의 만남을 배운다. 그리고 중국의 개국과 청나라를 역사 속으로 사라지게 만든 신해혁명까지 공부한다. 그 다음에는, 일본의 개국과 일본의 통일을 배운다. 이 시기의 한국 즉, 조선에서는 성리학의 변화와 실학의 발달 및 대원군의 등장과 조선 개국부터 일제강점기까지의 역사 전개를 따라간다. 이렇게 동아시아 3국의 개국 배경과 개국 후의 상황을 학습하고 태평양전쟁(미일전쟁)까지 마무리하면 동아시아의 근현대사를 이해할 수 있게 된다.

필자의 동아시아 근현대사에 대한 시각은 대학교 때와 현재가 거의 변하지 않았다. 유럽의 시대적 진화는 오스만제국이 이스탄불을 1453년에 정복하고 나서 오랜 시간에 걸쳐 천천히 이루어졌다. 그러나 동아시아는 유럽의 400년을 거의 100년으로 압축하며 빠른 시간에 급격하게 변화했다. 변화 이전의 동아시아 국가들은 아편전쟁 전까지 자신의 동굴에서 오랫동안 잠들어 있던 용과 비슷해 보인다. 처음에는 근육이 약해서 유럽의 사자들에게 쉽게 공격을 당했지만, 점점 잠에서 깨어나면서 다시 힘을 회복한 것 같다.

이번 제5장도 필자가 학습할 때와 유사한 루트로 소개해나갈 것이다. 일단은 일본에서 일어났던 계몽운동에 대해서 서술하고, 중국 신해혁명으로 건너간 후 계속해서 제2차 세계대전으로 진행할 것이다.

엔의 의미

일본 엔은 한자로 '원円' 자로 표기하고, 중국 위안은 '원元' 자로 표기한다. '円'이든 '元'이든 다 같은 한자 둥글 '원圓' 자에서 유래된 것이다. 따라서 중국 위안, 일본 엔, 한국 원은 모두 같은 단어에서 나온 것이며 통화 이름의 의미는 '동그랗다'는 것이다. 옛날에 사용하던 화폐들이 대부분 둥근 모양의 동전이었기에 동양에서는 오래전부터 '圓'에서 유래된 화폐 단위를 사용해왔다.

이제 일본 화폐 이야기를 하면, 한국은 일본과 이웃이고 교류가 많은 나라이지만 일본 화폐가 2004년에 리모델링되었다는 것을 아는 한국인은 별로 없다. 사실 일본 화폐를 일상에서 접하는 것도 아니고, 1만 엔 같은 경우는 디자인이 거의 변하지 않아서 체감하기 어렵기도 하다. 하긴, 일본인 역시 한류 팬이 아니라면 한국 화폐도 2006년부터 신권으로 교체 발행되었다는 것을 알지 못할 것이다.

무라사키 시키부,
시대의 억압에 맞선 여류 작가

미국 화폐 중에 잘 유통되지 않는 2달러가 있듯이 일본 화폐 중에도 거의 외국인들은 본 적이 없을 정도로 희귀한 2000엔이 있다.

2000년에 G8 정상회담이 오키나와沖繩에서 열린 것을 기념하고, 밀레니엄millennium을 기념하는 의미로 일본은행에서 역사상 처음으로 2000엔을 발행했다. 오키나와를 대표하는 만큼 2000엔의 앞면에는 오키나와의 나하那覇 시에 있는 유명한 슈레이 문守禮門이 있다. 슈레이 문은 슈리 성首里城의 두 번째 큰 정문이다. 슈리 성이든 슈레이 문이든, 이 두 건물의 건축 스타일을 보면 일본의 전통 건축과는 차이점이 눈에 띈다. 필자가 보기에는 오키나와에 있는 역사 유적지들의 느낌은 중국의 분위기와 매우 유사하다. 그 연유가 궁금해서 역사적으로 조사를 해봤더니 답이 바로 나왔다.

류큐 왕국과 오키나와 사람들

독특한 문화를 지닌 오키나와는 전통적으로 일본의 땅은 아니었다. 오키
나와는 1879년 일본에 복속되기 전까지 독립적인 류큐琉球 왕국이 존재했
었다. 1429년에 오키나와와 그 주변 섬들을 통일시킨 추잔中山 왕국의 마
지막 왕이 그 지역에 류큐 왕국을 건국했다. 동북아시아와 동남아시아
간 무역 중계지로서 번창한 류큐 왕국은 남부 중국의 문화를 많이 받아
들였다. 이처럼 역사와 문화가 달랐던 탓에 메이지유신 시대에 오키나와
가 일본 제국과 합병되었을 때 오키나와 사람들은 일본계이면서도 스스
로를 일본과 전혀 다른 민족이라고 생각했었다. 뿐만 아니라 제2차 세계
대전 이후에 미국이 류큐제도를 지배하게 되자 오키나와에서 류큐 공화
국을 세우자는 '류큐 독립운동'까지 벌어졌다. 이런 역사적 배경 때문인
지 아직도 일부에서는 일본으로부터 독립해야 된다고 생각하며, 오키나
와인과 일본인이 전혀 다른 민족이라고 믿는 이들이 있다.

　오키나와 이야기를 하는 김에 개인적인 경험 한 가지를 소개하고 싶
다. 필자는 한국어학당 시절에 오키나와에서 유학을 온 친구들과 친하게
지냈었다. 물론 처음에는 한-일 관계를 모르니까 양국 관계에 대한 이야
기를 나눌 일이 없었다. 그런데 몇 년 후 다시 만나게 된 오키나와 친구들
에게 놀란 적이 있었다. 한국에 와서 다녔던 곳들에 대해 물어봤는데, 많
은 친구들이 위안부 센터에서 위안부 할머니들과 시간을 보냈다며 함께
찍은 사진을 보여줬다. 필자는 그 당시에 위안부 문제를 몰랐고, 위안부
라는 단어도 생소했기 때문에 위안부 센터를 노인복지관쯤으로 착각했
었다. 나중에 위안부 문제에 대해 알게 되면서, 양국 관계나 일본인이라

는 입장을 떠나 순수한 마음으로 할머니들을 위로해드리고 싶어했던 오키나와 친구들을 다시 보게 되었다.

일본 문학의 자랑, 무라사키 시키부

2000엔의 뒷면에는 소설 속 이야기가 그림으로 담겨 있다. 바로 일본 최초의 산문 소설이며 일본 최고의 고전 작품으로 알려지는 〈겐지 이야기源氏物語〉의 한 장면이다. 그림 옆에 있는 초상화가 바로 이 명작을 지은 작가 무라사키 시키부(紫式部, 978~1016)이다. 이 소설은 황제의 둘째 아들인 히카루 겐지의 삶이 다루어진다. 그는 정치적인 이유들 때문에 보통의 왕자의 삶을 보내지 못했다. 그런 겐지와 겐지의 사랑들의 사연들을 통해 11세기의 일본 문화, 일반인의 삶, 궁전의 내부 상황이 상세히 서술되어 있다. 그러나 2000엔을 통해 알게 된 놀라운 것은 무라사키 시키부가 여류 작가이며, 그는 일본 사회에서 여성이 한자漢字를 배우기 불가능했던 11세기 인물이라는 점이다. 일본인들은 이 〈겐지 이야기〉에 큰 자부심을 가지고 있는데, 사실 그들이 자랑스러워하는 것이 소설인지 아니면 작가인지는 잘 모르겠다.

　　무라사키 시키부는 어린 나이에 어머니를 잃고 아버지 밑에서 자랐다. 지방장관을 역임한 그의 아버지는 무라사키의 재능과 총명함을 높이 평가해서, 여자임에도 그에게 한자를 가르쳤다. 20대 초반에 결혼을 하지만 2년 만에 딸 하나만을 남기고 남편이 세상을 떠나고, 그 이후로 문학에 심취한다. 뇨보(女房, 귀족 사회에서 시중들던 여성) 신분으로 궁에 들어간 무라사키는 궁에서 〈겐지 이야기〉 외에 〈무라사키 시키부 일기〉라는 또 다른 작품도 남겼다. 그런데 '무라사키 시키부'는 작가의 본명이 아니라 '무라사키 여사' 같은 의미이며, 그의 진짜 이름은 후지와라 교코藤原香子이다.

　필자는 〈겐지 이야기〉보다는 무라사키 시키부에 대해서 잠시 이야기하고 싶다. 여성의 권리가 억압되어 있던 시대였음에도 빛과 같은 작품을 남긴 그를 통해 빛은 항상 어둠을 이긴다는 것을 다시금 생각하게 된다. 이 글을 쓰는 지금도 사우디에서 첫 여성 의원이 탄생했다는 소식을 들었다. 일본도 역시 마찬가지다. 일본에서 그 당시 여성들이 한자를 배울 수 있는 길이 막혀 있었지만, 그 상황을 극복한 한 명의 여성이 일본을 비롯해 세계 문학사에서 칭송 받는 작품을 남겼다. 아무리 탄압한다고 해도 결국 영원히 억압할 수는 없다는 것을, 바늘구멍 정도의 틈만 있으면 빛이 어둠을 이겨낸다는 교훈이 현재 억압과 탄압의 상황에 있는 이들에게 힘이 되고 용기를 일으키는 데 도움이 되었으면 한다.

후쿠자와 유키치,
계몽 사상가인 일본의 센세이

현대 일본을 이해하려면 1000엔, 5000엔, 1만 엔의 앞면에 있는 인물들의 일대기를 아는 것으로 충분하다. 왜냐하면 현대 일본이 건설된 시기가 메이지유신 시대인데, 이들이 그 시대의 대표적인 인물들이다. 그리고 일본 정신을 이해하려면 이 지폐 3장의 뒷면에 있는 상징들이 지닌 메시지를 알아야 한다.

한 가지 덧붙여 말하고 싶은 것은, 필자가 세계 각국의 화폐에 대해서 글을 쓰려고 했을 때 제일 많이 고민된 부분이 소개할 지폐들의 순서 선정이었다. 그러나 일본 화폐에 대해서는 그런 고민을 할 필요가 없었다. 일본의 지폐는 단 3장이고 큰 단위부터 시작하면 된다. 바로 1만 엔, 5000엔, 1000엔이다.

1만 엔의 앞면에 소개된 인물은 일본에서 손꼽히는 명문대이며 제일 오래된 사립 대학교인 게이오 대학慶應大學의 설립자 후쿠자와 유키치(福澤諭吉, 1834~1901)이다. 여러 평가가 있지만, 오직 후쿠자와 유키치가 일본의 현대화에서 어떠한 역할을 했으며, 왜 아직까지도 일본인들에게는 '센세이(先生, 스승)'로 추앙받으며 1만 엔에 초상화가 실렸는지에 대해 이해를 돕고자 한다.

에도막부에서 메이지유신으로

후쿠자와 유키치의 전기를 소개하기 전에 먼저 당시 일본의 정황에 대한 이해가 필요하다. 19세기 일본 사회는 전통에서 현대로 변화해가는 시기다. 전통은 에도막부(江戶幕府), 현대는 메이지유신 정권이다. 일단 이 두 가지의 개념을 잘 구분해야 한다.

임진왜란을 일으킨 도요토미 히데요시豊臣秀吉가 조선반도에서 예상치

일본 국립국회도서관에 소장되어 있는
후쿠자와 유키치의 초상화

않은 실패를 하면서 일본에서 큰 내전들이 벌어지게 되고, 결국 도요토미 정권이 붕괴되었다. 일본 본토에서 발생한 혼란을 인정한 도쿠가와 이에야스德川家康가 권력을 장악하면서 에도막부 시대가 시작되었다. 막부는 총사령관 혹은 국방부 같은 기관인데, 흔히 쇼군將軍을 중심으로 한 일본의 군부 정권을 지칭한다. 에도막부는 도쿠가와 이에야스에 의해 시작되었는데, 교토京都에 천황이 있지만 일본 사회에서 유력한 각 가문들의 대표자들로 구성된 위원회에 의해 쇼군으로 선출된 도쿠가와 이에야스의 후손들이 실질적으로 일본을 통치했다. 에도는 도쿄東京의 옛날 이름이다. 즉, 당시의 일본은 교토의 황궁을 중심으로 하는 군주 체제가 아니라 도쿄의 막부를 중심으로 하는 봉건 체제로 통치되고 있었다.

에도막부 시대는 19세기까지 약 200여 년간 일본을 통치하고 있었다. 이 시기에는 일본이 나가사키長崎의 데지마出島에서의 중국과 네덜란드, 쓰시마 번対馬藩을 통한 조선과의 교류 이외에는 외국과의 통상 교류를 금지하는 쇄국정책을 실시했다. 이처럼 빗장을 잠그고 있던 일본의 문을 1853년에 동아시아 지역 진출을 모색하던 미국이 두드렸다. 처음에 에도막부는 기존대로 문호 개방 요구를 거부했지만, 1년 후 다시 나타난 미국이 무력시위를 벌이며 압박하자 '가나가와神奈川 조약', 일명 '미일화친조약日米和親条約'을 맺고 개국을 하게 되었다. 미국 이후에 다른 서구 열강들 역시 개항을 요구했고, 일본은 다른 제국주의 국가들과도 잇달아 무역 통상조약을 맺었다. 다른 국가들과 맺은 이 불평등한 조약으로 인해 자유무역이 시작되면서 일본 경제가 급격한 혼란에 빠지고, 막부와 서구 열강에 대한 적대감으로 반막부 세력이 부상했다. 에도막부는 천황 중심으로 새로운 정치형태를 확립하려는 반막부 세력에게 정치적, 군사적으로 패배

하고 메이지 황제가 1868년에 메이지유신을 선포하면서 권력의 주도권을
확립한다. 물론 이후에도 일본의 신정부 무력파와 친막부군 사이에 내전
이 계속되었고, 일본은 사실상 재통일 과정을 거치게 되었다.

　여기서 중요한 것은, 일본의 재통일과 현대화는 거의 비슷하게 진행되
었다는 점이다. 이제 후쿠자와 유키치의 삶을 통해 일본의 현대화는 어떻
게 진행되었고, 일본에서 어떠한 전통이 사라졌는지를 설명하기로 한다.

일본의 볼테르, 후쿠자와 유키치

일본의 볼테르(Voltaire, 18세기 프랑스 계몽기의 사상가)로 일컬어지는 유키치
는 하급 무사의 집안에서 태어났다. 2살 때 아버지가 사망한 유키치는 가
난한 환경 속에서도 똑똑하고 학문적 재능이 뛰어났지만, 신분의 벽을 넘
지 못해 교육의 기회를 얻기 힘들었다. 새로운 기회를 찾기 위해 1853년
에 나가사키로 떠난 청년 유키치의 마음에는 이미 봉건적 문벌제도에 대
한 비판 의식이 가득했다. 바로 이 뿌리 깊은 반감이 그를 일본의 계몽가
로 성장하게 만든 큰 원동력이 되었다.

　나가사키에서 네덜란드어를 배우게 된 그는 낮은 신분에도 불구하
고 외국어 습득에 뛰어난 능력을 보여 상위층 사람들의 질투심을 자극했
다. 2년 동안 어려운 상황에서도 네덜란드어를 열심히 배웠지만, 한 집안
과의 갈등으로 결국 나가사키를 떠나야만 하게 되었다. 다시 고향으로
돌아온 유키치는 1856년에 형이 사망하면서 집안을 계승해야 하는 의무
를 떠안게 되었다. 따라서 학업을 중단하고 가문을 지켜야 했음에도 불
구하고 그는 다시 공부에 대한 열망을 놓지 못하고 고향을 떠났다. 그는

이 선택을 통해 처음으로 전통적 관습에 대해 반기를 든 셈이 되었다. "공부를 하면 어떻게든 성공할 수 있습니다. 그러나 이곳에 있어 봤자 대단한 출세를 기대할 수 없습니다." 유키치가 어머니에게 자신이 떠나야 하는 이유를 설명한 이 말 속에는 전통적 관습뿐 아니라 봉건적 계급제에서도 벗어나고 싶었던 간절함이 담겨 있었으리라.

　유키치는 오사카大阪로 가서 제대로 된 어학 교육을 받은 후 1858년 에도에 네덜란드어를 가르칠 수 있는 학당 '난학숙蘭學塾'을 설립했다. 이 학당이 훗날 게이오 대학의 전신이다. 이제까지 배웠던 네덜란드어를 통해 바깥세상을 알고 싶었던 유키치가 당시 외국 상인들이 많이 머물던 요코하마橫濱라는 항구도시에 가서 외국인에게 말을 걸었는데, 누구도 답변을 못하는 것이었다. 자신의 발음을 탓하기도 했지만, 문제는 네덜란드어가 서양 사람들의 공통어가 아니라는 점이었다. 외국인들이 가장 많이 사용하는 언어가 영어이며 당시 세계의 중심이 영어권이라는 사실을 깨달은 그는 다시 영어 공부에 심혈을 기울였고, 그 결과 1860년에 외교 사절단의 일원으로 미국을 방문할 수 있었다. 그 다음에는 공식 외교관으로 프랑스, 영국, 독일 등 유럽도 순방했다.

　미국을 비롯해 서양의 여러 나라들을 다녀오면서 신문물에 눈을 뜨게 되었다. 유키치는 특히 미국인 대부분이 건국의 아버지인 조지 워싱턴, 토머스 제퍼슨 등의 후손들이 무엇을 하는지 알지 못하고 관심도 없다는 점에 크게 충격을 받았다. 왜냐하면 당시 일본에서는 도쿠가와 이에야스 등 군주의 후손들이 어떻게 생활하는가를 모르는 사람이 거의 없었기 때문이다. 서양에서 세습제가 거의 없어진 것을 본 유키치에게는 일본의 봉건 체제에 대한 거부감에 논리적 뒷받침이 되었다. 그동안 자신이 겪었던 불평등한 신분제도를 청산하고, 일본의 학문과 교육 체제를 개혁해야 한다는 신념을 가지게 된 것이다.

1863년에 귀국한 유키치는 《서양사정西洋事情》이라는 책을 집필했는데, 이 책에서 그는 모든 면에서의 개혁을 주장했다. 서양에서 처음으로 봤던 선거제도, 국가 의회, 병원, 보험, 은행, 대부업, 징병제도, 우편 등 생소한 제도들을 일본 사회에 소개한 그는 본격적으로 계몽운동에 나섰다. 서양의 정치, 사회, 경제, 역사, 지리, 문화제도 등을 알기 쉽게 묘사한 책들을 비롯해 활발한 저술 활동을 벌였는데, 특히 《서양사정》은 당시에 베스트셀러라고 할 만큼 큰 이목을 끌었다.

유키치 같은 지식인들의 반봉건주의 활동은 반막부 세력의 부상과 함께 교토에 있는 황제 중심으로 권력이 형성되도록 영향을 미쳤다. 이런 분위기 속에서 1867년 황제를 중심으로 하는 반막부 세력이 막부 세력과 처음으로 충돌을 하게 됐고, 1년간의 내전 끝에 에도막부 정권이 붕괴되었다. 1867년에 즉위한 신임 메이지 황제가 1868년에 일련의 개혁안을 선포하면서 메이지유신 시대가 출범했다.

메이지유신과 함께 일본은 본격적으로 변혁을 겪게 되었다. 이전에는 군인이 될 수 있는 자격이 출신 가문에 따라 제한되어 있었지만, 메이지 정부에서 징병제도를 도입하면서 일반 국민도 군인이 될 수 있게 되었다. 수많은 개혁과 변화 중에서도 가장 많이 변한 것은 교육이었다. 소도시까지 학교들이 세워지고 모든 학교들은 다 같은 교과 과정으로 교육을 했다. 교과 과정 역시 서양의 교과 커리큘럼과 유사하게 작성되었다.

메이지유신으로 인한 큰 변화 중 또 한 가지는 지방행정의 변화다. 이전까지는 각 지역마다 다이묘大名라는 봉건 영주 같은 유력자가 있었다.

이 다이묘들은 에도막부의 휘하에서 통제를 받지만, 각 지역에서는 자치적으로 통치하고 있었다. 메이지유신과 함께 이 제도가 없어지고, 중앙정부에서 파견된 관료들이 지방행정을 전담했다.

사실 에도막부에서 메이지유신으로 격동의 변화기였던 그 시기를 상상하는 것만으로도 그저 놀라울 뿐이다. 어떻게 그렇게 짧은 시간에 한 사회가 극에서 극으로 바뀔 수 있었을까? 오랫동안 누려왔던 권력과 기득권을 지키려는 이들과 새로운 변화를 끝내 이루어내려는 의지의 충돌, 그로 인한 사회의 극적인 변화는 참으로 드라마틱하게 느껴진다.

바로 그 드라마를 완성시킨 배경에 유키치를 비롯해 서양 문물을 접하고 신학문을 공부했던 지식인들의 역할이 매우 중요하게 자리했다. 그들 중에서도 유키치는 대표적인 인물로, 언론을 이용한 활발한 저술 활동으로 국민들에게 개화사상을 전했다. 또한 교육을 통해 개화 청년들을 배출하고, 강연 활동을 하며 서구의 사상과 문물 도입에 앞장서는 등 일본 사회의 근대화에 중요한 역할을 하였다. 새로운 시대를 여는 이론적 토대와 사상적 변화의 주축이 바로 유키치를 포함한 그 시대의 지식인들이었던 것이다.

중국과 한국 그리고 유키치

일본에서는 아직도 유키치를 대스승으로 추앙하고 있고 제일 큰 단위의 화폐에 초상화가 실린 중요 인물이지만, 중국과 한국에서는 그에 대해 인식이 좋지 않다. 중국과 한국의 입장에서는 일본의 제국주의를 정당화하는 논리를 폈던 그를 긍정적으로 평가할 여지가 없다. 더욱이 〈시사신보時

事新報)에 실린 유키치의 사설에서는 중국을 모욕하고 동학농민운동 이후에는 조선인을 멸시하는 발언들도 했다.

　　이러한 결과를 초래한 원인 중에는 유키치의 '친구론'도 있다. 그는 좋은 친구를 사귈 것과 나쁜 친구를 배격할 것을 주장했는데, 개혁과 현대화를 제대로 이루지 못한 조선과 청나라를 멀리하고 영국과 미국을 친구로 삼아야 한다고 했다. 유키치도 초기에는 청나라와 조선의 현대화를 지원하고 최대한 빨리 아시아 연대를 해서 서양과 동양의 균형을 맞춰야 한다고 생각했었다. 그러나 1880년 이후부터 동아시아에 관한 정치적 시각이 극단적으로 바뀌었다.

　　일본이 메이지유신으로 현대화가 된 후, 일본에 유학을 온 조선의 젊은 학생들이 일본 개화의 주역으로 알려진 유키치에게 가르침을 청했다. 유길준, 박영효, 윤치호가 그 대표적인 인물들로 유키치는 조선의 이 젊은 지식인들의 애국심에 감동을 받고 적극 후원하였다. 그러나 조선의 현대화 시도가 번번이 실패하고, 특히 갑신정변 실패 후 김옥균을 비롯해 참여 인사들에 대한 혹독한 형벌과 연좌제에 유키치는 크게 실망하며 조선을 규탄했다. 아마도 이 사건이 아시아 낭만주의를 버리는 데 있어 결정적이었던 것으로 보인다. 1880년대부터 조선과 청나라를 비판하는 글들을 쓴 유키치였지만, 1890년 말기에는 메이지유신이 국가주의적, 군국주의적인 행보를 많이 보여주자 자국에 대해서도 이에 못지않게 비판하기 시작했다.

　　필자는 유키치가 1880년 이후 조선인과 중국인을 겨냥한 도를 넘는 글들을 썼기 때문에 그의 1870년대까지의 삶에 더 주목하고자 한다. 그 당시에는 사회제도에 저항하는 것이 큰 용기가 필요한 일이었다. 개국 이후 다들 서구 문물이 일본을 망친다고 경계하던 사람들에게 그는 서양 문물을 받아들이고 부국강병을 해야 한다고 오히려 역설했다. 이 때문에 여러 차례 협박을 받기도 했고, 심지어는 낭인의 피습도 당했었지만 자신의 신념을 포기하지는 않았다. 무엇보다 칼이 아니라 붓으로 저항한 그의 삶을 통해 기자인 필자가 다시 한 번 확인하게 된 것은 '칼보다 붓이 날카롭다'는 사실이다.

장수의 상징, 뵤도인

1만 엔에 대한 이야기를 하는 김에 명소 한 곳을 소개하고 싶다. 1만 엔의 뒷면에는 봉황 동상이 있다. 그 봉황은 교토 부 우지宇治에 위치한 유명한 불교 사원인 뵤도인平等院을 대표한다.

뵤됴인의 전경

　11세기에 자신의 딸들을 일본 황제에게 시집보내면서 그 당시 최고 실권자가 된 후지와라 미치나가藤原道長가 별장으로 뵤도인을 지었다. 나중에 그의 아들이 이 예쁜 별장을 불교에 기부하면서 불교 사원으로 바뀌었다. 사찰에서 제일 유명한 건물인 호오도(鳳凰堂, 봉황당)는 1053년에 세워졌다. 이후 내전으로 인해 뵤도인의 모든 건물이 소실되었는데, 유일하게 이 봉황당만 오늘날까지 살아남았다. 일본의 10엔 동전 뒷면에도 이 봉황당 그림이 있고, 1만 엔의 뒷면에 있는 봉황도 역시 봉황당의 지붕에 장식되어 있는 조각상이다. 두 화폐에 실린 것만 보아도 일본이 장수를 상징하는 봉황당을 얼마나 중요한 문화적 유산으로 생각하는지 알 수 있다.

　사람들이 이러한 사연을 듣고 '봉황은 장수의 상징'이라는 작은 문화적 정보를 얻어갈 수도 있지만, 필자는 오히려 뵤도인의 역사에서 장수의 비결을 생각하게 되었다. 후지와라 미치나가의 아들이 아버지의 별장을 기부하지 않고 자기가 소유하고 있었다면 뵤도인이 현재까지 남아있을까? 어쩌면 진정한 의미에서 장수의 비결은 기부가 아닐까 싶다.

히구치 이치요,
남녀 차별을 넘어선 현대 일본 문학의 거장

5000엔의 앞면에 보이는 여성은 후쿠자와 유키치와 같은 시기에 살았던 메이지유신 시대의 대표적인 작가 중 한 명인 히구치 이치요(樋口一葉, 1872~1896)이다. 원래 이름이 히구치 나쓰코樋口夏子인 이치요는 남녀 차별이 심한 시기에 뛰어난 모습을 보여준 몇 안 되는 여성 중 한 명이다.

현대 일본의 무라사키 시키부, 히구치 이치요

이치요는 1881년 진구神功 황후 이후 여성으로서는 처음으로 일본 지폐에 등장하는 인물이다. 더욱이 진구 황후가 신화 속 인물이라는 점을 전제하면, 이치요는 최초로 지폐의 인물이 된 실존 여성이다. 이처럼 일본에서 중요한 여성 작가로서 대표성을 가진 만큼 이치요를 '근대의 무라사키 시키부'로 생각해도 될 것 같다.

불과 25살의 청춘에 삶을 마감한 그의 작품들은 짧은 활동 기간에도 불구하고 일본 현대 소설에 매우 큰 영향을 미쳤다. 3남 2녀 중 막내딸로 태어난 그는 학교를 수석으로 졸업할 만큼 영특했지만, 여자에게 더 이상의 교육은 필요 없다는 어머니의 반대 때문에 바느질을 배우며 집안일을 해야 했다. 그러나 딸의 재능과 문학에 대한 열정이 아까웠던 그의 아버지가 이치요를 와카(和歌, 일본 고유의 정형시) 학원에 보냈다. 그가 19세 되던 해에 아버지가 사업에 실패하고 사망하면서 경제적으로 힘들어졌고, 그 때문에 약혼자에게 파혼까지 당하고 말았다. 실질적인 가장이 된 이치요는 생계를 위해 소설을 쓰기 시작했다.

1892년에 20세가 된 그는 본격적으로 언론을 통해 작품을 발표했다. 먼저 〈어둠 속의 벚꽃闇桜〉을 내고, 다음 해에 발표한 〈매목埋木〉으로 문학계에서 인정을 받았다. 생활고를 헤쳐 나가기 위해 계속 글을 써야 했음에도 뛰어난 작품성으로 주목을 받았고, 〈키 재기たけくらべ〉로 매우 큰 인기를 얻었다. 웬만한 그의 작품들 주인공은 역시 여성이다. 물론 주인공은 힘든 삶을 보내야 되는 상황이다. 한 소설에서 주인공은 게이샤藝者이고, 다른 한 소설에서 여자는 남편한테 폭행당하지만 참고 살아야 되는 식으로 괴로운 삶이 묘사되어 있다.

그가 가난과 싸워야 하지 않았다면, 14개월에 불과한 짧은 작가 생활 동안 이렇게 역사에 남는 작품들을 쓸 수 있었을까. 벼랑 끝에 내몰려도 포기하지 않는다면 살아날 힘을 내는 것처럼, 누구나 살면서 힘든 일을 겪게 되지만 그것을 전화위복의 기회로 삼고 오히려 대약진을 하려고 마음을 굳건히 가져야 하지 않을까 싶다.

중세 시대의 대표 화가, 오가타 고린

무라사키나 이치요 이야기를 통해 일본의 문학에 대해 이야기를 했다면, 5000엔의 뒷면과 관련해서는 일본의 그림에 대해서도 짧게 언급하고 싶다. 5000엔의 뒷면에 보이는 꽃은 아이리스^{iris}라고 하는 일본식 붓꽃속 즉, 제비붓꽃이다. 그러나 5000엔을 디자인한 사람들이 소개하고 싶은 것은 그저 하나의 식물이 아니고, 300여 년 전에 살았던 훌륭한 화가인 오가타 고린(尾形光琳, 1658~1716)의 명작이자 국보인 〈제비붓꽃병풍燕子花図〉이다.

오가타 고린은 일본에서 역대 가장 유명한 10명의 화가 중 한 명으로 꼽힌다. 에도 중기를 대표하는 화가로 장식성이 뛰어난 그의 작품들은 오늘날까지 많은 도자기나 파티션에 도안으로 사용되고 있다. 일본을 어느 정도 아는 사람이라면 고린의 작품들이 그렇게 낯설지 않을 것이다. 많은 제자들도 키워냈던 고린은 일본 미술사에서 빠질 수 없는 인물들 중 한 명이다.

노구치 히데요,
장애를 극복한 세계적인 세균학자

후쿠자와 유키치나 히구치 이치요의 전기를 읽으면서 느끼는 것이, 가끔 삶이 우리에게 준 것이 재앙으로 보이지만 사실은 복이었다는 것이다. 같은 교훈을 1000엔을 통해서도 깨닫게 된다. 1000엔의 앞면에 게재된 인물은 지금 일본에서 의대를 다니는 학생들의 우상이자 대선배인 노구치 히데요(野口英世, 1876~1928)이다. 세균학자인 노구치 히데요는 일본에서만이 아니라 전 세계 세균학계에서 아이작 뉴턴Newton, Sir Isaac 같은 인물이다. 그러나 노구치를 이렇게 훌륭한 의사로 만든 계기는 너무나 안타까운 일이 있었다.

일본의 파스퇴르, 노구치 히데요

후쿠시마福島 현의 가난한 농가에서 태어난 노구치는 2살 때 난로에 넘어져 왼손에 큰 화상을 입었다. 의사가 없었던 작은 마을이었기에 충분한 치료를 받지 못했고, 노구치는 손을 쓰지 못하게 되었다. 지금도 일본에 왕따 문제가 있지만, 장애인에 대한 배려가 없던 그 시대에 노구치는 멸시를 받으며 자랐다. 초등학교 때 다행히 수술을 받아 어느 정도 회복한 노구치는 의사가 되어 사람들을 돕겠다고 결심했다.

메이지유신으로 인해 교육, 행정, 징병제도만 변화한 것이 아니었다. 서구 문물이 들어오면서 일본 의학도 완전히 서양식으로 변화했다. 그 시기에 대표적인 역할을 한 의사들 중 한 명이 바로 노구치 히데요였다.

스무 살의 나이로 의사 자격시험에 통과해 훌륭한 재능을 인정 받은 노구치는 1900년에 미국으로 유학을 갔다. 미국의 일류 의학 교육기관들 중 하나인 록펠러Rockefeller 연구소에서 근무하던 중인 1913년, 노구치는 진행성 마비 환자의 뇌에서 매독을 일으키는 스피로헤타spirochaeta, 트레포네마 팔리듐Treponema pallidum을 발견했다. 이 연구가 전 세계적으로 큰 주목을 받으며 그에게 큰 명예를 주었다. 노구치는 그 이후 많은 명문 대학에서 명예박사 학위도 받고 일본의 황제에게 훈장도 받았다.

1928년, 노구치는 세균학자로서 황열병의 원인을 연구하려고 아프리카로 갔다. 가나Ghana의 수도인 아크라Accra에서 연구하던 중 황열병에 걸려서 사망했다. 미생물학에서 큰 역할을 한 파스퇴르Pasteur, Louis와 비견되며 '일본의 파스퇴르'라고 칭송 받는 노구치를 기념하여, 일본은 가나를 중심으로 아프리카에서 많은 공공 외교 활동을 하고 있다. 그중 제일

2013년 히데요 노구치 아프리카 상 수상식 장면
photo by TICAD V Photographs

대표적인 것이 일본국제협력기구가 5년에 한 번씩 아프리카에 관한 의학이나 의료를 대상으로 수여하는 '노구치 히데요 아프리카상'이다. 2008년에 케냐 출신 의사가 받았던 이 상은 2013년에는 우간다 출신 의사가 수상했다.

오늘날 학계에서의 그에 대한 평가는 달라지고 있다. 노구치가 발견한 매독 병원체 연구 결과는 현재 부정되고 있으며, 역시 그가 발견했다고 주장한 여러 가지 병원체도 인정되지 않고 있다. 물론 기술과 시대적 한계로 인한 오류를 감안할 필요성도 있다. 어쨌든 아직도 노구치는 일본인들이 아끼는 학자이며, 장애라는 벽을 뛰어넘어 운명을 이겨낸 표상임은 분명하다.

일본 문화의 원천, 후지 산 그리고 벚꽃

일본에 대한 이야기를 마무리해야 하지만, 후지 산富士山과 벚꽃을 빼놓을 수는 없다. 필자는 후지 산과 벚꽃을 일본 문화의 원천으로 본다. 이 두 문화적 상징에 대해서 설명하기에 1000엔의 뒷면은 좋은 기회다.

1000엔의 뒷면에 벚꽃과 후지 산 그리고 모토스 호수本栖湖가 그려져 있다. 먼저 후지 산은 일본의 최고봉으로 원뿔형의 화산이다. 후지 산을 중심으로 주변에 위치한 5개의 호수와 그 주변 지역을 포함해 대형 국립공원으로 불리기도 한다. 모토스 호수 역시 그 5개의 호수 중 하나다. 후지 산은 산악신앙의 대상이자 많은 예술 작품의 소재로 쓰인 일본의 상징으로서 문화적 가치가 높다고 평가받는 곳이며, 유네스코 지정 세계유산으로 등재되었다.

　　필자는 2012년 여름에 도쿄에서 한 달간 지낸 적이 있었다. 그때 후지 산 근처에 있는 5개 호수를 모두 둘러보았다. 호수 주변은 사람들이 많이 찾는 휴양지로 많은 리조트와 민박들이 있었고, 맛있는 우동 가게들도 있었다. 컴퓨터가 느려지면 'F5'를 눌러 '새로 고침'을 하듯이 살면서 스트레스를 받고 많이 지쳤을 때 이곳에 오면 다시 도전 의지가 생길 것 같았다. 이곳에서 일주일 동안 산책하고 맑은 공기를 마시고 후지 산 구경하면서 거의 새로 태어났다는 느낌이 들었기 때문이었다.

　　일본 화폐에 관한 이야기의 마무리는 1000엔의 뒷면에 보이는 벚꽃으로 한다. 일본에서 3월이나 4월초가 되면 곳곳에서 벚꽃 축제가 열린다. 일본의 국화이기도 한 벚꽃은 일본인들에게 매우 중요한 의미를 가진다. 불과 일주일이나 열흘 정도만 피어 있는 이 꽃은 일본인들에게 진정한 새해를 맞이하고 다시 태어남을 생각하고, 그리고 역시 죽음이라는 것이 얼마나 가까이 있는지도 되새기게 해준다.

벚꽃 사이로 저 멀리 후지 산이 보인다.
photo by Skyseeker

세계의 화폐 ⑬ - 타이완 달러

Taiwan
Dollar

일본 엔 이야기를 통해 일본의 현대화 즉, 시대적
전환기를 소개하려고 했다. 또 다른 동북아 국가
인 중국, 그 전신인 청나라에서의 현대화는 어떻
게 진행되었을까? 이 질문의 답은 타이완臺灣 달
러에서 먼저 찾아보도록 한다.

　　타이완 화폐들을 보면 한 글자도 영문이 없
지만, 타이완 통화 명칭은 공교롭게도 '달러'다.
좀 더 명확하게는 신 타이완 달러(New Taiwan
Dollar, NT$)이다. 화폐 위에 중국 번체자로 '圓'이
라고 쓰여 있고, 타이완 사람들은 '위안元'이라고
부르지만, 외국인들은 '달러$'로 알고 있다.

　　타이완 달러는 총 5장의 화폐로 구성되어
있다. 100달러, 200달러, 500달러, 1000달러 그
리고 2000달러다. 이번에는 예외적으로 특정한
화폐만 설명하기로 하겠다. 패기와 활력을 보여
주기 위해 500달러 앞에는 우승한 기쁨을 누리
고 있는 어린이 야구단의 모습을 실었는데, 타이
완 국민들의 높은 야구 사랑을 반영하고 있는듯
하다. 미래에 대한 희망을 보여주기 위해 1000
달러 앞면에는 초등학생들이 있다. 뛰어난 기술
력을 자랑하는 위성 중 하나인 'Formosat-1'도
2000달러 앞면에 실렸다. 이들 지폐는 이렇게
간략하게만 소개하고 넘어가기로 하고, 이 책에
서는 100달러와 200달러에 집중하고자 한다.

쑨원,
타이완과 중국 모두가 존경하는
민주주의 투사

타이완 화폐들 중 제일 많이 사용하는 것은 100달러다. 붉은색으로 앞면에 쑨원(孫文, 1866~1925)의 초상화가 실린 100달러는 중국의 100위안과 비슷한 느낌이다. 타이완과 중국에게 쑨원은 거의 국부 같은 인물이다. 쑨원의 삶을 단계별로 보면, 청나라가 어떻게 멸망했고 중국에서 역사상 처음으로 공화국 체제가 어떤 과정으로 수립되는지 알 수 있다. 중국 대륙의 현대화를 쑨원의 삶을 빼놓고 설명하기란 거의 불가능하다.

제국에서 공화국으로, 중국 역사의 커브길

쑨원은 1866년에 중국 남부 광둥 성廣東省의 가난한 농가에서 태어났다.

그 시기는 중국인들에게 제일 혼란스러운 때였다. 큰 맥락에서 보자면 1839년에 발생한 제1차 아편전쟁은 중국을 커다란 혼란의 용광로 속에 빠뜨리는 작은 불똥이었다. 그 이후 발생한 일련의 사건들을 통해 서구 열강은 동굴 속에서 오랫동안 잠들어 있던 거대한 용을 깨웠다. 그리고 140년 이후에는 덩샤오핑鄧小平의 등장으로 충분히 정신을 차리고 기지개를 켠 용이 동굴 밖으로 나서게 되었다. 쑨원의 생애를 서술하기 전에 일단 그때까지 일어난 사건들을 요약해보기로 한다.

청나라는 18세기 말기에 영국의 동인도회사와 거래를 하기 시작했다. 동인도회사는 중국에서 차, 도자기, 목면 등을 영국으로 수입하고 영국의 모직물, 면직물 등을 중국에 수출했는데 영국의 차 소비량이 많다 보니 무역 적자가 쌓여갔다. 동인도회사 입장에서는 무역의 규모를 확대시켜야 하는데, 청조는 영국 상인들의 거래를 제한하고 있었다. 특히 그 당시에 미국독립전쟁이 발발하면서 영국은 자본을 충당해야 하는 문제가 생겼었다. 따라서 중국으로부터 필요한 자금 즉, 당시 화폐단위인 은을 수취해야

쑨원의 초상화

했는데, 중국과 거래할 상품이 마땅치 않았다. 이때 고민에 빠졌던 영국 상인들이 해결 방법으로 찾아낸 것이 바로 아편 밀수출이었다.

18세기에 대다수 국민들이 아편에 중독되어 생활이 피폐해지고 사회가 혼란에 빠지자 청나라 황제가 외부와 아편 거래를 금지시키고, 아편 유통을 통제했다. 잠든 용을 깨우기 두려웠던 영국이 처음에는 인도에서처럼 전쟁을 치르는 것을 피하고 불법으로 은밀하게 아편을 팔았다. 중독성 때문에 아편 수요는 폭발적으로 증가했고, 19세기 초 동인도회사는 아편 밀수출로 엄청난 돈을 벌었다.

아편 무역을 통제하기 위해 청나라 황제는 여러 차례 외교적으로 이 문제를 풀려고 시도했다. 영국 상인들과 협상이 결렬되자 더 이상 참지 못한 청조는 1839년 광저우廣州에서 영국 상인들의 천 톤이 넘는 아편을 불태워버렸다. 이에 영국 상인들은 '청나라가 자유무역을 막고, 사유재산을 몰수한다'며 영국 의회를 압박했다. 이를 계기로 제1차 아편전쟁이 발생한 것이다. 3년여 동안 전쟁이 이어진 후 굴욕적일 정도로 불평등한 난징조약南京條約이 마무리되었다. 이를 지켜본 다른 서구 열강들도 이권을 차지하기 위해 아직 깨어나지 못한 아시아의 큰 용에게 달려들었고, 청나라는 미국·프랑스 등 다른 열강과도 불평등조약을 체결해야만 했다.

1850년 광시 성廣西省에서는 아편전쟁으로 추락한 청 왕조의 권위가 또 추락하는 사건이 발생했다. 자신이 여호와의 둘째 아들이자 예수 그리스도의 동생이라면서 배상제회拜上帝會라는 종교 단체를 조직한 홍수전洪秀全이 등장했다. 그는 중국에서 개혁을 하라는 신의 계시를 받았다고 주장하며 태평천국운동(1851~1864)이라는 반봉건사회 개혁적 농민운동을 벌인 것이다. 그 당시 착취와 억압으로 억눌리고 굶어 죽어가고 있던 민중들은 홍수전이 내건 이상적인 사회 건설에 환호했고, 평등한 세상을 만들기 위하여 봉기하였다. 1851년에 봉기한 홍수전과 그의 군대는 난징을 점령한 후 천경天京이라고 부르며 태평천국太平天國의 수도로 삼았다.

만주족滿洲族인 청나라 황제를 몰아내고 한족漢族의 민족주의와 토지개혁으로 평등한 세상을 이루겠다는 이상을 앞세운 홍수전은 10여 년 동안 지속적으로 세력을 확대시켰다. 베이징까지 군대를 보내 청나라를 무너뜨리려 했던 홍수전은 1860년에 상하이上海에서 외국 세력과 충돌했는데, 이를 계기로 영국과 프랑스의 지원을 받은 청조가 1864년에 난징을 함락시키면서 태평천국을 해체시켰다. 태평천국이 비록 기독교 측에서 보면 이단 종교 단체이고 한족 중심 민족주의를 내세웠지만, 중국 전역에 반봉건적 평등사상과 반외세 이념을 싹 틔우는 데는 공헌했다. 이후 등장하는 국민당과 공산당을 비롯한 정치 세력들은 태평천국의 이러한 정치적 유산을 계승하려고 했다.

제2의 홍수전, 쑨원의 등장

다시 쑨원의 이야기로 돌아가면, 쑨원은 1879년에 가족과 함께 하와이로 이민을 갔을 때 서구식 민주주의와 민족주의 사상을 처음 접했다. 1892년에 홍콩에서 서양식 의학교에 다니며 자연과학적 사고방식에 큰 영향을 받고, 졸업 후에는 병원을 개업했다. 쑨원은 점차 서구 열강들의 침략으로 더 이상 이대로는 조국의 미래가 없다는 판단을 했다.

19세기 말에는 중국이 이미 서구 열강에 의해 '조계지租界地' 체제로 분단된 상황이었다. 조계지는 중국에 진출한 타국에 임대하여 준 지역을 말하는데, 개항 도시의 외국인 거주지이지만 외국이 행정권과 경찰권을 행사했다. 이렇게 자리 잡은 각국 세력들은 중국 각지에 자신들의 무역에 적합한 조계지를 조성해서 일종의 식민지 정책을 실시하고 있었다. 즉, 각국의 조계지는 저마다 그 주체가 되는 나라에 의해 운영이 되다 보니 중국이 여러 나라로 갈라진 셈이나 다름없었다. 그 당시 청나라 상황을 살펴보면, 청일전쟁淸日戰爭으로 타이완은 일본의 지배에 들어갔고, 제1차 아편전쟁 때 영국은 홍콩을 얻었으며, 포르투갈은 이미 마카오澳門를 식민지로 만들었다. 이외에도 상하이나 톈진天津은 서구 열강이 공동으로 지배

1854년의 태평천국운동이 벌어지고 있는 중국 상황을 표시한 지도

하는 영토였고, 독일은 산둥山東, 프랑스는 윈난雲南 등을 독점하며 청나라를 유린하고 있었다.

쑨원이 1894년 하와이에서 나중에 '중국혁명동맹회中國革命同盟會'가 되는 '흥중회興中會'를 창립했다. 만주족의 청조 타도와 민주주의를 지향하는 이 조직은 쑨원의 지도하에서 여러 번 봉기를 일으키고 혁명을 시도했다. 쑨원은 제2의 홍수전을 자처하며 청조의 퇴위를 주도한 혁명 지도자였다.

쑨원은 1895년에 광저우 무장봉기가 실패로 끝난 이후 망명 생활을 했다. 일본, 영국 등으로 옮겨다니며 활동하면서 '삼민주의(三民主義, 민족·민권·민생)' 혁명 이념을 구상했다. 그는 화교들의 모금으로 혁명 세력을 지원하고 유학생들 대상으로 강연을 하면서 혁명 사상을 전파했다. 1905년 도쿄에서 중국의 민주주의를 추진하는 단체들을 '중국혁명동맹회'로 통합시킨 쑨원은 국제사회에 중국 혁명 세력의 지도자로 부상했다.

중국의 새 출발, 신해혁명

1911년 10월 10일, 우창武昌에서 중국동맹회의 회원들이 봉기를 일으켜 인근 도시를 점령했다. 바로 신해혁명辛亥革命이었다. 당시 혁명 자금의 모금을 위해 미국에 체류 중이었던 쑨원은 혁명이 성공했다는 소식을 들었지만 바로 중국에 돌아가지 않았다. 오히려 유럽으로 건너가서 서양 열강들이 청조에 대해 경제적 지원을 하지 못하도록 미리 막았다. 서구 열강의 간섭을 사전에 막아야 혁명이 온전하게 성공할 수 있다는 쑨원의 판단은 그가 정치적으로 얼마나 뛰어난 사람인지를 잘 보여주는 일화다. 쑨원은 논리적인 연설과 뛰어난 설득력을 발휘해 청조로 향할 뻔했던 유럽의 경제적 지원을 막았고, 혁명군은 순조롭게 중국의 남부를 점령했다.

여기서 쑨원이 얼마나 뛰어난 설득력의 소유자인가를 보여주는 사례를 하나 소개하고 넘어가자. 혁명 세력을 확대시키는 과정에서 누군가 '꼭 혁명을 해야 되는가? 점진적인 개혁을 통해 나라를 구할 수도 있지 않은가?'라고 반대 의견을 개진했을 때, 쑨원은 '나는 의사다. 보통은 상처를 붕대로 감으며 치료한다. 그러나 가끔 수술이 필요할 때도 있다. 아프다고 해서 수술이 필요 없다고 하는 것은 환자를 죽이라는 말이다. 지금 중국도 마찬가지다! 아프다고 해서 수술 즉, 혁명을 피할 수는 없다.'라고 대답했다.

1911년 12월, 16년 만에 중국으로 돌아온 쑨원은 태평천국의 옛 수도, 난징에 수립된 임시정부에서 선거를 통해 대총통大總統으로 선출되었다. 이제 쑨원에게 남은 과제는 베이징 자금성紫禁城에 남아있는 어린 황제와 그의 어머니의 퇴위였다. 이를 위해 쑨원은 군인 출신으로 청조의 내각총리대신을 맡고 있던 야심가인 위안스카이袁世凱와 협상해 총통 자리를 양보하고, 위안스카이의 힘을 빌어 1912년 2월에 청조를 멸망시켰다.

양복을 즐겨 입고 서양의 민주주의 역사와 사상에 대해 잘 알고 있던 쑨원은 입헌군주제를 반대하고 끝까지 민주주의를 위해 싸웠다. 그의 이러한 모습이 서구 열강들로 하여금 '청조냐, 혁명 세력이냐'의 갈림길에서 혁명 세력을 선택하게 만들었다. 학생 시절에 회중 교회에 입교하고 이후 감리교 목사의 딸과 결혼한 쑨원은 종교적인 배경에도 불구하고, 오늘날 공산주의 국가인 중국에서 국부로 존경 받는 역사적인 지도자다. 뿐만 아니라 타이완에서도 존경 받는 인물인 그는 타이완과 중국이 모두 공통으로 인정하는 유일한 국가적 영웅이다.

　　필자가 보기에는 쑨원의 업적은 누구나 할 수 있는 일이 결코 아니다. 유교를 떠나 기독교를 믿은 그는 철학과 사상도 일본이나 중국의 지식인들과 너무나 달랐다. 표면적으로만 보면 쑨원은 중국의 전통을 부인하고 있었다. 서구 열강의 침략으로 인해 반외세 감정이 쌓여 있던 중국인들에게는 그가 외세의 앞잡이 또는 트로이 목마로 보일 수도 있었다. 그러나 쑨원은 자신의 이념을 젊은 층에게 설득력 있게 전파했고, 그들을 자신의 동조 세력으로 이끌었다. 더 나아가 교육을 통해 사상을 전파하면서도 혁명 세력을 조직하고 중국이라는 거대한 나라를 봉건제국에서 공화국으로 전환시켰다.

쑨원을 기념하는 국립국부기념관

신해혁명 이후 중국이 어떻게 변화되는지를 서술하기 전에, 잠깐 쉬어가는 차원에서 타이완의 명소를 하나 소개하고 싶다. 100달러의 뒷면에는 중산루中山樓라는 건물이 보인다. 타이완의 수도 타이페이臺北에 위치하고 있는 중산루는 공식 행사들과 중요한 전시들이 열리는 곳이다. 30만 권이 넘는 책을 보유한 도서관까지 갖춘 이 복합 시설은 교양 문화적인 타이완 여행을 하려고 하는 관광객들에게 필수 코스다.

　　이 건물의 제일 중요한 특징은 국립국부기념관의 일부라는 점이다. 즉, 이곳에 타이완의 국부인 쑨원 관련 전시실이 있고, 쑨원의 생일 때 공식 기념행사가 열리는 곳이기도 하다. 다만, 쑨원의 시신은 이곳이 아니라 난징의 중산공원에 안치되어 있다. 다시 말하자면, 이곳은 국부가 매장되지 않은 국립국부기념관이다. 타이완 국부의 시신이 왜 국립국부기념관이 아니라 난징에 있게 된 것인지에 대해, 200달러에서 타이완이 대륙 중국으로부터 분단된 계기를 이야기하면서 설명하기로 한다.

중산루, 국립국부기념관 전경
Photo by Wei-te Wong

장제스,
일제와 공산주의에 맞서다

200달러의 앞면에 초상화가 실린 인물은 장제스이다. 그는 타이완이라는 나라의 탄생을 이해하는 데 있어 열쇠 같은 역할을 한다. 중국 남부의 저장 성浙江省 출신인 장제스를 이렇게 중요한 사람으로 만드는 첫 계기는 일본 유학이었다. 1906년에 스무 살의 나이로 군관학교에 입학한 그는 다음 해 일본 도쿄로 유학을 떠나 사관생도 후보를 가르치는 진무振武학교에 입학했다. 일본에서 혁명 세력과 교류한 장제스는 쑨원과 그의 삼민주의를 알게 되었고 동맹회에 가입했다. 장제스는 1909년부터 1911년까지 일본 제국군에서 근무하던 중 혁명 동지들의 주도로 우창 봉기 즉, 신해혁명이 발발하자 바로 중국으로 귀국해 혁명군에서 활동했다.

중국의 재통일 그리고 분단, 장제스

신해혁명 이야기로 다시 돌아가보자. 쑨원은 1912년에 공화제를 조건으로 총통 자리를 위안스카이에게 양보했다. 그러나 위안스카이는 약속을 지키지 않았다. 1913년에 임시 국회를 해산시키고 1915년에 중화민국中華民國의 호를 중화제국中華帝國으로 바꾸고 황제를 꿈꾸었다. 이 같은 위안스카이의 독재 체제에 반발한 혁명 세력은 물론이고 위안스카이를 따르던 군인들까지 그에게 등을 돌렸다. 위안스카이가 다음 해에 사망하면서 모든 상황이 끝난 듯했지만 아직 공화국 체제가 제대로 확립되지 못했던 중국은 다시 혼란 속으로 빠져들었다. 민주주의를 무시하고 권력을 차지하려는 북부 지방 군인들은 군벌 간 세력 다툼을 이어갔다. 바로 이를 계기로 북부에 있던 군벌들과 남부를 중심으로 하는 혁명 세력 사이에 충돌이 일어났는데, 장제스는 이 과정에서 급부상했다.

장제스(蔣介石, 1887~1975)는 남부의 혁명군에서 크게 활약했고, 상하이에 있는 지하 단체들을 통해 북부 군부 정권과도 보이지 않는 싸움을 계속했다. 그의 두드러진 활약은 쑨원의 관심을 끌었다. 가장 큰 사건은 1923년 쑨원과 그의 부인인 쑹칭링宋慶齡이 암살당할 위기에서, 장제스의 도움으로 목숨을 구할 수 있었다. 이를 계기로 장제스에 대한 쑨원의 신뢰가 돈독해지고 쑨원의 처제인 쑹메이링宋美齡과 결혼까지 하게 되었다. 쑨원이 1925년에 사망했을 때 장제스가 그의 뒤를 이었고, 1928년에는 북부 군벌들을 모두 제압하고 드디어 공화국 체제로 중국의 재통일을 이루었다.

중국과 대만의 분단으로 향하는 갈등의 시작은 제1차 국공합작國共合

1927년 장제스와 쑹메이링의 결혼식 사진.
타이완 의회도서관에 소장되어 있다

군복을 입은 장제스의 사진.
타이완 의회도서관에
소장되어 있다

作을 깨뜨리는 장제스의 결정부터로 볼 수 있다. 1924년에 국민당을 이끌던 쑨원이 소련의 지원을 받고 중국 공산당과 연합하여 북부 군벌 세력을 타도하고 국민혁명國民革命을 성공시키고자 한 것이 제1차 국공합작이다. 그러나 쑨원의 뒤를 이어 국민당의 일인자가 된 장제스는 당내 좌익 세력과 중국 공산당을 견제하였다. 북부 군벌을 격파하고 분열된 중국을 통일시킨다는 명분을 앞세워 북벌을 추진한 장제스는 1927년에 상하이에서 '4.12 사건'으로 알려진 무장 공격으로 공산당을 토벌했다.

사실 장제스의 이러한 결정에는 다른 의도도 있었다. 당시 소련에서 레닌Lenin, Vladimir Ilich Ul·ya·nov의 사망 이후 등장한 스탈린Stalin, Iosif Vissarionovich Dzhugashvili은 중국에 공산주의 정권을 수립하기 위해 공산주의자들을 지원하고 있었는데, 장제스는 중국이 소련의 의도대로 되는 것을 막고 싶었던 것이다. 결국 4.12 사건으로 합작은 깨어지고 국민당과 공산당이 서로 분열되어 중국에서 제1차 내전이 일어나게 되었다. 1928년에 베이징 입성으로 재통일을 한 장제스는 난징에서 수립된 국민당 주도의 새 중앙정부의 수반으로 즉위했다.

계속되는 일본의 침략에 대항하기 위해 장제스는 1936년에 제2차 국공합작을 하고, 공산당과 국민당이 힘을 합하여 대일본 전쟁을 벌였다. 태평양전쟁(미일전쟁)이 일본의 패배로 끝난 후 중국은 4대 강국의 하나가 되었고, 장제스는 승전국이 된 중국의 지도자로 국제사회에 알려졌다. 그런데 중국 내 일본군의 무장해제와 점령지 정리 문제를 두고 국민당과 공산당은 의견 차이로 충돌했고 또 내전으로 변하고 말았다. 처음에 장제스는 우세한 군사력으로 충분히 승리할 줄 알았지만, 이는 오산이었다. 그동안 공산당은 국민으로부터 신뢰와 지지를 쌓고 있었지만, 반대로 국민당은 부정과 비리로 얼룩진 군대와 경제 붕괴 문제 등으로 민심을 잃은 상황이었다. 국민들과 소통하지 못했던 국민당 군대는 패전을 계속하다가 1949년에 타이완으로 퇴각을 결정했다. 장제스는 곧 다시 대륙에 돌아갈 생각이었지만, 끝내 돌아가지 못하고 만다.

　이후 타이완에서는 장제스가 통치하는 중화민국, 본토에서는 마오쩌둥이 통치하는 중국인민공화국이 탄생하면서 중국은 분단이 되었다.

타이완 총독부에서 중화민국 총통부로

200달러의 뒷면에 보이는 건물은 1919년에 일본이 타이완을 점령하고 세운 타이완 총독부다. 1945년까지 일본이 사용한 이 건물은 제2차 세계대전 때 미국 공습으로 많은 피해를 받았다. 1947년에 장제스의 출생 60년 기념으로 건물 복원 작업을 했고, 1948년에는 개수관介壽館으로 그 명칭을 바꾸게 되었다.

　이제 장제스의 이야기를 계속해보자. 1949년에 200만 명이 넘는 군인 및 국민들과 함께 타이완으로 퇴각한 후에도 장제스는 몇 차례 타이완 해협을 건너 중국 대륙의 공산당을 공격했지만 모두 실패로 끝나고 말았다.

　타이완에서 중화민국을 세운 장제스는 1950년부터 1975년까지 총통직을 맡았다. 공산당과의 내전에서 패배한 원인 중 하나가 지도부의 부정부패라고 생각한 장제스는 공직자들의 부정부패를 엄격하게 단속했다. 독재 권력을 확립하기는 했지만 대만의 근대화에 힘썼던 장제스는 중국 본토에 비해 국민의 생활 안정과 공업화 토대 마련에 기여를 했다. 결과적으로 그는 독재자라는 비판을 받으면서도 동시에 타이완이 뛰어난 경제적 성장과 민주주의 국가로 자리 잡을 수 있도록 큰 공을 세운 인물로 평가 받고 있다. 중국 대륙에서도 장제스는 공산주의 탄압과 중국 분단을 초래한 인물로 비난 받는 반면, 일본과 친일파를 물리치기 위해 엄정하게 싸웠다는 점에서 좋은 평가도 받고 있다.

개수관 전경
Photo by CEphoto, Uwe Aranas

세계의 화폐 ⑭ - 중국 위안

Yuan

오늘날 전 세계에서 미국의 달러, 유럽의 유로 다음으로 제일 많이 알려진 화폐 단위는 중국의 위안이 아닐까 싶다. 사용하는 인구로 따지면 국제사회에 미치는 영향력 역시 매우 크다. 중국 위안은 본토 이외에도 개별 화폐 단위가 있는 홍콩과 마카오를 비롯해 북한과 미얀마에서도 사용되고 있다. 특히 탈북자들에게 들은 이야기에 따르자면, 북한 시장에서 중국 위안이 북한의 원보다 인기가 많다고 한다.

모든 화폐 앞면에 오직 한 명의 사진

중국의 모든 지폐 앞면에는 마오쩌둥(毛澤東, 1893~1976)의 초상화가 실려 있다. 이를 본 많은 사람들은 지폐에 오직 한 사람의 초상화만 있다는 것을 국가 레짐(regime, 체제)의 정당성 문제 혹은 민주주의 수준의 차이로 생각하고, 마오쩌둥을 독재자로 착각한다. 그래서 중국 위안 이야기를 하는 김에 이 오해를 풀고 싶다.

화폐 앞면에 한 명의 사진만 실리는 것이 레짐과 깊숙한 관계가 있는 것은 아니다. 절대군주제의 아랍 왕국들에서 왕의 사진을 싣지 않기도 하고, 지금 북한에도 모든 화폐에 김일성의 초상화만 있는 것이 아니다. 반면에 어느 정도 민주주의가 정착하고 건국 초대 대통령의 정당성이 제기되지 않는 인도나 파키스탄에서도 모든 화폐에 오직 한 명의 사진이 실렸다. 민주주의 문제를 많이 극복했지만, 공교롭게도 리 씨 가문의 통치를 받아온 싱가포르에서도 화폐에 오랫동안 총리직을 맡은 리콴유李光耀의 사진은 없고, 말라이족 출신의 첫 대통령인 유소프 빈 이샥Yusof bin Ishak의 초상화만 있다.

그렇다면 한 나라의 모든 화폐에 오직 한 명의 사진이 있다는 것은 무슨 의미일까? 이라크에서 사담Saddam 정권이 붕괴되기 전에 모든 화폐들에 사담의 사진이 있었다. 이처럼 독재자들이 자신의 초상화를 자국 화폐에 싣는 일은 있지만, 싱가포르나 인도처럼 화폐 앞면에 사진이 있는 사람들이 모두 독재자였던 것은 아니다. 그들은 대부분 국민적 합의에 의해 국부로 인정을 받은 인물이었다. 이처럼 상징적인 사람들은 정치적, 민족적, 종교적으로 다양성이 많은 나라들에서 사회 통합에 열쇠 같은 역할을 했기 때문에 이렇게 특별 대우를 받는 것이다. 그리고 중국 화폐의 경우는 마오쩌둥의 사진이 혁명 초기부터도 아니고, 중국에서 개혁·개방 바람이 불고도 훨씬 이후인 1999년부터 게재되었다.

마오쩌둥,
중국 공산주의의 틀이 된 마오주의

중국 공산당의 탄생

이제까지 화폐 인물들에 대해서 대부분 간략한 전기를 소개했다. 그러나 중국은 가까운 나라이고, 마오를 모르는 한국인은 거의 없으므로 여기서는 마오와 관련된 별로 알려지지 않은 이야기들을 전하도록 하겠다.

한국을 비롯해 전 세계에서 많이 오해하는 것들 중 하나는 마오가 중국 공산당을 창당하고 평생 당 대표로 있었다는 인식이다. 중국 공산당 초기에 마오는 그렇게 핵심적인 인물이 아니었다. 러시아에서 1917년에 볼셰비키Bol'sheviki 혁명이 일어난 후 공산주의 열기는 중국에서 더 강하게 일어났다. 물론 공산주의 사상이 중국에도 전해졌지만 그렇게 눈에 띌 정도는 아니었다.

　20세기 초기 중국에서 아직 추상적인 개념에 머물렀던 공산주의 사상이 구체적으로 실현되는 모습으로 변하게 된 계기는 '5.4 운동'이다. 1915년에 〈신청년新青年〉이라는 주간 잡지를 발행한 천두슈陳獨秀는 언론을 통해 반제국주의-반봉건주의를 표방하면서 실제로는 공산주의를 전파하고 있었다. 그 당시에는 중국인들이 서구 열강과 일본에 의해 주권을 침해당한 울분이 쌓여 있던 터라 이러한 정치 이념이 쉽게 퍼졌다. 결론적으로 독일이 일본에 산둥 성의 이권을 이양하기로 한 것이 계기가 되어서 1919년 5월 4일에 큰 운동이 벌어졌다.

　이렇게 5.4 운동으로 뜨거워진 민중의 열기를 기회로 삼은 공산주의자 지식인들이 비공식적으로 중국 공산당을 세웠고, 1921년에는 공식적으로 창당을 선포한다. 첫 당대회를 상하이에서 연 중국 공산당 당원들이 당 대표로 천두슈를 선출했다. 천두슈는 1927년까지 대표직을 맡아 당을 조직화시켰다.

마오쩌둥의 업적

마오쩌둥은 1918년에 베이징에 가기 전 이미 고향인 후난 성湖南省에서 공산주의에 감화된 상황이었고, 베이징에서도 공산주의자들과 함께 활동을 했다. 그는 1920년에 다시 고향으로 내려가서 교육 사업을 했다. 학교를 설립하고 교장이 된 마오는 상하이에서 열리는 공산당 첫 당대회에 후난 성 대표로 참석했다.

　여기까지 언급한 내용 중에 중요한 점이 한 가지 있다. 당대회에 참석

1919년 5.4 운동 모습. 베이징에서 시작되어 텐진, 상하이, 난징, 우한 등으로
퍼져 나갔다
Photo by Sidney David Gamble

한 당원들 중에 중화인민공화국의 수립까지 공산당에 남아있었던 사람은 마오와 둥비우董必武밖에 없었다. 나머지 당원들은 내전 과정에 죽거나 혹은 사상 전향으로 중국 국민당이나 친일파가 되었다. 이러한 과거가 공화국 수립 이후 마오에게 큰 정통성을 부여했다.

1943년에 공산당 총서기가 될 때까지 마오는 공산당에 큰 공을 세웠다. 많은 사람들이 마오의 제일 큰 업적을 '장정長征'이라고 한다. 장정은 공산당 당원들이 국민당의 포위망을 뚫고 1년 넘게 9600킬로미터의 거리를 걸어서 옌안延安으로 대피한 사건을 의미한다. 어떻게 보면 장정은 군사적 실패다. 그러나 이 과정에서 공산당의 사상이 널리 알려지고 공산당 무장 세력의 전략 전술도 발전하게 되었다. 결과적으로 공산당 입장에서 장정은 내전의 첫 승리였다. 장정을 주도한 마오는 이 계기로 명실상부한 지도자로 부상했다.

필자가 보기에 마오의 제일 큰 업적은 공산당과 공산주의 사상을 중국 사회에 알맞게 다시 디자인한 것이었다. 사상 이야기부터 하면, 알다시피 공산주의는 하나의 큰 틀이고, 그 안에는 많은 사상들이 또 있다. 그 당시에는 소련을 비롯해서 제일 많이 유포된 것이 마르크스주의Marx主義였다. 마르크스주의는 쉽게 말하자면, 자본의 분배 문제 때문에 사회 계급 사이에 발생한 충돌에서 노동자 계급이 혁명을 일으켜서 계급이 없는 평등한 공산주의 사회를 건설할 수 있다는 주장이다. 이 주장이 중국에서는 해당되지 않았다. 중국은 산업화된 나라가 아니었으므로 혁명을 일으킬 산업 노동자가 없었던 것이다. 시골에서 오랫동안 공산주의 활동을 했던 마오가 이 문제의 해법을 찾았다. 바로 농민의 힘을 발견한 것이었다. 마오는 기존의 마르크스적 공산주의 사회 건설 논리에서 노동자 계급을

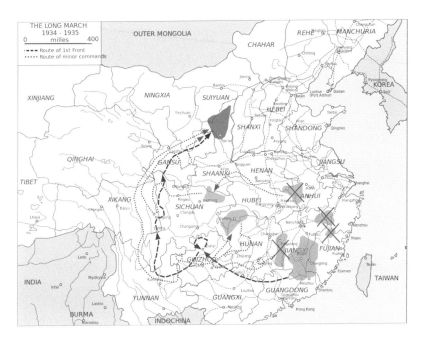

마오와 공산당의 장정 루트를 보여주는 지도

빼고 거기에 농민 계급을 놓으면서 공산주의를 재해석했다. 소위 말하자면 중국화된 마르크스-레닌주의Marx-Lenin主義인 '마오주의毛澤東主義'는 이러한 계기로 탄생하게 되었다. 이 마오주의가 아시아에서 공산주의가 더 급격히 확산할 수 있었던 이론적 토대가 되었다.

마오는 공산당의 사상을 다시 디자인하면서 당의 지도층을 개편해야 된다는 필요성을 동시에 인식했다. 마오는 중국 공산당 안에서 소련에 유학했다가 국내에 돌아온 볼셰비키파와 의견 차이 때문에 대립하고 있었다. 결국, 1920년대 말기에 볼셰비키파 때문에 마오는 당 지도부에서 밀려나 지방으로 갔다. 지방에서 공산주의를 위해 군사적, 사상적으로 활동한 그는 드디어 중국 남부에 있는 장시 성江西省에서 1931년에 중화소비에트공화국中華蘇維埃共和國을 수립했다. 국민당이 아무리 공격을 해도, 마오의 중화소비에트공화국은 굳건히 견디고 있었다. 중화소비에트공화국의 강한 모습이 국내에 있는 공산주의자들에게 대피소 같은 역할을 했고, 전국적으로 탄압을 받던 공산주의자들이 모두 이곳으로 모여들었다. 문제는 볼셰비키파도 이곳으로 몰려와서 중화소비에트공화국의 주도권을 마오에게서 또다시 박탈했다는 것이다. 지도부에서 마오가 추락하자 중화소비에트공화국 인민의 민심이 흔들리게 되었다. 또한 볼셰비키파가 마오의 게릴라전을 버리고 정규전으로 국민당과 충돌하면서, 이때부터 밀리기 시작한 공산당은 국민당을 피해 어쩔 수 없이 장정을 실천하게 된 것이다.

중화소비에트공화국의 붕괴를 계기로 마오는 중국의 공산당이 소련의 꼭두각시 정당이 되면 안 된다는 결론을 내렸다. 볼셰비키파와 자꾸 부딪치던 마오는 특히 군사전략에 있어서 크게 충돌했다. 볼셰비키파는 정규전을 주장했고, 마오는 유격전 혹은 게릴라전이 더 바람직하다고 생각했다. 장정 과정에 중국 공산당은 쭌이遵义라는 구이저우 성貴州省의 북부 도시에서 회의를 열었다. 마오는 여기서 장시에서 실패한 책임을 물어 볼셰비키파 중앙정치국부터 쫓아냈다. 그 이후로 소련과 친밀한 관계가 있던 공산주의자들이 고위직에서 물러나기 시작했다. 결론을 내리자면, 마오가 국내산 공산당 탄생에 결정적으로 큰 기여를 했던 것이다. 소련-중국 관계는 1960년대에 악화되고, 1970년대 미국 닉슨Nixon, Richard Milhous 대통령의 중국 방문으로 완전히 등을 돌리게 되는데, 양국의 관계만으로 봤을 때 잘못 끼운 첫 단추는 바로 마오와 볼셰비키파 대립이 마오의 승리로 끝났다는 것이다.

마오의 이러한 업적이 남겨준 교훈이 한 가지 있다. 아무리 같은 사상, 이념, 종교를 통해 동질감을 형성했다고 해도 나와 상대는 근본적으로 다르다는 점을 인정하고 나만의 것을 찾아야 한다는 것이다. 근본적으로 소련과 중국의 사회적 성격과 구조가 다른데, 소련의 사상을 그대로 도입하면 실패할 수밖에 없다. 더 중요한 것은 그 당시에는 소련이 중국 공산당에게 이론과 사상을 전수한 선배이고 강자였지만, 그렇다고 다른 국가의 일에 시시콜콜 개입하는 것은 도를 넘는 행위다. 동맹 관계와 지배-피지배 관계는 완전히 다르다. 현재 세계적 정세에서도 참고해야 할 사례가 아닐까 싶다. 마오는 이러한 차이점을 잘 이해한 지도자로서 중국 공산당을 독립적인 정당으로 만들었던 것이다.

문화대혁명 시기, 그리고 그 후의 중국

1949년에 중국인민공화국이 세워질 때 마오는 혁명의 지도자였다. 그러나 시간이 흘러가면서 마오가 너무 이상주의적이어서 자신들이 원하는 만큼 혁명적이지 못하다고 판단한 공산당 지도부가 마오를 실각시킬 기회를 엿보았다. 공산당 내에서 마오의 위상이 높은 탓에 실각이 불가능해지자 진보적인 세력이 그를 상징성만 유지시킨 채 실권을 장악하려고 했다. 이 같은 전략은 마오가 문화대혁명文化大革命을 선포하고 진보파를 모두 물러나게 하면서 실패하고 말았다.

문화대혁명 시기는 중국에게 항일 전쟁만큼 큰 피해를 입혔다. 1966년에 시작된 문화대혁명은 문제가 많았지만, 그중에서도 가장 큰 문제가 홍위병紅衛兵이었다. 중학생에서 대학생 사이의 젊은이들로 구성된 홍위병은 마오와 그의 이념을 종교에 가까울 만큼 신봉해 폭력을 행사하는 등 극단적인 행동을 펼쳤다. 1970년 이후 마오가 병에 걸리고 영향력이 약해지면서 진보파가 정권을 잡고, 홍위병을 제거했다. 마오의 사망으로 마무리된 문화대혁명이 중국의 마지막 재난이었다.

오늘날 중국은 미국과 비견될 만큼 강한 나라로 부상하고 있다. 다시 비유하자면, 동굴에서 깊이 잠들어 있었던 거대한 용이 이제 완전히 깨어난 상황이다. 마오가 그 용을 깨우는 데 많은 노력을 했지만 중국을 강대국으로 만든 계기는 1980년대 이후 개혁과 개방으로 공산주의에서 한 걸음 물러난 공산당의 지도부다. 현재 너무나 실용주의적인 중국 공산당은 마오가 만들어낸 그 당이 아니다. 그래서 필자가 보기에 마오는 현대 중국의 국부가 아니고 국조國祖 즉, 할아버지다. 마오는 오늘날에도 국부로 존경을 받고 있지만, 그에 대한 평가도 백퍼센트 긍정적인 것은 아니다. 물론 세계 어느 지도자도, 존경 받는 개혁의 영웅도 완벽한 사람은 단한 명도 없다. 마오 역시 예외는 아니다. 개혁 개방의 핵심 인물인 덩샤오핑의 발언을 빌리자면, '공이 7이요, 과는 3이다.'

세계의 화폐 ⑮ ― 유럽 유로

유럽, 건축 문화로 공동체를 말하다

세계의 화폐 ⑮ - 유럽 유로

Euro

유럽연합의 탄생

제2차 세계대전이 발발하게 된 원인을 제공했던 극진적 민족주의는 서유럽에서 대처해야 할 문제 중 하나였다. 반면에 한국전쟁의 발발로 전 세계적으로 드러난 양극체제에 휩쓸리고 싶지 않았던 서유럽 국가들이 지역 통합적인 기구의 필요성을 느끼게 되었다. 먼저 서독일과 프랑스가 석탄과 철강 개발에 있어서 하나의 공동체를 제안하고, 이탈리아와 베네룩스 삼국이 수용하면서 1951년 파리조약을 통해 '유럽 석탄 철강 공동체ECSC'가 발족했다. 다시 6개국 간 경제통합을 계획하면서 1958년 ECSC를 '유럽 경제 공동체EEC'로 발전시키고 더불어 '유럽 원자력 공동체' 설립까지 협력의 결실들을 맺게 된다. 1967년에 기존 3개의 조직들을 모두 통합하면서 새로운 '유럽 공동체EC'를 설립하게 된다. 1973년에는 공동체에 대한 열망이 좀 더 발전하면서 영국, 아일랜드와 덴마크가 가입하여 회원국이 확대된다.

1980년대 들어서는 보다 새로운 논의가 활발하게 진행되고 통합에 대한 열의가 확산되면서 그리스에 이어 스페인과 포르투갈도 가입했고, 1995년에는 핀란드, 스웨덴과 오스트리아까지 가입하면서 유럽 공동체EC는 15개국으로 회원국이 확대되면서 서유럽의 대다수가 통합에 참여하였다.

1992년, 아직 12개국이 참여하고 있던 유럽 공동체에서 제대로 된 통합을 위해 화폐 단일화에 대해서도 논의를 시작했는데, 처음에 가상 통화로 쓰이던 '유로Euro'가 1995년에 이르러서는 유럽연합의 공식 통화 단위가 되었다. 그리고 실제 지폐로 발행 및 유통이 되기 시작한 것은

2002년 1월 1일이었다. 현재는 전 세계에서 3억여 명의 인구가 일상에서 유로를 사용하고 있다.

종종 유럽연합의 모든 회원국이 유로를 공식 화폐로 사용하는 줄 오해하곤 하는데, 유로를 꼭 공식 화폐로 사용할 의무는 없다. 영국, 스웨덴 같은 나라들은 국민투표로 유로 사용을 거부했다. 반면에 EU 회원국 중에서도 불가리아나 루마니아 같은 일부 발칸반도 나라들은 필요한 경제개혁들을 실행하지 못한 탓에 아직 유로로 넘어가지 못했다. 28개 EU 회원국 중에 19개국만 유로를 사용하고 있다.

또 한 가지 놓친 것이 있는데, EU 회원국이 되어야 유로를 사용하는 것이 아니라 EU 회원국이 아닌 다른 나라들도 공식 통화로 유로를 사용할 수 있다. 코소보, 몬테네그로를 비롯해 아프리카에 있는 짐바브웨는 자국의 통화 절하 문제 때문에 미국 달러와 유로를 사용하고 있다.

유로의 의미

'유로'는 어법적으로 보면 '유럽'의 어원이기도 한다. 유로라는 단어는 과연 어디에서 생긴 것일까? 화폐로써 유로 이야기를 하기 전에 '유로'라는 단어의 배경을 먼저 설명할 필요가 있다.

유로 혹은 유럽은 에우로페Europe라는 고대 그리스신화에 나오는 한 여인의 이름에서 유래된 것이다. 옛날 페니키아Phoenicia 왕가에 에우로페라는 아름다운 여인이 있었는데, 바람둥이로 알려진 제우스의 눈에 띄게 되었다. 어느 날 제우스가 흰색 황소로 변해서 친구들과 바닷가에서 놀고 있던 에우로페에게 접근해서, 그를 등에 태우고 돌아다녔다. 이때에 돌아다닌 지방을 그의

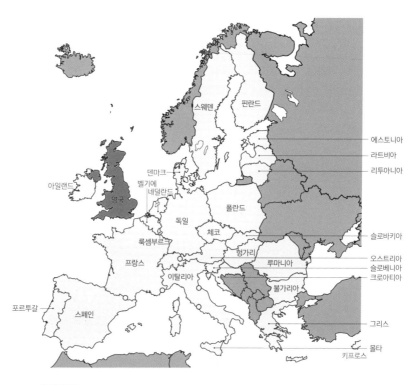

EU 회원국

이름을 따서 유럽이라고 부르게 되었다. 크레타 Creta 섬에서 에우로페와 제우스는 세 명의 아들을 낳았고, 이후 제우스가 흰색 황소를 별로 만들었는데 바로 황소자리다.

이 이야기에서 주목할 것은 유럽의 어원이나 황소자리의 신화적 배경이 아니고, 유럽과 중동 관계의 역사적 패턴이다. 페니키아는 현재 시리아나 레바논에 위치했다. 즉, 페니키아 왕국은 중동이다. 집안을 잘 지키지 못한 중동 아버지는 자기 딸을 유럽의 바람둥이에게 빼앗겼다. 오늘도 마찬가지다. 자신들의 국내 상황을 잘 관리하지 못한 중동 국가들이 자기네 석유를 유럽 자본주의 세력에게 싸게 빼앗기고 있다.

다시 화폐 이야기로 돌아가면, 유로는 국제적인 통합 기구의 통화이다 보니 앞면이나 뒷면에 무엇을 게재해야 하는지 결정하는 것이 곤란한 문제였다. 제일 작은 화폐인 5유로부터 500유로까지 총 7장의 화폐가 있고, 앞뒷면으로 계산하면 14개의 초상화나 건물 사진을 게재할 수 있는데, 회원국 수로 생각하면 14는 부족한 숫자다. 20개가 넘는 나라를 대표하는 통화인 만큼 화폐에 실릴 소재는 동일한 공감대가 있어야 된다. 그래서 유럽연합은 그 동질성을 건축에서 찾았다. 유로 화폐를 보면, 매 지폐마다 유럽의 한 시기에 대표적이었던 건축 스타일이 가상의 건물로 소개되어 있다.

미국 워싱턴국립전시관에 소장되어 있는 에우로페 그림
Jean Francois de Troy (French, 1679 - 1752)

유럽,
건축 문화로 공동체를 말하다

5유로 : 고전주의 건축

5유로의 앞면에 보이는 문과 뒷면에 보이는 다리는 고전적인 건축 형태다. 이 건축 스타일은 기원 후 5세기까지 유럽의 건축양식을 주도했다. 그 당시에는 아직 유럽에서 기독교가 확산되지 않았기 때문에 유럽 건축 스타일이 고전적인 다신교 종교의 신전들 중심으로 발전되었다. 그러다 보니 이 건축 스타일의 전형적인 특징은 건물 내에

있는 넓은 거실과 굵은 기둥이다.

그 당시에 기술이 많이 발달되지 않은 까닭인지 건물들 대부분 복층이 아니었다. 등대들을 제외하자면 이 시기의 건물들은 주로 단층이었고, 일부 건물들만 2층 혹은 3층이었다. 오늘날까지 주로 이탈리아나 그리스에 남아있는 유적지들에서 이 건축 스타일을 찾아볼 수 있다.

고전주의 건축 스타일을 깊이 관찰하고 싶다면 그리스의 수도인 아테네Athenae에 있는 아크로폴리스Acropolis와, 터키의 서부에 위치한 이즈미르Izmir에 있는 에페소스 Ephesus를 추천한다. 기원전에 탄생한 이 고대 도시들이 현재까지 남아있는 많은 유적 지로 유럽의 고전주의 건축을 다양한 건물들로 잘 보여주고 있다.

10유로 : 로마네스크 건축

유럽에 기독교가 확산되면서 새로운 삶의 방식이 유럽 사회에 도입되었다. 사람들이 일요일마다 모여야 되는 장소, 바로 성당이 필요했다. 동시에 발달된 건축 기술을 통해 유럽에서 색다른 건축 스타일인 로마네스크Romanesque 건축이 등장했다. 6세기부터 시작하여 특히 11~12세기에 본격적으로 꽃을 피운 로마네스크 건축에는 뚜렷한 특징들이 있다. 바로 10유로 앞에 보이는 정문과 뒷면에 보이는 다리가 로마네스크 건축을 대표하고 있다.

로마네스크 건축 스타일로 지어진 건물들을 보면 주로 두꺼운 벽, 둥근 아치, 튼튼한 기둥, 그로인 볼트(Groin Vault, 交叉穹窿), 큰 탑이 사용되어서 그런지 중후하면서도 다른 유럽 건물들에 비해 비교적 단조로워 보인다. 그 당시에는 아직 궁륭(穹窿,

아치에서 발달된 반원형 천장·지붕을 이루는 곡면 구조체) 기술이 그렇게 발달되지 않아서 그런지 높은 건물을 짓기 위해서는 기둥과 벽들이 튼튼해야 했다. 이러한 이유로 로마네스크 건축으로 된 건물들에는 큰 창문을 찾아보기가 힘들다.

창문이 작아서 빛이 잘 들어오지 못하다 보니 로마네스크 양식의 건축에는 내부 공간이 어둑하게 보이고, 약간 음산한 이미지가 느껴진다. 스페인의 산타 마리아 데 나란코Santa Maria de Naranco 성당이나, 영국의 코니스브러 성Conisbrough Castle이나, 폴란드의 툼 대성당Tum Church을 보면 무슨 의미인지 이해가 될 것이다. 반면 로마네스크 양식의 건축물들은 매우 견고하여 오랜 시간 견디며 오늘날까지 많이 남아있다. 유럽의 역대 건물들 중 현재까지 남아있는 건물들은 로마네스크 건축 시기에 지은 건물들이 제일 많다고 해도 과언이 아닐 것이다.

20유로 : 고딕 건축

유럽에서 건축 기술이 개발되면서 튼튼한 볼트(Vault, 穹窿)가 건물의 핵심이 되었다. 12세기부터 두꺼운 벽의 필요성이 없어지면서 창문을 마음껏 사용할 수 있게 되었다. 20유로 앞면에 나온 창문과 뒷면에 나온 다리는 바로 고딕Gothic 건축 스타일의 표본이다.

강한 볼트를 사용함으로써 유럽 건물들의 구도가 본격적으로 변했다. 고딕 건축 스타일이 탄생할 때까지 탑 이외에는 높은 건물을 짓기가 힘들었다. 그러나 12세기 이후부터 보면, 유럽 건물들이 전체적으로 높아진 것이 눈에 띈다. 그리고 건물 균형을 잡는 데 있어서도 벽의 부담이 전에 비해 덜하다 보니 넓은 창문들을 만들 수 있게

되었다.

넓은 창문의 제일 큰 역할은 빛 문제를 극복하는 것이었다. 그러다 보니까 스테인드글라스stained glass 창들이 등장하게 되었다. 필자는 어떤 건물이 고딕인지, 로마네스크인지 구별하기 어렵다면 바로 창문을 본다. 건물의 창문이 크고 더군다나 스테인드글라스 창이면 무조건 고딕 건축이라고 판단해도 된다.

물론 12~14세기에 전 유럽 대륙에 확산된 건축 방식이지만, 특히 고딕 건축 양식을 찾아보기 쉬운 곳은 프랑스 북부 지역이다. 프랑스의 스트라스부르 대성당Strasbourg Cathedral, 투어즈 대성당Tours Cathedral, 랭스 대성당Reims Cathedral이 바로 고딕 건축양식의 대표적인 예다. 그리고 스테인드글라스 창으로 유명한 건물을 소개하자면 체코의 성 비투스 대성당St. Vitus Cathedral이 있다.

50유로 : 르네상스 건축

14세기가 끝나고 15세기가 시작하면서 유럽 전역에서 르네상스 바람이 강하게 불었다. 특히 이탈리아 사람들이 부유했던 시기였기에 보다 화려한 건물을 짓고 싶은 욕구가 생겼다. 르네상스 바람과 함께 종교적으로도 진보적인 분위기가 등장하면서 고대 로마와 그리스 문명에 대한 관심도 다시 높아졌다. 이런 경향 속에서 현재의 건축 스타일과 고대의 건축양식을 합치자는 움직임이 시작되었다. 15~16세기에 나타난 이 흐름이 바로 르네상스Renaissance 건축양식이다. 50유로 앞면에 보이는 창문과 뒷면에 보이는 다리는 바로 르네상스 건축 스타일을 대표한다.

르네상스 건축과 이전 건축 스타일 사이에 제일 큰 차이점이 무엇인가. 이 질문

에 대한 필자의 답은 바로 둥근 천장이다. 고대 로마 시절에는 작은 건물들에서만 보이던 그 둥근 천장이, 이제는 발전된 기술을 통해 큰 규모의 건물들에서도 보이기 시작했다. 제일 대표적인 예는 아이러니하게도 성 베드로 대성전St. Peter's Basilica이다.

이 시기의 사람들은 특히 과학과 수학에 많은 관심을 가지고 있었다. 수학과 과학을 통해 신의 완벽함을 느끼고 싶어했던 사람들은 같은 느낌을 건축에서도 느끼고 싶었다. 그래서 르네상스 건축의 특징 중 하나는 완벽주의다. 건축가들은 완벽주의를 균형과 대칭을 통해 반영했다. 이 때문에 르네상스 건축 시기에 만든 건물들에서는 대칭적인 모습이 바로 눈에 띈다.

같은 시기의 유럽 곳곳에서도 르네상스 건축양식으로 지었지만, 제일 많이 찾아볼 수 있는 곳은 이탈리아다. 밀라노에 있는 산타 마리아 델레 그라치에 교회Santa Maria delle Grazie Church가 이 르네상스 건축의 대표적인 작품이다. 이 교회를 중심으로 설명하면, 이 건축 스타일의 또 다른 특징은 창문 관련 기술이 발전했다는 것이다. 이 교회에서도 보이듯이 15세기 이후로부터 둥근 창문들이 더 많이 눈에 보이기 시작했고, 특히 많은 창문들이 유럽식 박공벽欌栱璧인 페디먼트(pediment, 그리스 신전 건축의 가장 두드러지는 특색으로 조각을 하고 세 꼭지에는 장식적인 벽돌을 붙인 것)로 디자인 되었다. 페디먼트로 디자인 된 창문이 궁금하면 50유로 앞면에 있는 창문을 다시 보면 된다.

르네상스 건축에 관해서 빠뜨리면 안 될 부분이 하나 더 있다. 바로 인테리어다. 이 시기에는 확실하게 인테리어가 건축에 있어 중요한 요소로 부상했다. 레오나르도 다 빈치Leonardo da Vinci의 <최후의 만찬The Last Supper>이 그 대표적이다. 이 작품은 사실 캔버스에 그린 그림이 아니라 벽화다. 이 벽화 역시 산타 마리아 델레 그라치에 교회에 있다.

100유로: 바로크 & 로코코 건축

100유로에서 소개된 건축 스타일은 바로크baroque 스타일과 로코코rococo 스타일이다. 필자가 보기에는 유로 지폐들 중에서 서술하기 제일 어려운 것이 100유로다. 왜냐하면 건축학을 전공하지 않은 필자로서는 바로크 스타일과 로코코 스타일의 차이

점을 명확하게 설명하기가 쉽기 않기 때문이다.

일단 바로크 건축 스타일부터 시작해보자. 100유로 앞면에 실린 창문을 보면 지금까지 설명한 유로 중 처음으로 창문에 동상이 보인다. 즉, 17세기부터 시작된 바로크 스타일은 이제까지 내려왔던 직선으로 된 건축 스타일을 배제하고 곡선이 조화로운 스타일 중심으로 새로운 건축 흐름을 의미한다. 바로크 건축으로 된 건물들을 보면 아기자기하고 과도한 인테리어가 두드러진다. 특히 예전에 단독적으로 하나의 작품이었던 동상들은 이제 건물 디자인의 일부로 등장하기 시작했다.

그렇다면 로코코는 바로크와 무엇이 다를까. 로코코는 바로크 건축을 모방하고 그 스타일과 전통을 이어받았다. 다만, 로코코는 경쾌함 속에도 그 나름의 화려한 색채와 섬세한 장식을 도입했다. 어떻게 보면 로코코는 바로크 건축의 수정, 약화된 모습이라고 할 수 있다.

시간이 지나다 보니 기술이 발전하면서 건축에 사용되는 나무나 철제의 두께는 점차 얇아졌고, 이로써 전보다 세밀한 디자인이 가능해졌다. 그래서 로코코 건물을 전체적으로 볼 때는 바로크에 비해 그나마 덜 화려하지만, 자세히 보면 세밀한 작업이 더 많이 들어간 것이다.

포르투갈의 바로크 스타일 건축인 클레리고스 성당Clérigos Church과 로코코 스타일 건축인 켈루스 궁전Queluz National Palace을 비교해서 말하자면, 로코코는 바로크에 비해 외관보다 인테리어에 집중한다고 할 수 있다. 다시 요약하면 겉으로 보면 과도한 장식으로 꾸며진 건물이 주로 바로크이고, 겉으로는 그렇게 화려하지 않지만 디테일한 부분이나 내부의 모습을 보면 세밀한 디자인이 더 많이 들어간 건물은 주로 로코코라고 구분할 수 있을 것 같다.

200유로 : 철제와 유리의 시대

200유로에 소개된 건축 스타일은 딱히 이름이 없다. 유로중앙은행ECB의 홈페이지에서 설명을 확인했더니 200유로에는 19세기에 유행했던 건축이 소개되고 있으며, 이름은 '철제와 유리의 시대The age of iron and glass'이다. 이 시대는 이제까지 벽돌이나 나무가 중심이 된 건축에 철제와 유리가 핵심이 되는 흐름으로 형성된다. 유리와 철제 작업 기술이 개발되면서 이 시대에 사용이 활발해지고, 어떻게 보면 전통 건축과 현대 건축 사이에 있는 전환기가 탄생한 것이다.

이 시대에서 언급해야 되는 부분은 시멘트의 사용이 활발해졌다는 것이다. 1796년 영국인 제임스 파커James Parker가 개발한 로만 시멘트Roman cement 혹은 파커 시멘트는 19세기 이후부터 건축에 많이 사용하게 되었다. 그래서 이 시대 건축은 현대 건축 시대를 준비하는 전현대 건축이라고 해도 될 것 같다.

시멘트가 건축에 많은 신개념을 주었다. 일단은 매우 높은 건물을 지을 수 있는 기술이 개발되었다. 20세기 초기에는 미국을 중심으로 전 세계에 고층 건물들이 잇따라 생기기 시작했다. 시멘트는 건물을 짓는 시간을 축소하는 역할과 함께 도시화 속도를 올리기도 했다. 건물을 빠르게 짓게 되어서 도시화가 빨라진 것이 아니라, 다리나 댐 같은 건축들도 시멘트 덕분에 쉽게 지어지기 때문이다. 대부분 현대 도시들의 오늘날 도시 구조가 19세기 말에서 20세기 초에 형성되었다고 해도 과언이 아니다.

이 시대에 눈에 띄는 또 다른 것은, 철제를 이제 장식품보다 건축 재료로 쓰기 시작했다는 점이다. 어떻게 보면 건축가들에게 하나의 전환점이 되었다. 예전에 벽돌에만 집중한 건축가들에게 철제는 무시할만한 재료였다. 이 기간을 통해 건축가들이 더

이상 철제를 외면할 수 없다는 것을 깨달았기 때문이다. 옥스퍼드 대학 박물관은 철제 시대에 대표작이다. 사실, 스타일로 따지면 고딕 양식인 박물관은 철제 중심으로 건축되었다. 공사가 끝날 때 영국의 건축 평론가들이 철제가 핵심이 된 이 건물을 보고 '철도에서 쓰이는 재료로 건물도 지을 수 있네!'라고 놀라며 너무나도 창의적이라고 평가했다.

500유로 : 현대 건축

유로 화폐들 중 제일 큰돈인 500유로는 건축 역사의 마지막 부분인 현대Modern 건축을 소개한다. 현대 건축의 첫 출발점이 무엇인지 아직도 논의 중이지만, 제일 많이 거론된 곳은 크리스털 궁전(Crystal Palace, 수정궁)이다. 1851년 오픈된 크리스털 궁전에 대해서 먼저 해야 할 이야기는 첫 엑스포Expo이다. 그 당시에 영국 여왕 빅토리아의 남편인 앨버트는 런던에서 대형 만국박람회 개최를 준비하면서 전시회 장소로 크리스털 궁전을 세운다. 그 당시에 많은 유리를 이용하여 짧은 시간에 완공된 이 건물은 전 세계적으로 주목을 받았다. 런던 만국박람회는 현재 국제박람회기구BIE가 주최하는 엑스포의 시초다.

다시 건축 이야기로 돌아가면, 크리스털 궁전 이후부터 전통적인 건축 개념을 넘어선 건물들의 숫자가 많아졌다. 특히 시멘트는 물론이고 건설 기술이 발전되면서 건축가들의 머릿속에 있는 생각이나 사상을 표현할 수 있는 한계 없는 건축 기술을 얻게 되었다.

오스트리아 우체국저축은행Austrian Postal Savings Bank과 카를스플라츠 도시철도역

Karlsplatz Stadtbahn Station의 건축가인 오토 바그너Otto Wagner가 현대 건축의 이론적인 창시자로 꼽힌다. 왜냐하면 그의 1896년에 출판된《현대 건축론Modern Architecture》이라는 도서에서 '현대 건축'이라는 단어를 처음으로 사용하여, 이 건축 스타일의 기본적인 이론을 설명했다.

현대 건축은 역사적 흐름으로 보면 사실 마지막 건축 스타일은 아니다. 1970년대 이후부터 전 세계적으로 미술에 있어 탈현대주의가 유행되면서 탈현대적인 건축들이 잇따라 여기저기 생기기 시작했다. 그래서 앞으로 1000유로가 발행되면 그 화폐에서 탈현대 건축이 소개되지 않을까 싶다.

누구를 기억할 것인가

화폐 인물로 만나는 시대의 도전자들

© 알파고 시나씨, 2016

펴낸날	1판 1쇄 2016년 9월 1일
	1판 3쇄 2023년 6월 1일

지은이	알파고 시나씨
펴낸이	윤미경

펴낸곳	헤이북스
출판등록	제2014-000031호(2013년 6월 13일)
주소	경기도 성남시 분당구 황새울로 234, 607호(수내동, 분당트라팰리스)
전화	031-603-6166
팩스	031-624-4284
이메일	heybooksblog@naver.com

책임편집	김영회
윤문	송지유
디자인	류지혜
마케팅	김남희
찍은곳	한영문화사

ISBN	979-11-957146-4-3 03900